普通高等教育“十二五”规划教材

动物卫生法学

邓干臻　陈向前　主编

科学出版社
北京

内 容 简 介

全书分三篇，共12章。第一篇介绍法学基础理论和动物卫生行政法的相关知识，也包含动物卫生行政立法和国际动物卫生法律制度；第二篇介绍我国主要的动物卫生法律制度，包括动物防疫、出入境动物检疫、重大动物疫情应急处理、动物及其产品质量安全保障、病原微生物实验室生物安全管理等方面的法律制度；第三篇介绍动物卫生行政执法和救济的相关知识。

本书适合用作高等农林院校兽医及相关专业的本科生教材，也可作为兽医行政管理人员和动物检疫检验人员、执业兽医、畜牧兽医科技人员等必备的参考书。

图书在版编目（CIP）数据

动物卫生法学/邓干臻，陈向前主编. —北京：科学出版社，2011.6

（普通高等教育“十二五”规划教材）

ISBN 978-7-03-031585-4

Ⅰ.①动… Ⅱ.①邓…②陈… Ⅲ.①动物防疫法-中国-高等学校-教材②兽医卫生检验-法规-中国-高等学校-教材 Ⅳ.①D922.4

中国版本图书馆 CIP 数据核字（2011）第113923号

责任编辑：丛　楠　黄承佳/责任校对：陈玉凤

责任印制：张　伟/封面设计：鑫联必升，出版社美编

科学出版社出版

北京东黄城根北街16号

邮政编码：100717

http://www.sciencep.com

北京虎彩文化传播有限公司印刷

科学出版社发行　各地新华书店经销

*

2011年6月第　一　版　开本：787×1092　1/16

2022年1月第九次印刷　印张：17

字数：404 000

定价：55.00元

（如有印装质量问题，我社负责调换）

《动物卫生法学》编委会名单

主　编　邓干臻　陈向前

副主编（按姓氏笔画排序）

丁　壮　栗绍文　崔言顺　薛慧文

编　者（按姓氏笔画排序）

丁　壮（吉林大学）
牛家强（西藏大学农牧学院）
邓干臻（华中农业大学）
冯汉利（湖北省出入境检验检疫局）
李建亮（山东农业大学）
杜亚楠（内蒙古农业大学）
陈向武（青岛东方动物卫生法学研究所）
陈向前（中国动物卫生与流行病学中心）
张　晶（吉林大学）
张光辉（河南农业大学）
张小荣（扬州大学）
杨增琦（西北农林科技大学）
孟宪荣（华中农业大学）
胡永浩（甘肃农业大学）
栗绍文（华中农业大学）
徐共和（湖北省出入境检验检疫局）
黄利权（浙江大学）
符华林（四川农业大学）
崔言顺（山东农业大学）
路义鑫（东北农业大学）
薛慧文（甘肃农业大学）

主　审　吴　晗（农业部兽医局）　刘旭霞（华中农业大学）

前　　言

随着我国法制化的不断完善和兽医体制改革的不断推进，尤其是兽医职业资格认证的逐步开展，兽医法规作为执业兽医资格考试的主要内容，以及官方兽医资格需要掌握的主要内容，成为动物医学、动物检疫等专业毕业生必须掌握的一门课程，也是兽医从业人员必须掌握的知识。但目前国内缺乏系统性、完整性、实用性的教材可供使用。为此，我们联合全国农业高等院校、动物卫生行政管理部门和青岛东方动物卫生法学研究所的21位专家共同编写完成了本书。

全书共分12章，包括法学基础理论，动物卫生行政法基础知识，动物卫生行政立法、执法和救济，国际动物卫生法律制度，并重点介绍了我国主要的动物卫生法律制度。编写分工为：第一章至第三章：陈向前、陈向武；第四章：邓干臻；第五章：栗绍文、孟宪荣；第六章：杨增琦、崔言顺、黄利权、李建亮、牛家强；第七章：徐共和、冯汉利；第八章：薛慧文、胡永浩；第九章：丁壮、张晶；第十章：杜亚楠；第十一章：符华林、张光辉、路义鑫；第十二章：张小荣。

本书特别邀请农业部兽医局医政处吴晗处长和华中农业大学文法学院刘旭霞教授担任主审，他们在教材大纲修订和编写过程中提供了许多宝贵意见和建议，在此表示衷心的感谢。

本书内容体现了基本动物卫生法基础理论和法律法规的有机结合，兼顾学科的系统性、科学性、规范性和实用性，结构体系合理，写作力求严谨、精练。既可满足相关专业学生的培养要求，又适用于相关行政管理人员的培训要求。

尽管编者已作出巨大努力，但由于水平有限，且时间比较仓促，书中难免存在诸多不足之处，恳请广大读者批评指正。

编　者

2011年5月

目　　录

第三篇　动物卫生行政执法与救济

第一篇

法学基础理论与动物卫生行政法

二、法的特征

（1）国家创制性。法律出自国家，一般来讲国家是法律的唯一来源。特殊情况下，如联合国、世界贸易组织、世界动物卫生组织、欧盟等国际组织共同制定或认可的国际规则、协议或者条约，凡加入这些国际组织的成员均受其约束。制定和认可是国家创制法律的两种途径。制定是指拥有立法权的国家机关按照一定的程序创造出新的法律规范，通过这种方式产生的法律，称为制定法或成文法。认可是指拥有立法权的国家机关赋予社会上已经存在的某种行为规范以法律效力，通过这种行为产生的法律，称为不成文法。

（2）特殊规范性。法律与其他社会规范的区别在于它有特殊规范性。法律是由法律规范构成的，法律规范有自己特殊的逻辑结构，是一种行为规范，它通过对人们的行为提出模式化要求，进而实现调整社会的目的。人的行为是法律规范的直接调整对象，社会关系则是法律规范的间接调整对象。法律规范调整人的行为，而不是人的思想，这是法律规范区别于其他社会规范的重要特征之一。例如，道德规范主要通过思想引导和舆论压力来调整社会关系。

（3）普遍适用性。法的普遍适用性是指法作为一个整体在本国主权范围内或法所规范的界限内，具有使一切国家机关、社会团体和公民共同遵守的法律效力。法具有普遍性，是将法作为一个整体而言的，并不是说每一部特定法律都在一国全部领域内对所有的人生效。

（4）国家强制性。在所有的社会规范中，只有法律是靠国家强制力来保证实施的。国家强制力是指统治阶级为实现其统治目的而建立起来的军队、警察、法庭、监狱等国家暴力机器，由专门的国家机关依法定的程序来执行。不管每个人的主观愿望如何都必须遵守，否则就会受到国家的干预，受到相应的法律制裁。

三、法的渊源

（一）法的渊源的概念

法的渊源是指法的各种具体表现形式（也称法的形式），即由不同国家机关制定或认可的，具有不同法律效力或法律地位的各种类别的规范性法律文件的总称。

（二）法的渊源的种类

（1）习惯法。习惯是人们在长期的共同的生产与交往的过程中，自发形成的行为模式。我们的生活中存在多种多样的习惯，但不是所有的习惯都能成为法律，只有经过国家认可的习惯才能成为法律，而这种习惯就是习惯法。

（2）判例法。判例是指拥有司法权的机关和人员对案件所作的判决。在英国、美国等国家，判例不仅对本案有效，而且对以后案件的审判活动有强制性和指导性，以后的类似案件必须符合前例，这就是法学中所称的“遵循先例”。这样一来，司法机关的判例就具有了普遍约束力，变成了法，称之为判例法。

（3）制定法。制定法是指由立法者有意识地制定的系统的、条文化的、书面形式的法律。它是针对某一类情况制定的具有法律效力的行为规范。

（4）协议法。协议法是指通过双方或多方协商产生的，对参与达成协议的各方都有约束力的法，如国际关系中双边条约和多边条约。

（5）法理。法理是由学者通过分析、研究提出的，经过国家认可的，可以对法律实践有实际影响或直接约束力的法。历史上世界各国都曾把法理视为法的正式渊源，现在各国则普遍否定法理具有直接的法律效力。

（三）我国法的渊源

（1）宪法。宪法是国家的根本大法，是我国法的主要渊源，由全国人大通过和修改，具有最高的法律地位和效力，其制定和修改的程序非常严格。它规定和调整国家的社会制度和国家制度、公民的基本权利和义务等最根本的全局性问题。

（2）法律。法律是由全国人大及其常委会经过特定的立法程序制定的规范性法律文件，它的地位和效力仅次于宪法。法律又分为基本法律和其他法律。全国人大制定和修改基本法律，在全国人大闭会期间，全国人大常委会可以对这些基本法律进行部分补充和修改，但不得与该法律的基本精神和原则相抵触。全国人大常委会制定和修改基本法律以外的其他法律。全国人大及其常委会发布的规范性决议、决定，也具有法的效力。

（3）行政法规及规章。行政法规是由国务院根据宪法和法律，在其职权范围内制定的，有关国家行政管理活动的规范性法律文件，其地位和效力仅次于宪法和法律。此外，根据宪法和有关法律的规定，国务院各部、委员会可以制定部门规章；省级人民政府及其所在地的市和经国务院批准的较大的市的人民政府也可以制定地方性规章，具有法的效力，但其法律地位低于行政法规。

（4）地方国家机关的地方性法规。地方性法规是指省、自治区、直辖市，以及省级人民政府所在地的市和经国务院批准的较大的市的人民代表大会及其常委会制定的适用于本地区的规范性文件。地方性法规不得与宪法、法律和行政法规相抵触。

（5）民族自治地方的自治条例、单行条例。自治条例和单行条例是由民族自治地方人民代表大会依照当地民族的政治、经济和文化的特点制定的规范性文件。自治条例和单行条例报全国人大常委会批准后生效；州、县的自治条例和单行条例报省级人大常委会批准后生效。

（6）特别行政区的规范性文件。特别行政区的法是由全国人大制定的和特别行政区依法制定并报全国人大常委会备案的，在该特别行政区内有效的规范性法律文件。特别行政区同中央的关系是地方与中央的关系，其权限根据全国人大制定的关于特别行政区的法律来行使。特别行政区享有其他地方国家机关所没有的某些权力。

（7）国际条约。这里讲的国际条约是指我国同外国缔结或加入并生效的国际法律规范性文件，如条约、公约、合约、协定、声明等。这种国际法虽然不属于我国国内法的范围，但就其具有与国内法相同的效力而言，也是我国法的渊源之一。

四、法 的 分 类

按照不同的划分标准和方法，可以将法分为不同的类型。

一是按照法的创制方式和表达形式不同分为成文法与不成文法。成文法是指国家机关制定和公布的，以比较系统的法律条文形式出现的法，又称制定法。我国是典型的成文法国家。不成文法是指由国家认可的，不具有规范的条文形式的法。不成文法大体上可分为习惯法、判例法、法理三种。

二是根据法的内容的不同分为实体法和程序法。实体法是直接规定人们权利和义务的实际关系，即确定权利和义务的产生、变更、消灭的法，如民法通则。程序法是规定保证权利和义务得以实现的程序的法，如民事诉讼法。实体法和程序法是对应的，是从司法审判活动中分出来的法律类别：一个规定的是审判内容，一个规定的是审判程序。

三是根据法的地位、内容和制定程序的不同分为根本法与普通法，这种分类仅限于成文宪法制国家。根本法即宪法，在有的国家又称为基本法，是规定国家各项基本制度、基本原则和公民的基本权利等国家根本问题的法。普通法是指宪法以外的，确认和规定社会关系某个领域的问题的法。其法律地位和效力低于根本法，不得与根本法相抵触。因此，法学上有时把根本法称为"母法"，将普通法称为"子法"。

四是按照法的效力范围的不同分为一般法与特别法。一般法是针对一般人或一般事项，在全国适用的法，如民法、刑法、诉讼法等。特别法是针对特定的人群或特定事项，在特定区域有效的法，如国家公务员法、妇女权益保障法等。一般法与特别法的划分是相对的。有时一部法律相对于某一部法律是特别法，而相对于另一部法律，则是一般法。但是，这种划分并非没有意义。因为，从理论上讲，特别法的效力优于一般法，即特别法发布后，一般法的相应规定在特殊地区、特定时间、对特定人群将终止或暂时终止生效。

五是按照法的创制和适用主体的不同分为国际法与国内法。国际法是不同的国家或地区经过协商形成的处理双边或多边关系的协议，用以规定国家间、地区间相互关系。国际法仅对加入或签订协议的国家和地区有效。国内法是一个国家立法机关制定的，适用于本国的个人和组织的行为，规定一个国家内部关系的法。国内法一般来说在国家主权所涉及的范围内均有法律效力。

六是按照法保护的利益不同分为公法与私法。公法与私法的划分始于民法法系国家，在普通法系国家中不适用。公法是为了保护国家利益和公共利益而设定的法律。私法是为了保护私人利益而非国家利益或公共利益所设定的法律。

第二节 法 律 体 系

一、法律体系的概念

法律体系也称部门法体系，是指一个国家的全部现行的法律规范按照一定的标准和原则，划分为不同的法律部门而形成的内部和谐一致、有机联系的整体。法律体系有如下基本特性：

（1）相对的独立性与协调性。法律体系是立法系统的结果，是执法系统、司法系统、守法系统的前提。法律体系一经形成，就具有其自身的组成与结构、功能与特征，并具有相对的独立性。

（2）要素的多样性与统一性。法律体系是多个法律部门的体系，是多样法律规范的体系。但法律体系又具有内在的统一性，即从横向看，法律原则、法律概念、法律技术性规定、法律规范是统一的；从纵向看，法律部门、具体法律制度、法律规范是统一的。

（3）现时稳定性与适时变动性。现行法律体系必然有其存在的原因和理由，故其在一定时期内是稳定的；但现存法律体系不是一成不变的，法律体系与社会系统的动态协调，是法律体系适时变动的原因。从传统社会转向现代社会，从人治社会转向法治社会，必将使法律体系发生新的变化。

二、法律体系的划分标准

划分法律部门的标准主要是社会关系的不同领域、性质，即法律调整的对象和调整的方法。法律调整的对象一般是社会关系参加者的有意识的行为，实质上调整的是人与人之间以经济关系为基础的社会关系。这里的人既包括自然人，也包括国家机关、社会组织以及国家本身。从社会关系的内容和领域来看，就有三种情况，即同一法律部门调整不同的社会关系，同一社会关系由不同的法律部门进行调整，不同的社会关系由相应的法律部门进行调整。法律调整的方法一般可以理解为国家利用法律调整社会关系时用以影响这些关系的手段和方式，其中包括法律制裁的不同方法和权利受到损害时的补救方法。

三、我国的法律体系

（1）宪法。宪法作为一个法律部门，在我国的法律体系中具有特殊的地位，是整个法律体系的基础。它规定我国的各种基本制度、原则、公民的基本权利和义务，各主要国家机关的地位、职权和职责等。宪法是最基本的规范。宪法是我国的根本大法，具有最高的法律效力，其他任何法律、法规都不得与宪法相抵触。除宪法外，宪法部门还有下列几个附属的较低层次的法律：主要国家机关组织法、选举法、民族区域自治法、特别行政区基本法、授权法（仅指全国人大及常委会为授权国务院或其他国家机关制定某种规范性文件而颁布的法律，不包括根据授权而制定的规范性文件）、国籍法和其他公民权利法。

（2）行政法。行政法是调整国家行政管理活动中各种社会关系的法律规范的总称。其涉及范围广，如动物卫生、民政、治安、工商、文教、税务、财政、交通、边境等各方面的行政管理法规。

（3）民法。民法是调整平等主体的公民之间、法人之间、公民与法人之间的财产关系和人身关系的法律，如民法通则、物权法、婚姻法、继承法、收养法、商标法、专利法、著作权法和合同法等。

（4）商法。商法是在明确提出建立市场经济体制以后，才被人们所认识。商法是调整平等主体之间的商事关系和商事行为的法律。有企业破产法、海商法、票据法、保险法等。民法规定的有关民事关系的很多概念、原则也适用于商法，故从这一意义上讲，我国实行了民商合一的原则。

（5）经济法。经济法是调整国家在经济管理中发生的经济关系的法律，如财政法、金融和税收税务方面的法律规范。

（6）刑法。刑法是指规定何种行为是犯罪以及对该犯罪行为处以何种刑罚的法律规范的总称。刑法是一个以刑事责任与刑事制裁方法划分的法律部门，它是我国法律体系中的一个基本的并有突出特点的法律部门。刑法部门主要是指我国的刑法及修正案。

（7）诉讼法。诉讼法是有关各种诉讼活动的法律，它从诉讼程序保证实体法的正确实施，保证实体权利、义务的实现。该法律部门中的主要规范性法律文件有刑事诉讼法、民事诉讼法、行政诉讼法等。

（8）劳动法与社会保障法。劳动法是调整劳动关系的法律。社会保障法是调整社会保障、社会福利的法律。该法律部门的主要规范性法律文件有劳动法、劳动合同法、工会法、矿山安全法等。

（9）环境法。环境法是关于保护环境和自然资源、防治污染和其他公害的法律。该法律部门的主要规范性法律文件有自然资源法、环境保护法、海洋环境保护法、水污染防治保护法、大气污染防治法等。

（10）军事法。军事法是有关军事管理和国防建设的法律、法规。依法治国已成为当代法治国家的共识，我国在立法上，也比较重视军事法制的建设，而且还建立了军事法院和军事检察院。该法律部门的主要规范性法律文件有兵役法、国防法等。

第三节 法律规范

一、法律规范的概念

法律规范是由国家制定或认可，反映掌握国家政权阶级的意志，具有普遍约束力，以国家强制力保证实施的行为规则。法律规范实际上是对人们行为自由及限度的规定，是对人们的行为自由的认可与对人们行为责任的设定。

法律规范和法律条文是既有联系又有区别的两个概念。法律规范是行为规则本身，而法律条文则是法律规范的外在表现形式。法律规范是法的基本构成要素，而法律条文则是法律内容的文字表述，以“条”为基本单位。法律条文分为规范性条文和非规范性条文。规范性条文是表述法律规范的条文，即规定具体权利、义务的条文。非规范性条文是指并不具体设置权利、义务的条文，通常在规范性法律文件的总称和附则条文中，或者是在开头的几条中表述立法的根据、目的、任务、原则、概念和技术性规定等。

法律规范与规范性法律文件也不相同。规范性法律文件通常是若干法律规范的集合体，即将某一类或相近的几类社会关系的规定集中于有一个总名称、贯穿了共同原则的法律文本中，这些规定在这一文本中有着较严密的逻辑关系。规范性法律文件除了以法律规范为要素外，还包括诸如规定法的原则、概念、技术性规定等内容的非规范性条文。

法律文件除了规范性法律文件外，还有非规范性法律文件（是指在对社会活动中的行为适用法律规范的规定时所产生的具有法律效力的文件），如判决书、裁定书、行政处罚决定书、搜查证、逮捕证、结婚证、公证书、起诉书等。非规范性法律文件与规范性法律文件最大的区别在于：非规范性法律文件只针对具体的人和事，其法律效力只对特定的对象，没有普遍适用的规范性，不能反复适用；而规范性法律文件规定了人们普遍的权利义务，对一般人、一般事有效力。

二、法律规范的逻辑结构

法律规范总是通过一定的结构表现出来的，从不同的角度可分为文法结构、系统结构和逻辑结构等。一般所指法律规范的结构为逻辑结构，由前提条件、行为模式和法律后果三个要素组成。前提条件是指法律规范中关于适用该规范的条件部分，说明在什么时间、地点和条件下，某一社会关系才由这一法律规范来调整。在具体的法律规范中，规定时间效力、空间效力（法生效的地域范围）和对人效力的那一部分，属于法律规范的前提条件。行为模式指法律规范中具体要求人们可以这样行为的模式、应该这样行为的模式、禁止这样行为的模式，具体指明了人们的权利和义务，是法律规范的核心部分。法律后果是指法律规范中规定的履行或者违反该规范时，所导致的法律后果的部分，分为肯定式和否定式法律后果。

正确理解法律规范的三个要素，要注意以下三方面的问题：第一，法律规范的三个组成部分是有机地联系在一起的，缺一不可。第二，法律规范的行为模式，即对于某种行为许可、命令或禁止，往往是通过这种行为所赋予的法律后果体现出来的。例如，《中华人民共和国刑法》（以下简称《刑法》）第232条规定：故意杀人的，处死刑、无期徒刑或十年以上有期徒刑。在这里对故意杀人行为的禁止，是通过对这种行为的否定性法律后果体现出来的。第三，法律规范三个要素的划分是一种逻辑结构，而不一定会、通常也不会都表现在同一个法律条文中，也就是说这三个部分可能并不在一条法律条文中完整地表达出来。多数情况下，前提条件省略或隐含于其他条文之中。例如，《中华人民共和国动物防疫法》（以下简称《动物防疫法》）第61条。在该法律规范中，其前提条件就隐含于其他条文之中，行为模式为：禁止行为人有转让、涂改、伪造检疫证明的行为，法律后果为：罚款或刑罚。又如，《动物防疫法》第25条和第76条两个法律条文体现了一个法律规范中的行为模式和法律后果，在第25条中规定了行为模式，在第76条中规定了法律后果，该规范的前提条件是在中国领域内的任何人在本法生效期间，只要违反了第25条规定的行为模式，就要承担第76条规定的法律后果。

三、法律规范的分类

根据不同的标准，可以对法律规范作不同的分类，主要有以下几种分类：

（1）依照法律规范行为模式内容的不同，可以分为授权性规范和义务性规范。

授权性规范是指规定人们有权为一定行为或不为一定行为的规范。这些规范是确定主体的权利的，如宪法中关于公民基本权利的规定和对国家机关职权的确定均属授权性规范。义务性规范是直接规定人们的某种义务或责任的规范。它又可分为命令性规范（是指规定人们必须做什么或该做什么的规范，是一种积极义务性规范）和禁止性规范（是指规定人们不得做什么或禁止做什么的规范，也是规定人们必须不为一定行为的规范，也称消极义务性规范。

（2）依据法律规范所表明的行为要求程度不同，可以分为强制性规范和任意性规范。

强制性规范是指规范的行为具有强制性，必须依此而行，否则就有相应的制裁后果，也不允许法律关系一方或双方随便加以变更。例如，刑法规范大多属于强制性规范，但是，其他法律规范中的义务性规范和禁止性规范也属强制性规范。任意性规范的行为要求不具有强制性质，而且允许行为主体选择而行，包括选择作为或不作为以及怎样作为，允许法律关系主体双方在法律允许的范围内自行商定如何行为，如民诉法有关选择管辖。

此外，还有其他一些分类，如宪政规范、行政规范、国内法律规范和国际法律规范，公法规范、私法规范和社会法规范，普通规范与特殊规范，抽象规范与具体规范等。

第四节　法的效力

一、法的效力的概念

法的效力是指由国家制定或认可的法律及其表现形式——规范性法律文件对主体行为所具有的约束力。在我国学术界，法的效力通常有狭义和广义两种理解。广义的法律效力指法的约束力和强制力，既包括规范性法律文件的效力，又包括非规范性法律文件的效力。狭义的法律效力仅指法律的生效范围或适用范围，即对什么人、什么事、在什么地方和什么时间有约束力。非规范性法律文件经过法定程序之后也具有约束力，任何人不得违反。但是非规范性法律文件是适用法律的后果而不是法律本身，因此不具有普遍约束力。

影响法的效力层次的因素主要有法的制定主体、制定时间和法的适用范围。正是由于这诸多因素的影响，形成了不同效力的法，从而形成法的效力等级或效力层次。识别法律效力层次高低的具体标准主要有三条：一是根据主体识别。立法主体的地位高，其制定出来的法律的效力层次也相应比较高。二是根据立法依据识别。一个法律依据另一法律而制定，则这个法律的效力层次低于所依据法律的效力层次。三是根据效力范围识别。全国性的法律，则其效力范围高于地方性法律规范。但确定这些不同等级效力的法律力还需遵循一定的原则。

二、法的效力范围

法的效力范围通常包括法律的时间效力、空间效力、对人的效力和对事的效力。

（一）法的时间效力

法的时间效力是指法生效的时间范围，包括法开始生效和终止生效的时间，以及对法律颁布以前的事件和行为是否有效，即法的溯及力问题。

（1）法律开始生效的时间。我国法律开始生效的时间有以下几种情况：第一，自法律公布之日起开始生效。这种情形又分为两种情况：一是该法律中没有规定其开始生效的时间，而由其他法律文件宣告生效。例如，我国 1982 年 12 月 4 日通过的《中华人民共和国宪法》（以下简称《宪法》），本身没有规定开始生效时间，是由同日通过的全国人大公告“公布施行”；二是法律明确规定，如我国《国籍法》第 18 条规定：本法自公布之日起施行。第二，由法律明文规定该法律开始生效时间。例如，我国 2007 年 8 月 30 日通过的《动物防疫法》第 85 条规定：本法自 2008 年 1 月 1 日起施行。第三，规定法律公布后达到一定期限或满足一定条件后开始生效。例如，我国 1986 年通过的《企业破产法（试行）》第 43 条规定：本法自《全民所有制工业企业法》实施满三个月之日起试行。而《全民所有制工业企业法》直至 1988 年 4 月才被通过。

（2）法律终止生效的时间。法律终止生效是指法律被废止，其效力消灭。我国法律终止生效实际上有以下五种情况：一是新的法律公布实行后，原有的法律即自动丧失效力。例如，《动物防疫法》施行后，1985 年 2 月国务院颁布的《家畜家禽防疫条例》自动废止。二是新法取代原有法律，同时在新法中明文规定旧法作废。例如，《进出境动植物检疫法》第 50 条规定：本法自 1992 年 4 月 1 日起施行，1983 年 6 月 4 日国务院发布的《进出口动植物检疫条例》同时废止。三是由有关机关颁布专门的决议、决定，宣布废除某些法律，从宣布废除之日起，该法即停止生效。例如，2001 年 10 月 6 日国务院令第 319 号《国务院关于废止 2000 年底以前发布的部分行政法规的决定》，在该决定中明令废止了《工矿产品购销合同条例》。四是法律本身自行规定有效时期，至时期满又无延期规定的即行停止生效。五是有些法律由于已经完成历史任务而不再适用。

（3）法律的溯及力问题。法律的溯及力是指法律溯及既往的效力。法的溯及力问题则是指新法颁布以后对其生效以前所发生的事件和行为是否适用的问题。如果适用，该法有溯及力；如果不适用，该法没有溯及力。就现代法治原则而言，法律一般只能适用于生效后发生的事件和行为，不适用于生效前的事件和行为，即采取法不溯及既往的原则。因为人们不可能根据尚未颁布的法处理社会事务，但在现代各国法甚至是各国刑法中，法无溯及力的原则也不是绝对的。我国刑法在这个问题上采用的原则是从旧兼从轻原则，即承认新法原则上没有溯及力，但如果新法不认为是犯罪或对行为人的处罚较轻时就适用新法。

（二）法的空间效力

法的空间效力是指法生效的地域范围，即法在哪些地方具有拘束力。根据国家主权原则，一国的法在其主权管辖的全部领域有效，包括陆地、水域及底土和领空。此外，还包括延伸意义上的领土，即本国驻外大使馆、领事馆，在本国域外的本国船舶和飞行器。法的空间效力一般可分为法的域内效力和法的域外效力。

（1）法的域内效力。法的域内效力是指法在本国主权管辖领域内的约束力。它包括两种情况：一是在全国范围内有效，如宪法、法律、行政法规等在全国范围内有效。二是法在国家部分区域有效，如《香港特别行政区基本法》等；而省、自治区、直辖市和其他国家机关制定的地方性法规和民族区域自治地方的自治法规，只能在这些法规的制定机关管辖范围内有效。

（2）法的域外效力。法的域外效力是指法不仅在国内而且在本国主权管辖领域外有效。现代社会是国际经济、贸易和文化交流非常频繁的社会，各国为了维护自己的主权和利益，大多规定自己的国内法在一定条件下可以在本国领域外生效，如我国《刑法》第 7 条规定，中华人民共和国国家工作人员和军人在中华人民共和国领域外犯本法规定之罪的，适用本法。

（三）法的对人效力

法的对人效力是指法对哪些人适用或有效，包括对哪些自然人、法人和其他组织适用。我国法对人的效力大体包括以下两个方面：

（1）对我国公民的效力。我国宪法规定，凡具有中国国籍的人都是中国公民。我国公民在我国领域内一律适用中国法律，并且法律面前一律平等。但国内法也有一般法与特别法之分，特别法只适用于特定的人、特定的时间或特定的地域范围，并不对所有的中国人有效。此外，中国公民在中国领域外原则上仍受中国法的保护，并负有遵守中国法律的义务。

（2）对外国人的效力。我国法对外国人的效力分为两种情况：一是对在我国领域内的外国人的效力，除法律另有规定外，一律适用我国法，我国法既保护其合法权益，又追究其违法责任。二是对在我国领域外的外国人的效力，如果我国领域外的外国人，侵害了我国国家或公民的权益，或与我国公民发生法律交往，也可适用我国法律规范。

（四）法的对事效力

法的对事效力是指法在实施过程中对哪些事项具有约束力。通常的原则是对法所规定的事项发生效力，而不属于法所规定的事项则无效。法的对事效力，应以明文规定的事项为限。法对事的效力要遵循下面两个原则：

（1）一事不再理原则。一事不再理原则是指同一机关对基于同一法律关系已作出了判决，同一机关不得受理同一当事人所作的同一请求。除符合审判监督程序的情况以外，同一当事人也不得再有同一请求。

（2）一事不再罚原则。一事不再罚原则是指对同一行为，不得处以两次及两次以上性质相同或同一刑名的处罚。但是对于同一违法行为并处两种处罚是可以的，而且也是经常的。例如，在刑法中对同一犯罪事实处以徒刑和罚金，处以徒刑和剥夺政治权利；在行政处罚中对同一违法行为同时处以拘留和罚款等。

第五节　法的适用

一、法的适用的概念

法的适用是指国家专门机关、国家授权的特定单位依照法定的职权与程序，将法律适用于具体的人或组织的活动。法的适用首先是由特定的国家机关进行。这些特定机关包括审判机关、检察机关、公安机关、安全机关以及其他行政机关，如兽医、工商、税务等；其次是由国家授权的特定机关，如动物卫生监督机构。法律适用的对象是具体的人和组织，这里的人是指自然人，组织包括法人和其他组织。

二、法的适用的基本特征

（1）合法性。法的适用必须是合法的行为。其合法内容包括：适用的主体必须合法，适用的实体法律必须合法，适用法律必须符合法定的程序，此外适用法律时形式要合法，除法律另有规定外，都应具有法定的书面形式。

（2）国家强制性。任何法的适用的行为都是代表国家所作出的，相应的组织和个人必须自觉履行，否则由国家的强制力保障实施。例如，人民法院的判决，它对法的适用就具有最终的强制意义，其一经作出，由国家强制力保证执行的效力不容怀疑。

（3）法律特定性。法的适用具有法律意义上的特定性，要求适用主体必须是特定的国家机关或单位，适用的行为是具体的法律行为，适用的文书是特定的仅对被适用者有效，适用的法律后果必须具有可执行性。

（4）法定程序性。法的适用的程序一般都是由法律规定的，在法的适用时应严格遵循。例如，在动物卫生行政处罚中，动物卫生行政主体必经要经过立案、调查、告知当事人权利，才能给予行政相对人处罚，否则程序违法。

三、法的适用形式

一般来讲，法的适用形式包括执法、司法和仲裁。

（一）执　　法

执法在广义上是执行法律的简称，在狭义上仅指与司法机关的司法活动相对应的行政机关和法律法规授权的组织执行法律的活动。这里是指狭义的执法，它具有如下特征：

（1）执法的主体是特定的国家机关或组织。行政机关是国家最主要、最庞大的管理机构，大量的法律是由国家行政机关及其工作人员代表国家来执行的。但是有些机构并不属于国家行政机关，但它们受国家的委托从事着相关法律规范的执行工作，如动物卫生监督机构。

（2）执法具有主动性。执法的主动性是相对于司法的被动性而言的。司法一般都以“不告不理”为原则，而执法必须要主动地依照法定的职权执行法律，否则应当承担失职的法律责任。

(3) 执法具有单向性。执法过程中，执法机关与行政相对人之间建立起行政法律关系，他们之间具有管理与被管理的关系。执法机关的执法行为不受行政相对人意愿左右，是执法机关单方的意思表示。

(4) 执法具有行政强制性。这种强制性不同于司法的强制性，不具有终极性质的强制效力。

(5) 执法是行政机关的法律行为，在执法活动中必须坚持依法行政的法治原则。法治原则的一个极其重要的内容就是权力，尤其是行政权力必须受法律的约束，行政活动必须依法进行。

(6) 执法必须强调效率。执法一般都不具有终局裁决的效力，在其后还有必要的行政救济与司法救济作为保障。如果执法不及时，会耗费更多的时间，这样不利于国家及时行政，也不利于社会的发展。

(二) 司　　法

司法是指国家司法机关依照法定职权和程序具体应用法律处理案件的专门活动，它是一种以国家名义运用法律行使司法权的活动。司法具有如下特征：

(1) 由司法机关进行。我国拥有国家司法权的机关，是指人民法院和人民检察院。除此之外，其他任何单位和个人均无权行使司法权。

(2) 具有被动性。司法总是在相应的纠纷或者违法情形产生之后，而采取的措施。司法往往是“不告不理”，在民事和行政诉讼中，如果没有原告，就不能称其为民事诉讼或行政诉讼，而且刑事诉讼也是以控诉机构或刑事诉讼原告的提起作为其前提条件。

(3) 以案件的存在为条件。没有案件，也就无所谓司法。司法机关总是为处理案件而工作的。而执法不一定以有案件存在或者发生为前提。

(4) 需严格按照法定程序进行。司法活动的开展必须以诉讼法律规定的程序进行。严格的诉讼程序，是司法工作的重要保证，其与实体具有同等重要的地位。没有程序的公正就没有实体的公正。

(5) 具有终极的性质。行政裁决一般都不是终极的，常常都以必要的行政救济和司法救济作为其正确性与公正性的保证。行政裁决可能为司法裁决所撤销，但司法裁决绝不可能被行政裁决所撤销，只有司法才有修正司法的效力。

(三) 仲　　裁

仲裁是一种根据相关方的共同约定，而将纠纷交由第三人依照法律和公正的原则裁断，以确定各方权利义务的纠纷解决方式。仲裁也是法的适用的重要形式。其主要特征如下：

(1) 自愿性。进行仲裁的纠纷必须是法律允许仲裁且当事人在事前或事后具有仲裁约定。凡是当事人没有达成仲裁约定的，仲裁机构不予受理。但有关婚姻、收养、监护、扶养、继承纠纷以及依法应当由行政机关处理的行政争议不能仲裁。

(2) 民间性。我国的仲裁委员会是社团法人，各仲裁委员会之间相互独立，且各仲裁委员会与行政机关独立。仲裁协会是仲裁委员会的自律性组织，仲裁员不得具有政府官员和司法官员的身份。

（3）秘密性。除非各方当事人协议自愿公开审理，否则，仲裁庭的仲裁均不公开进行。仲裁的秘密性与审判的公开性形成鲜明的对比，它对保护当事人的商业秘密和尊重当事人的保密意愿都具有独特的意义。

（4）及时性。及时裁决纠纷是仲裁的重要原则。仲裁实行一裁终结，减少了当事人的诉累，及时化解了矛盾，使合法权益及时得到保护。但对于违法的仲裁裁决，人民法院可以撤销或者不予执行。

四、法的适用的基本要求和原则

（一）法的适用的基本要求

（1）正确。首先要求正确地认定法律事实，即对有关的事实予以查明，证据的收集、查证、质证、认定、使用都是必不可少的环节。其次要求适用法律正确，不同的法律调整不同的社会领域，因此要寻找恰当的法律规范来适用。

（2）合法。一是指法的适用的主体应符合法律的规定，法的适用活动应符合于法律的要求；二是指法的适用既要符合于实体法，又要符合于程序法。

（3）及时。法的适用在确保正确、合法的前提下，应提高法的适用效率，使法律迅速发挥应有的效用，不可随意超越法定的时间期限。

（二）法的适用的基本原则

（1）以事实为依据，以法律为准绳。以事实为依据是指法的适用机关及其官员在法的适用时，必须以一定的法律事实作为适用法律的根据。“以事实为根据”中的“事实”不是指一般的哲学意义上的客观事实，它是具有法律意义的事实，是指作为案件真实情况的事实，即能以证据证明的事实。以法律为准绳是指法的适用机关及其官员在适用法律时，只能以法律作为准则，以法律作为处理案件等法律事务的唯一尺度或标准，做到“有法可依、有法必依、执法必严、违法必究”。

（2）法律面前人人平等。法律面前人人平等是指公民、法人或其他组织在法的适用上一律平等，是法的适用机关和官员在法的适用过程中对于任何法律关系主体，不论其个体差异有多大，都必须平等地对待。任何主体都必须同等地享受法律权利，合法权益获得同等的法律保护，违法犯罪行为都应当承担相应的法律责任，受到相应的制裁。

（3）依法行政与依法独立行使职权原则。法的适用包括执法和司法。执法，必须坚持依法行政的原则，它是行政执法中依法执法的保障；司法，必须坚持依法独立行使职权。司法权只能由司法机关行使，其他任何组织和个人不得行使，不受行政机关、社会团体和个人的干涉，该原则对保证司法公正和司法权威具有重大的意义。

第六节　法律关系

一、法律关系的概念

法律关系是一个基本的法律概念，如法、法律规范、法律责任和法律制裁等大多都直接或间接地同此概念相关联。法律关系是在法律规范调整一定社会关系的过程中所形成的人们之间的权利和义务关系。

二、法律关系的特征

(1) 法律规范是法律关系产生的前提。法律关系是根据法律规范建立的一种社会关系，如果没有相应的法律规范的存在，就不可能产生法律关系。法律关系是法律规范的实现形式，是法律规范的内容（行为模式及其后果）在现实社会生活中得到具体的贯彻。通俗地讲，是人们按照法律规范的要求行使权利、履行义务并由此而发生特定的法律上的联系，这既是一种法律关系，也是法律规范的实现状态。

(2) 法律关系是体现意志性的特殊社会关系。法律关系是根据法律规范有目的、有意识地建立的，因而法律关系像法律规范一样必然体现国家的意志，是特殊的社会关系。法律关系并不同于法律规范，它是特定的法律主体所参与的具体社会关系。

(3) 法律关系是特定法律主体之间的权利和义务关系。它是法律规范逻辑结构中“行为模式”在法律关系中的体现。法律规范设定了权利和义务，实际享有法律权利，或者履行特定的法律义务的公民、法人或其他组织之间会发生这样或那样的联系，这些联系就形成了法律关系。

三、法律关系的种类

按照相对应的法律规范所属的法律部门不同，可以将法律关系分为宪法法律关系、民事法律关系、经济法律关系、行政法律关系、刑事法律关系、诉讼法律关系等；根据法律的职能不同可以划分为调整性法律关系（如民事法律关系）与保护性法律关系（如刑事、行政法律关系）；此外还可以划分为单向法律关系、双向法律关系和多向法律关系以及第一性法律关系和第二性法律关系。

四、法律关系的构成

法律关系由主体、内容、客体三部分构成。

（一）法律关系主体

1. 法律关系主体的概念和种类　法律关系主体是指法律关系的参加者，即在法律关系中权利的享有者和义务的承担者。权利的享有者，称为权利人；义务的承担者，称为义务人。

法律关系主体的种类为公民、法人和其他组织。公民既包括中国公民，还包括外国人和无国籍人。法人是指能以自己的名义从事社会活动，并能独立承担法律责任的具备法人资格的组织，包括机关法人、事业法人、社团法人、企业法人和民办非企业法人。其他组织是指虽然能以自己的名义从事社会活动，但不能独立承担法律责任，且不具备法人资格的组织，如各商业银行设在各地的分支机构。

2. 法律关系主体构成的资格　公民、法人或其他组织要想成为法律关系的主体、享有权利和承担义务，就必须具有权利能力和行为能力，即具有法律关系主体构成的资格。

（1）权利能力。权利能力是指能够参与一定的法律关系，依法享有权利和承担义务的法律资格。它是法律关系主体实际取得权利、承担义务的前提条件。公民的权利能力分为一般权利能力和特殊的权利能力。我国公民的一般权利能力始于出生终于死亡，而特殊的权利能力是公民在特定条件下具有的法律资格，这种资格并不是每个公民都可以享有，而只授予某些特定的法律主体，如官方兽医资格、执业兽医资格。同时按照法律部门的不同，可以分为民事权利能力、政治权利能力、行政权利能力、劳动权利能力、诉讼权利能力等。其中既有一般权利能力，如民事权利能力，也有特殊权利能力，如政治权利能力、劳动权利能力。

法人的权利能力与公民的权利能力不同，一般而言，法人的权利能力自法人成立时产生，至法人解体时消灭。其权利能力依法人性质不同而有所不同，如机关法人、事业法人、社团法人和企业法人各自的权利能力是不相同的。其权利能力由法律规定或章程确定。

（2）行为能力。行为能力是指法律关系主体能够通过自己的行为实际取得权利和履行义务的能力。确定公民有无行为能力，其标准有两个：一是能否认识自己行为的性质、意义和后果；二是能否控制自己的行为并对自己的行为负责。因此，公民是否达到一定年龄、神智是否正常，就成为公民享有行为能力的重要标志。公民的行为能力不同于其权利能力，具有行为能力必须首先具有权利能力，但具有权利能力，并不必然具有行为能力。一般按行为能力将公民划分为完全行为能力人、限制行为能力人和无行为能力人三种。

完全行为能力人，是指达到一定法定年龄、智力健全、能够对自己的行为负完全责任的自然人。我国法律规定 18 周岁以上的公民是成年人，是完全民事行为能力人；已满 18 周岁的人是完全负刑事责任能力人；已满 18 周岁的公民是完全负行政责任能力人。

限制行为能力人，是指行为能力受到一定的限制，只具有部分行为能力的自然人。我国民法通则规定，10 周岁以上的未成年人和不能完全辨认自己行为的精神病人，是限制行为能力人；我国刑法将已满 14 周岁不满 18 周岁的未成年人，以及尚未完全丧失辨认或者控制自己行为能力的精神病人，以及又聋又哑的人和盲人，视为限制刑事责任能力人（不完全负刑事责任能力人）。此外，将已满 14 周岁不满 16 周岁的人视为相对无刑事责任能力人。我国行政处罚法将已满 14 周岁不满 18 周岁的自然人视为限制行政责任能力人，相对负行政责任。

无行为能力人，是指完全不能以自己的行为行使权利、履行义务的公民。我国法律规定，不满 10 周岁的未成年人和不能辨认自己行为的精神病人，是无民事行为能力人；不满 14 周岁的未成年人和行为时因精神疾病而不能辨认或控制自己行为的人，视为完全无刑事和行政责任能力人，不承担刑事和行政责任。

法人的行为能力与公民的行为能力不同。法人的行为能力和权利能力却是同时产生和同时消灭。法人一经成立就同时具有权利能力和行为能力，法人一经撤销其权利能力和行为能力就同时消灭。

（二）法律关系内容

法律关系主体之间的权利、义务关系称之为法律关系的内容。

集体和公民合法权益等违反宪法规定的行为。

（2）刑事违法，也称犯罪，是指具有社会危害性的、违反刑事法律规定的、依法应受刑罚惩罚的行为。它是最严重的违法行为，具有最严重的社会危害性，也会受到最严惩的法律处罚。

（3）民事违法，是指违反民事法律规定，依法应当承担民事法律责任的行为。它是社会中最普遍也是常见的违法行为，如侵权行为和违约行为等。

（4）行政违法，是指违反行政法律规范规定的，应当承担行政法律责任的行为。行政违法中既包括一般公民、法人或者其他组织的违法行为，也包括国家机关的公务员在执行职务活动中违反行政法规的行为。

第八节　法律责任和法律制裁

一、法律责任

（一）法律责任的概念

法律责任是指行为人实施的行为违反了法律规定，需要承担的具有强制性的法律后果。

（二）法律责任的种类

根据违法的性质和危害程度，将法律责任作了如下划分：

（1）违宪责任，是指因违宪行为而承担的法律后果。由于违宪行为与行使国家权力相关，故违宪的责任主体只能是国家机关和国家重要领导人。世界上，追究违宪责任的主体比较复杂，有的是特定的司法机关，有的是普通的司法机关，还有的是专设的机关。在我国，全国人大常委会负责监督宪法的实施。

（2）刑事责任，是指犯罪主体必须承担的刑罚处罚的法律责任，是最严厉的法律责任，承担的主体可以是公民，也可以是法人或其他组织。刑事责任属于过错责任，只能由犯罪主体本人承担，不株连他人，且主要是人身责任。

（3）民事责任，是指民事违法行为或特定的法律事实出现所导致的赔偿或补偿的法律后果。国家机关在执行职务中，侵犯民事权益的，也要承担民事责任。民事责任大多数属于过错责任，但也存在无过错责任。民事责任的承担，既有独立责任，也有连带责任，还有相关人负的替代责任。

（4）行政责任，是指因行政违法行为而承担的法律后果，专指行政相对人违反行政法律规范而承担的法律责任，如违反动物防疫法应承担的法律责任。

（5）国家赔偿责任，是指国家对于国家机关及其工作人员执行职务、行使公共权力时，损害公民、法人或其他组织的法定权利与利益所应承担的赔偿责任。目前我国国家赔偿责任的范围只包括行政赔偿与刑事赔偿两部分。

（三）法律责任的归责原则

归责是责任的归咎，即把责任归于一定的主体。归责原则是确定一定主体在什么情况下承担法律责任的标准或准则，它是法律责任制度的核心。一般来讲的归责原则有过错责任原则、严格责任原则和公平责任原则三项。

(1) 过错责任原则，是指违法行为主体由于过错侵害他人的法律权利而应承担法律责任。过错责任原则最核心的是强调行为人的主观过错，是将责任与行为人的主观过错联系在一起的。过错构成了责任的要件，由此，过错责任原则的抗辩理由就是无过错，只要无过错就不承担法律责任。

(2) 严格责任原则，是指因行为或与行为相关的事件对他人权利造成损害而应承担法律责任的归责原则。这一归责原则不考虑行为人的主观过错，即不以主观过错为责任条件，只要行为造成了危害的结果，行为人就要承担法律责任。严格责任原则的抗辩理由为损害后果是由受害人的故意行为引起的，则行为人不承担责任。

(3) 公平责任原则，是指当事人双方在对造成损害均无过错的情况下，由法院（法官）根据公平观念，结合当事人财产状况及其条件，确定一方对另一方的损失给予适当补偿的责任。公平责任原则是一种利益平衡原则。

二、法律制裁

（一）法律制裁的概念

法律制裁是指由特定国家机关对违法者依其法律责任而实施的强制性惩罚措施。法律制裁是承担法律责任的重要方式，法律责任是前提，法律制裁是结果或体现。

（二）法律制裁的种类

根据违法行为和法律责任的性质不同，法律制裁可以分为以下四种：

(1) 违宪制裁，是对违反宪法所实施的一种强制措施。我国监督宪法实施的机关是全国人大常委会，它也是行使违宪制裁权的主体。承担违宪责任的主体，主要是国家机关及其领导人。制裁措施包括：撤销同宪法抵触的法律、行政法规、地方性法规，罢免国家机关的领导成员。

(2) 刑事制裁，是司法机关对于犯罪者根据刑事责任所确定并实施的强制性惩罚措施。承担刑事责任的主体既可以是公民，也可以是法人或其他组织，但对法人或其他组织的刑事制裁只能是处以没收财产、罚金等财产刑。刑事制裁以刑罚为主要组成部分，刑罚分为主刑（管制、拘役、有期徒刑、无期徒刑、死刑）和附加刑（罚金、剥夺政治权利、没收财产）两类，主要包括自由刑、生命刑、资格刑和财产刑。刑罚是一种最严厉的法律制裁。

(3) 民事制裁，是由人民法院所确定并实施的，对民事责任主体给予的强制性处罚措施。根据《中华人民共和国民法通则》（以下简称《民法通则》）第 134 条的规定，主要包括停止侵害，排除妨碍，消除危险，返还财产，恢复原状，修理、重作、更换，赔偿损失，支付违约金，消除影响、恢复名誉，赔礼道歉十种。民事责任主要是一种财产责任，所以民事制裁也是以财产关系为核心的一种制裁。承担民事责任的主体既可以是自然人，也可以是法人或其他组织。

（4）行政制裁，是指由国家机关对行政责任者依其行政责任所实施的强制性惩罚措施。行政制裁可以分为行政处分、行政处罚和劳动教养三种。行政处分是由国家行政机关或其他组织依照行政隶属关系，对于违反行政法律规定的国家公务员或所属人员实施的惩罚措施，主要有警告、记过、记大过、降级、降职、撤职、留用察看和开除等形式。行政处罚是由特定执法机关对违反行政法律规定的公民、法人或其他组织所实施的惩罚措施，其处罚形式主要有警告、罚款、没收违法所得和非法财物、吊销许可证照和拘留等。劳动教养是由专门的行政机关对违反行政法律规定、危害社会秩序和他人人身安全但尚不构成犯罪的违法行为者所实施的惩罚措施。

（三）法律制裁的原则

法律责任是通过法律制裁的方式实现的。追究法律责任的原则不是归咎责任的原则，而是指国家机关在确定责任人的制裁措施时应当遵循的准则或标准。从我国的法律制度来看，这些原则包含以下几项：

（1）责任法定原则。在确定和追究法律责任时严格地遵循法律的规定，当出现了某种违法行为或法律事实时，对责任主体是否追究法律责任、追究何种法律责任、确定何种法律责任承担方式以及是否适用有关从重、加重、从轻、减轻或者免予处罚等责任机制，均只能依照法律的规定执行。这也是法无明文规定不为罪、法无明文规定不处罚原则的具体体现。

（2）责任自负原则。在确定和追究法律责任时，只限于责任主体，而不能诛连他人。对违法主体而言，必须承担法律责任，无辜者不受追究。这是社会主义法的民主性和公正性的体现。

（3）因果联系原则。在认定违法嫌疑人有无法律责任时，首先必须确认有无因果关系，即行为与损害结果之间的因果联系，即特定的物质性或非物质性损害结果是不是由该行为引起。

（4）程序保障原则。确定和追究法律责任必须通过一定的合法程序。该原则是确定和追究法律责任的正确性的保证，是公民、法人或其他组织合法权益的保障。

除上述原则外，法律制裁的原则还有公正、平等原则、重在教育原则等。

思考题

1. 简述法的概念和特征。
2. 简述法律规范、法律条文和规范性法律文件之间的关系。
3. 简述法律效力的范围。
4. 简述法律关系的构成要素。
5. 简述违法的构成要件。
6. 什么是法律责任？
7. 什么是法律制裁？

第二章　动物卫生行政

动物卫生行政包括动物卫生行政的概念和特征、动物卫生组织体系、动物卫生行政行为、动物卫生行政法律关系、动物卫生行政法律责任和法律制裁五方面的内容。在学习本章的内容时，要正确理解这五部分内容之间的关系。动物卫生行政主体按照动物卫生行政法律规范代表国家对动物卫生工作进行组织与管理，这些组织与管理活动可以统称为动物卫生行政行为，在实施动物卫生管理过程中，形成了动物卫生行政法律关系，动物卫生法律关系是动物卫生法律规范的实现，并由此而产生动物卫生法律责任和法律制裁。

第一节　动物卫生行政概述

动物卫生行政是指动物卫生行政主体代表国家依法对动物卫生工作进行组织与管理的活动，它是我国行政的组成部分。

一、动物卫生行政的特征

（1）动物卫生行政的主体是指各级畜牧兽医主管部门和县级以上人民政府设立的动物卫生监督机构。

（2）动物卫生行政是动物卫生行政主体代表国家进行的管理活动，是国家管理活动的一种表现形式。

（3）动物卫生行政主体在行政时，必须遵守宪法、法律、法规、规章以及其他规范性文件，在动物卫生行政法律规范所规定的范围内依法行使职权。任何超越动物卫生行政法律规范规定所实施的动物卫生行政行为，都是违法行为，应当承担违法行政的法律后果。

二、动物卫生行政的对象

动物卫生行政的对象是指动物卫生行政主体代表国家，在组织管理动物卫生工作中其行政行为所指向的标的。动物卫生行政的对象非常广泛，包括公民、法人或其他组织以及动物及其产品、仪器设施及环境等。

（一）人是动物卫生行政的对象

凡是国家颁布的有关动物卫生行政的法律规范和其他规范性文件，全体公民、法人和其他组织都有遵守的义务。公民、法人或其他组织因申请领取动物防疫条件合格证，或取得动物检疫证明、动物诊疗许可证，或违反动物卫生法律规范；或从事饲养、经营、屠宰、运输动物及经营、加工、运输、储藏动物产品，或因饲养、经营的动物染疫等，参与到这些动物卫生行政法律关系中来，因而成为动物卫生行政的对象。

（二）动物及其产品是动物卫生行政的对象

动物卫生行政主体在职权范围内依照动物卫生法律规范、动物防疫检疫技术标准、规程对动物（包括野生动物、观赏动物、演艺动物）、动物产品进行动物防疫监督管理。因此，动物及其产品也是动物卫生行政的对象。

（三）仪器设施、有关物品是动物卫生行政的对象

为了防止饲料、饲养器具、屠宰加工设备以及有关物品带有病原体而传播疫病或污染动物产品，动物卫生行政主体必须对相关用具、设备等物品进行检疫、消毒和动物防疫监督管理。因此，与饲养经营动物和生产经营动物产品有关的物品、设备、用具、仪器、设施也是动物卫生行政的对象。

（四）环境是动物卫生行政的对象

环境是指饲养、生产、屠宰、加工、销售、运输动物、动物产品所涉及的场所及其周围的境况。这些场所、环境要符合法定的动物防疫条件，在发现人畜共患急性、烈性传染病和新发现的危害较大的动物传染病的地区，除对动物采取隔离、封锁、扑杀、销毁等措施外，还要对受污染的环境采取消毒等动物卫生行政处理措施。因此，环境也是动物卫生行政的对象。

三、动物卫生行政的范围

动物卫生行政的范围亦十分广泛。按动物卫生行政的具体内容，可将动物卫生行政的范围划分为：兽医医政、兽药药政及相关环境的动物防疫管理，动物、动物产品的卫生管理，饲养、屠宰、运输、购销动物及加工、生产、运输、经营、储藏动物产品活动的动物防疫管理，防疫、检疫、消毒管理，动物防疫检疫证章标志的统一管理，动物防疫合格许可证照的管理，动物诊疗许可证及动物防疫组织管理，等等。

第二节　动物卫生行政组织体系

动物卫生组织体系是由各级动物卫生行政管理部门、各级动物卫生监督部门、各级技术支撑部门，以及这些部门的工作人员组成的机构体系。健全的动物卫生组织体系对有效开展动物防疫工作，控制疫病爆发，有效保障畜牧业健康发展具有很重要的意义。

我国现行的兽医管理体系，分为中央、省、市、县四级。农业部兽医局是全国兽医管理的最高行政机关，承担全国兽医行政管理工作，并指导和管理中国动物疫病预防控制中心、中国动物卫生与流行病学中心、中国兽医药品监察所 3 个部直属的事业单位。省、市、县三级大都设有畜牧兽医行政管理机构，但不同地区间机构名称、行政级别和编制性质区别较大。在市、县一级，兽医行政机构的设置较为复杂，总的来说，大都从

属于地方的畜牧兽医行政管理部门，和本省省一级的设置基本对应。

改革开放以来，我国兽医队伍建设取得了长足进展，形成了一支体系较为健全的兽医队伍。兽医队伍在防控重大动物疫病工作中发挥了重要的作用。但面对国内外仍很严峻的动物疫情形势和动物卫生工作的新变化，现行兽医队伍已明显不适应新形势、新任务的要求。为此，2007 年修订通过的《动物防疫法》确立了官方兽医、执业兽医和乡村兽医制度，这些制度的建立与推行可以实行全方位、全过程的动物及其产品的兽医卫生监督管理，可以有效地调整现阶段防治工作中公益性职能与经营性职能分离后的政府性服务与社会化服务之间的关系。

一、动物卫生行政主管部门

（一）动物卫生行政管理部门的概念

动物卫生行政管理部门是指依法成立并在同级人民政府的领导下，代表国家行使动物卫生行政管理职权的动物卫生行政机构。主要包括国务院兽医行政管理部门和地方各级人民政府兽医行政管理部门。

（二）动物卫生行政管理部门的职责

《国务院关于推进兽医管理体制改革的若干意见》（国发［2005］15 号）要求建立健全兽医行政管理机构，中央一级兽医行政管理机构列入农业部的内设机构。2004 年 7 月农业部兽医局成立，依法履行国家兽医行政管理职责，主管全国的动物防疫工作，其主要职责如下：

（1）组织拟定兽医及兽药、兽医医疗器械行业发展战略、规划和计划，起草兽医、兽药管理和动物检疫有关法律、法规、规章，拟定有关政策，并组织实施。

（2）负责提出兽医及兽药行业投资计划建议、初选项目、组织本行业项目实施、监督检查及竣工验收等工作。

（3）拟定兽医、兽药管理体系和队伍建设发展规划并组织实施；负责兽医医政和兽药药政管理工作。

（4）负责拟定重大动物疫病防治政策，依法监督管理动物疫病防治工作；研究拟定重大动物疫病国家扑灭计划，组织实施、定期评估并监督执行。

（5）负责动物疫情管理工作，组织动物疫情监测、报告、调查、分析、评估与发布工作。

（6）负责动物卫生有关工作，组织动物及动物产品检验检疫、兽药残留监控、动物及动物产品卫生质量安全监督管理工作；研究拟定动物医疗、动物实验的技术标准并组织实施。

（7）负责兽药、兽医医疗器械监督管理和进出口管理工作。

（8）组织制定、修订药物饲料添加剂品种名录和禁止使用的药品及其他化合物目录。

（9）负责兽医科学和技术发展、兽医微生物参考实验室的管理工作；负责兽医微生物菌（毒）种管理工作。

(10) 组织拟定动物卫生标准，负责制定、发布兽药国家标准、兽药残留限量标准和残留监测标准，并组织实施。

(11) 承办兽医、兽药和动物检疫多边、双边合作协议、协定的谈判和签署工作；承办我国与世界动物卫生组织等国际组织的交流与合作工作；承办《禁止生物武器公约》履约的相关工作。

(12) 分析评估国（境）外有关动物卫生信息，负责发布动物疫情名单；拟定禁止进境的动物及动物产品名录，承办发布禁令和解禁令工作。

(13) 负责有关单位的业务归口管理工作，指导有关社团组织的业务工作。

省以下兽医行政管理机构的职责由省级人民政府结合本地养殖业发展情况和兽医工作的需要确定。上级兽医行政管理机构对下级兽医行政管理机构负有指导职责；各级兽医行政管理机构对动物防疫、检疫工作负有指导和监督职责。

二、动物卫生行政执法机构

（一）动物卫生监督机构的概念

动物卫生监督机构是指经法律授权，依法成立，代表国家独立行使动物、动物产品的检疫和其他有关动物防疫的监督管理职权，并能独立承担行政责任的动物卫生行政执法组织。目前我国省、市、县三级分别设有动物卫生监督机构。

（二）动物卫生监督机构的行政主体资格

目前，我国法律对行政主体的资格要件没有明文规定，但大多学者认为行政主体的资格要件由组织要件和法律要件构成。动物卫生监督机构具备了组织要件和法律要件，就取得了行政主体资格，具有了相应的法律地位，才能以自己的名义实施行政行为，并在形式上承担法律责任。

(1) 组织要件。动物卫生监督机构为法律、法规授权的组织，其作为行政主体应具备以下两个组织要件：第一，动物卫生监督机构应当具有法人资格，能独立承担行政责任。动物卫生监督机构的成立，必须经同级人民政府人事或编制行政主管部门对其人员配备、机构设置、职能确定进行正式行文批准，并有独立的经费预算和必要的办公条件，取得事业法人证书，才能以自己的名义，独立地行使动物卫生行政管理职权。在动物卫生行政活动中，动物卫生监督机构的行政行为违法并给行政相对人造成损害的，就要承担相应的法律责任，包括属于国家赔偿法调整的行政赔偿责任，以及属于民法调整的民事赔偿责任。如果动物卫生监督机构不具有独立承担法律责任的能力，它代表国家行使动物卫生行政管理职权的资格就必然要被否定。第二，动物卫生监督机构是不以营利为目的的事业单位。《动物防疫法》规定，动物卫生监督机构及其工作人员不得从事与动物防疫有关的经营性活动。动物卫生监督机构如果以营利为目的，从事与动物防疫有关的经营性活动，就难以保证执法的公正性。

(2) 法律要件。行政主体的法律要件只有一项，即必须具有法律、法规的明确授权，这是依法行政的要求。没有法律、法规明确授权，任何组织和个人都无权对外行使职权，当然不能成为行政主体。《动物防疫法》第 8 条明确授权动物卫生监督机构依法负责动物、动物产品的检疫工作和其他有关动物防疫的监督管理执法工作，具备了行政主体的法律要件。

（三）动物卫生监督机构的职权

动物卫生监督机构实施的监督和管理，既具有行政上的强制性，同时又具有技术上的权威性。因此，动物卫生监督机构是集技术与行政措施为一体的专业执法机构，行使行政职权必须以动物卫生行政法律规范为依据，以兽医专业技术措施为依托。

1. 行使职权的区域　动物卫生监督机构行使职权时遵循地域管辖为主，级别管辖为辅的原则。即在同级人民政府所管辖的行政区域内行使动物卫生行政管理职权。例如，甲县王某在乙县经营或加工动物产品，应接受乙县动物卫生监督机构的监督管理。但是，对于影响较大、技术层次要求高的案件，也可由上一级动物卫生监督机构管辖。

2. 行使职权的范围　动物卫生监督机构代表国家行使下列行政管理职权：

（1）负责对动物疫病预防的宣传教育和技术指导、技术培训、咨询服务，并组织实施动物疫病免疫计划。

（2）负责监测、监督饲养、经营动物和生产、经营动物产品的单位和个人依照《动物防疫法》和国家有关规定做好动物疫病的计划免疫、预防工作。

（3）接受单位或者个人的动物疫情报告，并迅速采取措施和按照规定上报动物疫情。

（4）为控制、扑灭重大动物疫情，应当派人参加当地依法设立的检查站执行监督检查任务；必要时，经省、自治区、直辖市人民政府批准，可以设立临时性的动物防疫监督检查站，执行监督检查任务；根据工作需要，经当地县级以上地方人民政府批准后，可以在车站、港口、机场等相关场所派驻官方兽医。

（5）按照国家标准和农业部规定的行业标准、检疫管理办法、检疫对象和检疫范围，依法对动物、动物产品实施检疫。

（6）省级动物卫生监督机构负责办理国内异地引进乳用动物、种用动物及其精液、胚胎、种蛋的检疫审批手续。

（7）负责对人工捕获的可能传播动物疫病的野生动物实施检疫。

（8）依法对动物防疫工作进行监督。在执行监测、监督任务时，可以对动物、动物产品采样、留验、抽检，对没有检疫证明的动物、动物产品进行补检，对不具备补检条件的动物产品进行销毁，对染疫或者疑似染疫的动物和染疫的动物产品进行隔离、查封、扣押和处理。

（9）对动物、动物产品运输依法进行监督检查，查验检疫证明、检疫标志和免疫标识。

（10）对动物饲养场（包括养殖小区）、隔离场所和动物屠宰加工场所，以及动物和动物产品无害化处理场所是否符合规定的动物防疫条件进行监督检查。

（11）进入有关场所调查取证，查阅、复制与动物防疫有关的资料。

（12）对违反动物卫生行政法律规范的行政相对人进行行政处罚或采取行政措施。

（13）动物卫生法律规范规定的其他职权。

三、动物卫生行政技术支撑体系

为有效控制动物疫病，健全动物疫病防控体系，农业部对下属的兽医技术支持机构进行了改革，设立了中国动物疫病预防控制中心、中国兽医药品监察所、中国动物卫生与流行病学中心，同时，整合科研力量，充分发挥现有科研院所的作用，设立了禽流感、口蹄疫、疯牛病、猪瘟、高致病性蓝耳病、新城疫国家兽医参考实验室，在中国农业科学院北京、哈尔滨、兰州和上海四个兽医研究所设立了中国动物卫生与流行病学中心分中心，强化了中央这一级兽医研究力量。各省、自治区、直辖市根据工作需要分别在省、市、县三级设立了动物疫病预防控制中心，并归口同级兽医行政管理部门管理。

（一）中国动物疫病预防控制中心

中国动物疫病预防控制中心承担动物疫病的监测、检测、诊断、流行病学调查、疫情报告以及其他预防、控制等技术工作。其主要职责如下：

（1）协助兽医行政管理部门拟定有关法律、法规和政策建议，协助开展重大动物卫生违法案件的调查；承担全国动物卫生监督的业务指导工作，组织实施动物及动物产品检疫。

（2）研究提出重大动物疫病（包括人畜共患病）预防控制规划、扑灭计划、应急预案建议，指导、监督重大动物疫病预防、控制和扑灭工作，指导人畜共患病防治工作。

（3）组织开展动物防疫技术研究、国际交流与合作；研究提出动物疫病防治技术规范建议，经批准后组织实施。

（4）负责全国动物疫情收集、汇总、分析及重大动物疫情预报预警工作，指导全国动物疫情监测体系建设，组织实施动物疫病监测工作，指导国家级动物疫情测报站和边境动物疫情监测站的业务工作。

（5）负责国家动物防疫网络信息系统、网络溯源及应急指挥平台的建立及管理。

（6）承担全国高致病性动物病原微生物实验室资格认定及相关活动的技术、条件审核等有关工作；承担全国动物病原微生物实验室生物安全监督检查工作；协调各级诊断实验室的疫情诊断工作。

（7）承担动物及动物源性产品质量安全检测及其有关标准、标物研制工作；承担动物标识管理、动物和动物产品溯源工作。

（8）承担动物诊疗机构和执业兽医的相关工作；承担兽医执法人员的培训工作，负责兽医行业职业技能鉴定工作。

省以下动物疫病预防控制中心的职责由省级人民政府结合本地养殖业发展情况和兽医工作需要确定。上级动物疫病预防控制中心对下级动物疫病预防控制中心负有指导职责。

（二）中国兽医药品监察所

中国兽医药品监察所承担兽药评审，兽药、兽医器械质量监督、检验和兽药残留监控，菌（毒、虫）种保藏，以及兽药国家标准的制修订，标准品和对照品制备标定等工作。其主要职责如下：

（1）承担兽药质量标准、兽药实验技术规范、兽药审评技术指导原则的制、修订工作；承担全国兽药的质量监督及兽药违法案件的督办、查处等工作；负责兽药质量检验和兽药残留检验最终技术仲裁；负责全国兽用生物制品批签发管理和兽药产品批准文号审查工作。

（2）承担新兽药和外国企业申请注册兽药的技术审评工作，提出审评意见。

（3）承担兽药生产质量管理规范（GMP）、临床及非临床试验管理规范（GCP、GLP）检查验收工作；组织开展省级兽药监察所资格认证工作；指导省级兽药监察所和有关兽药生产企业的质量检验工作。

（4）承担兽药残留标准的制定、修订工作；承担兽药残留监控工作；开展兽药残留检测工作；承担国家兽药残留基准实验室和省级残留试验室的技术指导工作。

（5）承担兽医器械标准的制定、修订及检验测试工作；承担全国兽医器械的质量监督工作。

（6）承担兽药检验物质标准的制定、修订工作；负责兽药标准物质的研究、制备、标定、鉴定及供应等工作。

（7）承担兽药的风险评估和安全评价；承担Ⅰ类、Ⅱ类兽医病原微生物菌（毒）种的试验和生产条件的审查工作；负责国家兽医微生物菌（毒、虫）种保藏、提供和管理工作；承担行业实验动物管理工作。

（8）参与起草兽药、兽医器械管理的法律、法规；开展相关检验技术研究、行业技术培训及国际技术交流与合作。

（9）承担兽药、兽医器械综合评价工作；跟踪了解兽药、兽医器械科研、生产、经营及使用等方面信息，承担相关信息发布工作。

地方兽医药品监察所除省一级设立外，省级以下一般不设立专门的兽医药品监察机构。

（三）中国动物卫生与流行病学中心

中国动物卫生与流行病学中心承担重大动物疫病流行病学调查、诊断、监测，动物和动物产品兽医卫生评估，动物卫生法规标准和重大外来动物疫病防控技术措施研究等工作，主要职责如下：

（1）负责组织开展动物流行病学调查、分析、研究和疫病普查；负责收集、处理、保藏各种动物血清，开展重大动物疫病动态监测和疫情追溯。

（2）负责重大外来动物疫病诊断、疫情监测及防控技术措施研究。

（3）负责收集国外动物疫情信息、建立国家动物卫生与流行病学数据库、开展动物疫病预警分析工作。

（4）承担动物和动物产品兽医卫生评估、动物疫病区域风险评估工作，组织实施企业动物卫生认证。

（5）协调国家动物卫生与流行病学分中心、国家兽医参考实验室、各级各类兽医实验室的流行病学调查工作，分析和汇总流行病学调查相关数据，提出流行病学调查总体报告。

（6）开展动物疫病诊断技术和诊断试剂研究。

（7）收集分析国际动物卫生法律法规和 SPS 协议相关法规及案例，开展动物卫生法规标准研究工作；承担动物卫生技术性贸易措施及国际兽医事务的综合评估工作。

（8）承担全国动物防疫标准化技术委员会和全国动物卫生流行病学专家委员会的日常工作。

中国动物卫生与流行病学中心除在中国农业科学院北京、哈尔滨、兰州和上海四个兽医研究所设立了动物卫生与流行病学中心分中心外，其他省、自治区、直辖市不设立分中心。

四、官方兽医制度

（一）官方兽医

世界动物卫生组织颁布的《陆生动物卫生法典》中明确规定，官方兽医是指由国家兽医行政管理部门授权的兽医。官方兽医负责商品（动物、动物产品、精液、胚胎/卵、生物制品和病料）的动物健康或公共卫生监督，并在适当条件下，对符合条件的商品签发卫生证书。

官方兽医制度是指由国家兽医行政管理部门授权的官方兽医，对动物及动物产品生产全过程行使监督、控制的一种管理制度。官方兽医制度是世界各国普遍实行的一种兽医管理制度。

（二）官方兽医制度的主要类型

从世界各国的总体情况看，官方兽医制度大致分为三种类型：欧洲和非洲的多数国家特别是欧盟成员国属于一种类型，其官方兽医制度和 OIE 规定的完全一致，属于典型的国家垂直管理的官方兽医制度；美国和加拿大等美洲国家属于第二种类型，采取的是国家（联邦）垂直管理和各州共管的兽医官制度；澳大利亚和新西兰等澳洲国家属于第三种类型，采取的则是州垂直管理的政府兽医制度。

（三）我国的官方兽医制度

实行官方兽医制度是有关国际组织和发达国家通行做法，也是衡量一个国家动物卫生水平的重要标志。我国兽医队伍建设与国际组织的有关要求相比，还有较大差异，严重影响了我国畜禽产品出口和动物产品国际竞争力的提高。因此，我国正在加快建立与国际接轨的新型兽医管理体制，推行官方兽医制度，加强官方兽医队伍的建设。

目前，我国在中央一级已于 2004 年设立了国家首席兽医师，代表我国政府参与国际兽医事务。地方的官方兽医制度正在建设过程中，尚未形成完整的官方兽医体系，但 2007 年修订通过的《动物防疫法》确立了官方兽医制度。

五、执业兽医师制度

（一）执业兽医师

执业兽医师主要从事动物诊疗等技术服务工作，目前任何国际组织都没有统一的称呼，也没有明确定义。例如，美国通常称为持证兽医师（licensed veterinary）或私人执业兽医师（private veterinary practitioner），加拿大和英国通常称为注册兽医师（registered veterinarian），澳大利亚、法国、荷兰等国家通常称为私人兽医师（private veterinarian）或执业兽医师（veterinary practitioner）等。各国和一些国际组织在工作交流时，通常将这类兽医师称为执业兽医师。

各国主要根据执业兽医师所承担职责的不同对其作出不同的定义。执业兽医师的职责主要包括：诊断、治疗、预防动物疫病和伤痛，或开具处方使用兽药、生物制品、麻醉剂等诊疗用品。执业兽医师还要在国家法定机构考试、注册、培训并接受其管理。

（二）我国的执业兽医制度

执业兽医是指从事动物诊疗和动物保健等经营活动的兽医人员，包括执业兽医师和执业助理兽医师。我国实行执业兽医资格考试制度，执业兽医资格考试由农业部组织，全国统一大纲、统一命题、统一考试。具有兽医、畜牧兽医、中兽医（民族兽医）或者水产养殖专业大学专科以上学历的人员，可以参加执业兽医资格考试，考试合格的，由国务院兽医主管部门颁发执业兽医资格证书；从事动物诊疗的，还应当向当地县级人民政府兽医主管部门申请注册，经注册的执业兽医师可以从事动物疾病的预防、诊断、治疗和开具处方、填写诊断书、出具有关证明文件等活动。执业助理兽医师在执业兽医师指导下协助开展兽医执业活动，但不得开具处方、填写诊断书、出具有关证明文件。

六、乡村兽医制度

乡村兽医是指尚未取得执业兽医资格，经登记在乡村从事动物诊疗服务活动的人员。在这里需要明确两个问题：一是乡村兽医不是村级动物防疫员，不享有政府补贴，但经聘用可以担任村级动物防疫员；二是乡村兽医的执业范围只能在乡村，不可以在城市从事动物诊疗活动。

我国实行乡村兽医登记制度。凡取得中等以上兽医、畜牧（畜牧兽医）、中兽医（民族兽医）或水产养殖专业学历的；或中级以上动物疫病防治员、水生动物病害防治员职业技能鉴定证书的；或在乡村从事动物诊疗服务连续5年以上的；或经县级人民政府兽医主管部门培训合格的人员，可以向县级人民政府兽医主管部门申请乡村兽医登记，取得乡村兽医登记证。

七、村级动物防疫员制度

村级动物防疫员是指经县级兽医行政管理部门考试或考核合格，聘用其在乡村从事动物防疫活动的乡村兽医服务人员。村级动物防疫员是具有一定动物防疫知识和技能，为农民提供动物防疫技术的农村劳动者，是基层动物防疫工作的主体力量，是农村实用人才队伍的重要组成部分。主要职责有：第一，宣传动物防疫法律法规。第二，承担动物免疫注射、免疫耳标配带工作，指导动物散养户建立畜禽养殖档案。第三，承担动物疫情报告等职责。第四，协助兽医主管部门控制、扑灭动物疫病。除此之外，村级动物防疫员应当积极参加县级兽医行政管理部门组织的动物防疫法律法规和各项规章制度、疫苗保管与使用、动物疫病预防与治疗、疫情监测报告等业务知识的培训，提高自身的业务素质和工作能力。

第三节　动物卫生行政行为

行政行为是指行政机关和法定授权组织为实现行政管理目标，运用国家行政权作出的具有法律效力的行为。动物卫生行政行为是指动物卫生行政主体代表国家，并以国家的名义对动物卫生事务进行管理的行政行为。

一、动物卫生行政行为的特征

（一）法律从属性

动物卫生行政主体的行政权力来自于动物卫生法律规范的授权。因此，动物卫生行政机关在实施行政行为时，必须依据动物卫生法律规范的相关规定，具备相应的法定条件。

（二）效力先定性

动物卫生行政行为一经作出，就具有法律效力，行政相对人必须服从，除非由有权机关经法定程序变更或撤销该行政行为。

（三）单方面意志性

由于行政管理及时、高效的客观需要，动物卫生行政行为只需动物卫生行政主体单方面的意思表示即可成立，行政相对人同意与否不影响动物卫生行政行为的效力。这与民事行为的成立以双方合意为原则形成鲜明的对比。

（四）国家强制性

动物卫生行政行为一经作出后即发生法律效力，依法得到国家强制力的保障。这种强制力主要体现在以下两个方面：第一，自行强制执行。当动物卫生行政主体作出处理、处罚决定时，若行政相对人拒不执行，动物卫生行政主体可以强制执行。第二，申请人民法院强制执行。行政相对人对动物卫生行政主体作出的处理、处罚决定，在法定期限内既不申请复议或起诉，也不履行，动物卫生行政主体即可申请人民法院强制执行。

二、动物卫生行政行为的分类

动物卫生行政行为多种多样，根据不同标准可将其作不同的分类。以动物卫生行政行为的对象是否特定可将其分为抽象行政行为与具体行政行为。

1. 抽象行政行为　是指动物卫生行政主体进行动物卫生行政管理时，以不特定的或一般的事项为对象的行为，如制定动物卫生法律规范的立法行为和其他范性文件的行为，以及依法发布命令、决定等行为。这类行为在功能上是从日常纷繁多样的具体行政管理活动现象中“抽象”出来、在行政活动领域中人们应当普遍遵守的具有高度概括性的行为规范，这些行为规范对不特定的人有普遍的约束力，因而称之为抽象行政行为。

2. 具体行政行为 是指动物卫生行政主体以特定的或个别的事项为对象，予以具体的处置，并只对特定的对象发生法律效力的动物卫生行政行为，如动物卫生行政主体对违反动物卫生法律、法规、规章和其他规范性文件规定的行政相对人，依法进行的动物卫生行政处理、处罚的行为。具体行政行为在功能上是适用法律规范而不是设定具有普遍意义的规范，而且它针对的是特定对象并只对特定的对象具有约束力，因而称之为具体行政行为。

另外，动物卫生行政行为以其适用与效力作用的对象的范围可分为内部行政行为和外部行政行为，以受法律规范拘束的程度可分为羁束行政行为和自由裁量行政行为，以行政机关是否可以主动作出行政行为可分为依职权的行政行为和依申请的行政行为等。

第四节 动物卫生行政法律关系

一、动物卫生行政法律关系的概念

动物卫生行政主体在行使行政职能的过程中，必然要对内对外发生各种关系，这些关系范围广泛、内容复杂，通称为动物卫生行政关系。动物卫生行政关系经动物卫生行政法律规范确认，具有动物卫生行政法律上的权利、义务内容的，就是动物卫生行政法律关系。动物卫生行政法律关系是动物卫生行政法律规范的体现，由国家强制力保障。违反或破坏这种法律关系，就要受法律的追究，承担行政法律责任。

二、动物卫生行政法律关系的特征

（一）主体一方的恒定性

动物卫生行政法律关系一方当事人必须是动物卫生行政主体。没有动物卫生行政主体，则不构成动物卫生行政法律关系。换言之，动物卫生行政法律规范对动物卫生行政主体行政职权的确认，是动物卫生行政法律关系存在的前提，没有动物卫生行政职权的存在及其行使，也就没有动物卫生行政法律关系。

（二）法律关系主体互有权利义务但具有不对等性

动物卫生行政法律关系主体的不对等性，主要表现在两个方面：一是动物卫生行政法律关系的发生只需要动物卫生行政主体单方面的意思表示即可，不需要征得相对一方的同意，如动物卫生行政主体颁布的各种命令、公告，以及采取的其他行政措施，都体现了这一特点。二是双方当事人所处地位不平等。动物卫生行政执法主体是以国家的名义依法实施管理，其行政行为得到国家强制力的保障，即使执法机关的行政行为不当或违法，相对一方也不能因此否认其效力而拒不执行，只能在事后通过行政复议或者提起行政诉讼获得补救。这一特征，明显区别于民事法律关系形成的要求。

（三）单方面意志性

在动物卫生行政法律关系中，动物卫生行政主体可以以单方面的意思表示而设立某项法律关系，不需要征得行政相对人的同意。这与民事法律关系的平等性、有偿性和双方意思表示一致性显然不同。动物卫生行政主体以单方面意思表示设立的动物卫生行政法律关系是以国家强制力作保障的，它具有强制性。行政相对人必须接受和服从。这种行政法律关系一旦产生，行政相对人就必须履行作为和不作为的义务。

（四）法律先定性

动物卫生行政法律关系的内容具有法律先定性，即动物卫生行政法律关系的当事人的权利和义务都是由动物卫生法律规范预先规定的。如果没有预先规定，就不能发生行政法律关系。例如，经营者依法经营取得动物检疫证明的动物、动物产品，就是一种动物卫生行政法律关系，经营者和动物卫生行政主体之间的权利和义务，是由国家的动物卫生行政法及有关规定预先规定的，经营者和动物卫生行政主体双方都不能自由选择。

三、动物卫生行政法律关系的构成

动物卫生行政法律关系由主体、客体和内容构成。

（一）动物卫生行政法律关系的主体

动物卫生行政法律关系主体，又称动物卫生行政法律关系当事人，是指动物卫生行政法律关系中权利、义务的承担者。动物卫生行政法律关系存在于两个以上的主体之间。没有主体，权利、义务就没有承担者，法律关系便不存在。只有一个主体，而没有相对的一方，权利、义务关系也不能构成。动物卫生行政法律关系的主体由动物卫生行政主体即各级畜牧兽医行政主管部门以及各级动物卫生监督机构和行政相对人即公民、法人或其他组织构成。动物卫生行政法律关系中的行政相对人是指与动物卫生行政主体相对应的当事人。

（二）动物卫生行政法律关系的客体

动物卫生行政法律关系的客体是指主体双方的权力义务所共同指向的对象或标的。包括物和行为。

（1）物。物是现实存在的、能够为人们控制和支配的物质财富，包括实物和货币。它可以是固定财产，也可以是流动财产。例如，动物卫生行政法律关系的客体是动物、动物产品，动物防疫有关证、章、标志，以及货币、有价证券和环境、场所等。

（2）行为。动物卫生行政法律关系最主要的客体是行为。一种是动物卫生行政主体行使职务的行为，即行使行政管理权的行为，如采取动物卫生行政措施，决定行政处罚行为；另一种是行政相对人的行为，如养殖小区申请领取动物防疫条件合格证的行为，以及违反动物卫生行政法律规范的行为。

有些动物卫生行政法律关系的客体同时包括物与行为，我们称之为综合客体。例如，动物卫生行政主体发现行政相对人出售染疫的动物产品时，除没收违法所得和罚款外，还要没收染疫的动物产品。这就同时出现两个客体：一是出售染疫的动物产品的行为；二是出售的染疫动物产品。

（三）动物卫生行政法律关系的内容

动物卫生行政法律关系的内容是指动物卫生行政法律关系主体之间的权利和义务。一般来讲，在动物卫生行政法律关系中，没有只享权利而不承担义务，也没有只承担义务而不享有权利。同时，权利和义务是对应的，一方的权利，对于另一方即为义务；一方的义务对于另一方即是权利。

1. 动物卫生行政主体的主要权利和义务

1）*动物卫生行政主体的权力*　行政主体的权力在法律上称为职权，是法律赋予的为实现国家管理，使全社会服从国家意志的强制力量，也叫国家意志力。我国动物卫生行政主体拥有的权力较为广泛，大致有以下几种类型：

（1）制定行政规范权，包括行政立法权与制定其他行政规范权。根据宪法、法律和行政法规的规定，农业部享有制定规章的权力。地方各级畜牧兽医行政管理部门有依法制定有关动物卫生的其他行政规范性文件的权力。

（2）行政许可权，是指动物卫生行政主体根据行政相对人的申请，作出决定允许行政相对人行使某种特权、获得某种资格和行为的具体行政行为。

（3）行政命令权，是指动物卫生行政主体在行使国家行政管理活动中，动物卫生行政主体有权通过书面或口头的行政决定，依法要求特定的人或不特定的人作出一定行为和不作出一定行为，而相对人必须服从的权力。行政命令权包括行政禁止权，即指行政主体通过发布行政命令（禁止）制止行政相对人某种行为的发生。

（4）行政处罚权，是动物卫生行政主体的一项重要职权，是保证实现行政管理职能的制裁性权力。行政处罚包括申诫罚、财产罚、能力罚、人身罚，但在动物卫生行政处罚中不包括人身罚，目前享有限制人身自由处罚权的机关只有公安机关，其他行政机关不享有该项权力。

（5）行政强制执行权，是指公民、法人或其他组织拒不履行行政法定义务，动物卫生行政主体依法采取必要的强制措施，迫使公民、法人或其他组织履行义务的行政执行行为。动物卫生行政执行以义务人不履行行政法定义务为前提。

（6）准行政司法权，是指动物卫生行政主体裁决行政争议并作出决定的权力。

2）*动物卫生行政主体的义务*

（1）廉政、勤政，努力为人民服务。这是由我国社会主义制度的性质决定的，是动物卫生行政执法机关实施国家行政管理的根本宗旨。动物卫生执法机关应当忠实地遵守宪法关于“必须依靠人民的支持，经常保持同人民的联系，倾听人民的意见和建议，接受人民的监督，努力为人民服务”的规定。

（2）维护宪法尊严，忠实地执行法律、法规和规章。这就要求动物卫生执法机关坚持依法行政、从严治政，严格地在法定权限内行使行政职权，依法进行行政复议和积极地参与行政诉讼，履行诉讼义务。

(3) 自觉接受国家权力机关、审判机关、检察机关、上级机关和社会群众的监督。

(4) 依法承担相应的行政法律责任。动物卫生行政执法机关在行政管理活动中发生违法或不当的行政行为，侵犯行政相对人的合法权益时，应当依法承担法律责任，履行行政赔偿义务；由于合法的行政行为，导致行政相对人遭受经济损失，亦应依法予以补偿。

2. 动物卫生行政法律关系中行政相对人的权利和义务

1) 动物卫生行政相对人的权利

(1) 申请实现或者保护自身合法权益的权利。依照法律的规定，行政相对人有权向动物卫生行政主体申请实现或者保护自己的合法权益。动物卫生行政主体应当按照法律规定履行职责，对行政相对人的申请及时作出处理。

(2) 批评、建议权。行政相对人有权对动物卫生行政主体及其工作人员中存在的不足之处提出批评或者建议，以帮助动物卫生行政执法主体改进工作。这里，批评与建议的对象既可是动物卫生行政主体的具体行政行为，又可以是动物卫生行政主体的抽象行政行为，还可以是动物卫生行政主体的工作人员。

(3) 检举、控告权。行政相对人对动物卫生监督机关及其工作人员的违法行为有权向有关国家机关检举或控告，以维护社会的公共利益和自身的合法权益，保障动物卫生行政机关依法行政和自身的廉政。

(4) 申诉和申请复议权。行政相对人不服动物卫生监督机关作出的裁决或处理决定时，有权向有关国家机关提出申诉或者申请行政复议，以保障自身合法权益不受侵犯。

(5) 提起行政诉讼的权利。行政相对人认为动物卫生行政机关的具体行政行为侵犯自身合法权益时，有权依据《中华人民共和国行政诉讼法》(以下简称《行政诉讼法》)的规定向人民法院提起诉讼，请求人民法院予以撤销或变更，以维护自身的合法权益。

(6) 请求行政赔偿权。行政相对人的合法权益受到动物卫生行政机关违法或不适当的具体行政行为侵犯而造成损害时，有权依照《中华人民共和国国家赔偿法》(以下简称《国家赔偿法》) 的规定请求行政赔偿。

2) 动物卫生行政相对人的义务

(1) 遵守和执行动物卫生法律规范，维护社会公共利益，支持和协助动物卫生行政执法机关实施合法、有效的管理。

(2) 自觉执行行政命令和决定，保证国家行政管理有序进行；与动物卫生行政执法机关发生争议时，应当通过法定途径解决。

(3) 自觉接受动物卫生执法机关的管理和监督，维护动物卫生执法机关在国家行政管理中的权威，支持动物卫生行政主体依法行政。

四、动物卫生行政法律关系的产生、变更和消灭

动物卫生行政法律关系是不断产生、变化和发展的。在动物卫生行政管理活动中经常会产生新的行政法律关系，同时旧的法律关系又不断地变更或废止。动物卫生行政法律关系这种不断产生、变更、终止的过程，反映了国家行政管理活动的客观需要。

（一）法律事实

法律事实是指在动物卫生行政法律关系主体之间引起行政法律关系产生、变更和消灭的客观现象。仅有动物卫生行政法律规范并不能在动物卫生行政法律关系主体之间引起动物卫生行政法上的权利和义务关系。动物卫生行政法中所规定的权利义务关系，只表现出动物卫生行政法律关系主体享有权利和承担义务的可能性。只有当动物卫生行政法律规范中所规定的法律事实即客观现象出现时，才会引起动物卫生行政法律关系变化的后果。

（1）法律事件，是指不以人的意志为转移的客观现象，如经营动物产品的公民死亡、生产经营动物产品的企业倒闭或破产、自然事件、时间因素等。由于这些事件的发生，就会引起动物卫生行政法律关系的产生、变更和消灭。例如，发生了动物卫生行政法律规范规定的一类动物传染病，当地人民政府依法对该地区实行封锁并由动物卫生行政主体进行处理，这就引起了动物卫生行政法律关系的产生。

（2）法律行为，是指人的一种有意识的活动，是行政法律规范规定的按照人的意愿而作出的引起行政法律关系的产生、变更和消灭的行为。它是一种以人的意志为转移的法律事实。法律行为按其性质可分为合法行为和违法行为。合法行为就是符合动物卫生行政法规定的行为，也就是动物卫生行政法所允许的行为。违法行为是违反动物卫生行政法律规范规定的行为，既包括作出了法律所禁止的行为，即作为违法，也包括不作法律所要求的行为，即不作为违法。法律行为不论是合法的行为，还是违法的行为均能在动物卫生行政法上导致一定的权利、义务关系的产生、变更和消灭，如动物卫生行政主体依法发放动物诊疗许可证，就引起了动物卫生行政主体和行政相对人之间动物卫生行政法律关系的产生。行政相对人的行为也能引起行政法律关系的产生，如经营单位违反动物防疫法的规定。

（二）动物卫生行政法律关系的产生、变更和消灭

（1）动物卫生行政法律关系的产生，一般是由动物卫生行政主体单方面采取行政行为而形成的，如根据《动物防疫法》责令行政相对人按照法律的规定对运输动物的车辆进行清洗消毒等。所以，动物卫生行政行为是动物卫生行政法律关系产生的主要原因。

（2）动物卫生行政法律关系的变更有两种情况：一是动物卫生行政法律关系权利义务的变更，如动物卫生行政主体职能的增减等；二是动物卫生行政法律关系主体的变更，如动物卫生行政主体的合并、分立、撤销。

（3）动物卫生行政法律关系的消灭，是指动物卫生行政法律关系主体间权利义务的完全消灭，包括动物卫生行政法律关系主体的消灭和法律关系内容的消灭两种。例如，行政相对人死亡、经营动物产品的企业被撤销等。

第五节　动物卫生行政法律责任和法律制裁

一、动物卫生行政法律责任

（一）动物卫生行政法律责任的概念

动物卫生行政法律责任是指动物卫生行政法律关系的主体由于违反动物卫生法律规

范的规定而应承担的法律后果。按照责任主体的不同主要可以分为三种：

（1）动物卫生行政主体的法律责任，是指动物卫生行政主体违反动物卫生行政法律规范而应承担的法律责任，有的要向国家承担，有的要向行政相对人承担。当行政主体作出的违法行政行为不涉及行政相对人但损害了国家、社会公共利益时，要向国家承担法律责任；当行政主体作出的违法行政行为侵害了行政相对人的合法权益时，则要向行政相对人承担法律责任。

（2）动物卫生行政执法人员的法律责任，是指行政执法人员违反动物卫生行政法律规范而应当承担的法律责任。动物卫生行政执法人员的责任是一种个人责任。这种个人责任主要是针对国家（由动物卫生行政主体代表）承担的。这种个人责任主要源于执法人员的两种违法情况：一是在动物卫生行政主体内部管理中，执法人员违反内部管理制度，破坏了动物卫生行政主体的内部秩序，因而要对国家承担法律责任；二是执法人员在代表动物卫生行政主体行使管理权时，由于个人故意违法或有重大过失，致使动物卫生行政主体对行政相对人作出了违法的行政行为并造成了对方合法权益的损害。对此，动物卫生监督机构就其违法行为向行政相对人承担法律责任。但这种违法行政行为在动物卫生监督机构内部，又是由执法人员个人故意或重大过失而造成，执法人员损害了动物卫生监督机构的声誉和利益，因而其应向动物卫生监督机构承担法律责任。

（3）行政相对人的法律责任，是指行政相对人违反动物卫生行政法律规范而应承担的法律责任。行政相对人的法律责任也是一种个人责任，这种责任主要向国家承担的，因为其违法行为主要是侵害了国家和社会的公共利益、破坏了国家的行政管理秩序。当然，行政相对人的违法行为在破坏国家行政管理秩序的同时，还可能又侵害了他人的利益，动物卫生行政主体可能要强制决定行政相对人对他人承担一定的法律责任，但这种法律责任已属于民事责任的性质。

（二）动物卫生行政法律责任的构成

动物卫生行政法律责任的构成是指形成动物卫生行政法律责任必须具备的各种条件，包括以下几项：

（1）行为人有违反动物卫生行政法的行为。动物卫生行政法律责任是违反动物卫生行政法行为所应承担的后果，为此，有违反动物卫生行政法的行为存在是构成动物卫生行政法律责任的必备前提条件。

（2）行为人具有法定的责任能力。行为人具有法定责任能力是构成动物卫生行政法律责任的又一个重要条件。在认定行为人是否具有法定责任能力时，对不同对象有着不同的要求。一般而言，对于动物卫生行政主体来讲，其必须符合组织要件和法律要件；对行政相对人为法人和其他组织来讲，没有特殊的要求，只要其依法成立即可；而对于行政相对人中的公民来讲，必须要求其达到法定的责任年龄、有正常的智力甚至生理状态，否则，即使其有违反动物卫生行政法的行为也不得追究动物卫生行政法律责任。根据《中华人民共和国行政处罚法》（以下简称《行政处罚法》）第 25 条和第 26 条规定，已满 18 周岁的成年人和间歇性精神病人在精神正常时有违反动物卫生行政法律规范的行为，应当负完全行政责任，是完全行政责任能力人；已满 14 周岁不满 18 周岁的人有违反动物卫生行政法律规范的行为，应当从轻或减轻行政处罚，是相对从轻或减轻行政责任能力人；不满14周岁的人和不能完全辨认自己行为精神病人有违反动物卫生行政法律规范的行为，不予行政处罚，不负行政责任。

（3）行为人违反动物卫生行政法的行为，必须在情节、后果上达到一定的程度。有些情节十分轻微、没有造成危害后果的违反动物卫生行政法的行为，也不构成动物卫生行政法律责任。《行政处罚法》第27条规定：违法行为轻微并及时纠正，没有造成危害后果的，不予行政处罚。

二、动物卫生行政法律制裁

（一）动物卫生行政法律制裁的概念

动物卫生行政法律制裁是指由国家有关机关对违反动物卫生法律规范的行为人依其法律责任而实施的强制性惩罚措施。法律制裁是承担法律责任的重要方式，法律责任是前提，法律制裁是结果或体现。

（二）动物卫生行政法律制裁的方式

1. 追究动物卫生行政主体法律责任

（1）责令作出检查、通报批评。这是一种惩戒性的行政法律责任，可以对作出违法或不当行政行为的动物卫生行政主体起到一定的警戒作用。责令检查通常由动物卫生行政主体所属的人民政府，上级机关或主管机关决定；通报批评一般由权力机关、主管机关或监察部门等有权机关以书面形式作出，通过报刊、文件等予以公布。

（2）赔礼道歉、承认错误。动物卫生行政主体作出违法或不当行政行为，损害行政相对人的合法权益时，必须向对方赔礼道歉，承认错误。承担这种责任一般由动物卫生行政主体的主要领导和直接责任人员面向行政相对人作出，可以采取口头形式，也可以采取书面形式。这是动物卫生行政主体所承担的一种较轻微的补救性行政责任。

（3）恢复名誉、消除影响。动物卫生行政主体的违法或不当行政行为造成行政相对人名誉上的损害时，应恢复行政相对人名誉，并消除影响。该责任的履行通常以能弥补行政相对人名誉受损害的程度和影响范围为限。

（4）返还权益。动物卫生行政主体违法剥夺行政相对人的权益时，承担返还该权益的法律责任。

（5）恢复原状。动物卫生行政主体的违法或不当行政行为给对方的财产带来改变其原有状态的损害时，行政主体要承担恢复原状的补救性法律责任。

（6）停止违法行为。这是行为上的惩戒性法律责任。如果违法行政行为在持续状态中，法律责任的追究机关有权责令动物卫生行政主体停止该违法行为。

（7）责令履行职责。动物卫生行政主体不履行或迟延履行职务而须承担的一种法律责任。

（8）撤销违法的行政行为。动物卫生行政主体的违法行为，行政主体自己有权或由有权机关予以撤销，行政主体要承担违法行为被撤销的法律后果。撤销违法行政行为包括撤销已完成和正在进行的行为。

（9）纠正不当的行政行为。纠正不当的行政行为是对动物卫生行政主体自由裁量权进行控制的法律责任方式。动物卫生主体要对滥用自由裁量权的不当行政行为负法律责任，纠正不当的行政行为通常由行政主体自己改变，或由复议机关以及司法机关予以变更。

（10）赔偿损失。赔偿损失是一种补救性的行政责任。动物卫生行政主体的违法行为造成相对方人身损害的，应依法赔偿损失；造成财产上的损害的，如果不能返还财产和恢复原状的，也应依法赔偿损失。

2. 追究动物卫生行政执法人员法律责任的方式　执法人员法律责任的追究，主要由对其有法定人事任免、奖惩权力的国家机关进行。方式主要有：

（1）行政处分，是对行政执法人员职务身份的制裁，是一种内部行为和责任方式。其具体种类有：警告、记过、记大过、降级、撤职、开除。

（2）对违法所得的没收、追缴或者责令退赔，行政执法人员违反行政法义务所取得的财产属于非法所得，监察机关及其他有权机关依法对非法所得实行没收、追缴或者责令退赔。

（3）赔偿损失，是指行政执法人员代表行政主体行使职权时侵害了相对人的合法权益并造成损害的，行政主体在对行政相对人赔偿损失后，依法责令有故意或重大过失的行政执法人员负担部分或全部赔偿费用。这种赔偿损失责任是行政执法人员向国家承担的，既有财产内容，又有制裁因素，属于一种内部行政法律责任。

（4）其他责任形式，如被责令检讨、予以通报批评、当面向受害人作出赔礼道歉等。

3. 追究行政相对人法律责任的方式　动物卫生行政主体实施对行政相对人行政法律责任的追究，取决于职能事项范围和法定的权限方式。一般来讲，动物卫生行政主体通常以行使行政处罚权、行政强制和行政裁决权对行政相对人的法律责任进行追究。行政相对人承担法律责任的方式主要有：

（1）履行法定义务。行政相对人因怠于履行法定义务而构成行政违法行为时，动物卫生行政主体可以责令其依法履行该项义务。

（2）接受行政处罚。行政处罚是一种惩戒性的行政法律责任，包括申诫罚、财产罚、行为罚和人身罚四种。但在动物卫生行政法律关系中，动物卫生行政主体无权对行政相对人适用人身罚。

思　考　题

1. 简述动物卫生行政的概念和特征。
2. 什么是官方兽医？什么是执业兽医？
3. 简述动物卫生行政行为的概念和特征。
4. 简述动物卫生行政法律责任的构成。

第三章　动物卫生行政法和行政程序法

由于我国动物卫生行政立法起步较晚，加之动物卫生领域涉及养殖、动物防疫、重大动物疫情、兽药、饲料以及农产品的质量安全等诸多方面，虽然这些方面都有相应的法律规范，但法律位阶高低不等，有些基本制度刚刚形成，还不完全成熟，因而在动物卫生行政领域不存在一部统一的动物卫生行政法典。本章包括行政法的基本知识、动物卫生行政法和动物卫生行政程序法三部分内容。行政法的基本知识包括行政法的概念和特点、行政法的调整对象。动物卫生行政法包括动物卫生行政法的概念、立法宗旨、渊源、调整的对象及效力。动物卫生行政程序法包括动物卫生行政程序法的概念、地位及作用、基本原则、分类。

第一节　行政法的基本知识

一、行政法的概念和特点

（一）行政法的概念

动物卫生行政法是我国行政法的重要组成部分，它与公安、卫生、工商、环境保护等行政法之间存在着十分密切的联系，并共同构成我国行政部门法。因此，在论述动物卫生行政法之前，应首先了解行政法的概念、特点、结构及调整对象。

行政法是国家的重要部门法之一，是调整围绕国家行政机关在行使其职权过程中发生的各种社会关系，配置并控制行政权，确认和保障公民（泛指行政相对人）合法权益的各种法律规范的总称。之所以说行政法是有关行政法律规范的总称，是因为在现实生活中没有一部包罗万象的行政法典，行政法由分散于宪法、法律、法规和规章等的众多行政法律规范组成。行政法包括行政组织规范、行政行为规范和行政监督规范。

（二）行政法的特点

（1）行政法的内容广泛、数量繁多。国家行政管理的范围非常广泛，包括国防、外事、公安、民政、司法、教育、科技、文化、经济、卫生、体育等各个方面，这就决定了行政法调整对象极为复杂。行政法的数量和内容远远超过了其他法律，这与我国多层次的行政立法体制密切相关。行政法中实体规范与程序规范没有严格的界线区分。这一特征表现在两个方面：第一，从整体上说，行政既包含实体规范，又包含程序规范。例如，行政诉讼法是行政法的组成部分之一，行政法与行政诉讼法的关系是整体与部分的关系，而不是实体与程序的关系。第二，从具体的法律规定来看，行政法常常融实体规范和程序规范于一体。例如，《行政处罚法》既规定了行政处罚权的设定、行政处罚的适用原则和条件，又规定了行政处罚的程序等内容。行政法的这一特征是由公共行政的国家意志及强制性等特征所决定的。行政权具有支配他人的力量，不同于个人权利。因此，在设定行政权的同时，有必要规定行使行政权的程序，也有必要规定相应的监督和救济程序。

（2）表现形式多样化，没有统一的行政法典。行政法和其他部门法不同，表现形式多种多样，由分散于宪法、法律、法规和规章等的众多行政法律规范组成，缺乏一部综合性的实体法典。

（3）富于变动性。行政法同党和国家制定的各项政策相比，显然是稳定的。但与宪法及民法、刑法相比就显得波动性大一些。随着国家政治经济的发展，国家行政管理经常处于变化和变更之中，特别是在改革开放的形势下，这种变化更为频繁。这就在客观上要求行政法与行政管理的变动性相适应，及时运用法律手段来调整国家行政管理。因此，行政法总是不断地经历着立、改、废、再立的过程。当然，这种变动不等于朝令夕改，也不与法的相对稳定性相矛盾，它仅仅是与宪法、民法、刑法相比之下才显示此特点。

二、行政法的调整对象

行政法是调整国家行政关系的法律规范的总称。行政法的调整对象是行政关系。所谓行政关系是指国家行政机关在行使其职权的过程中发生的各种社会关系。作为行政职能承担者的行政机关，其存在及在其活动中，一定会与其相对的一方发生各式各样的关系，把这些复杂的、不确定的、不规范的关系用法律加以确定，并予以规范化，是行政法的一项基本任务。

（一）行政关系的类型

（1）行政机关相互之间的关系及行政机关与公务员的关系。这种行政关系的特点是主体间受层级节制。在上下级关系中，命令与服从是其关系的主要形式；在同级关系中，其共同上级的协调往往必不可少。

（2）行政机关与行政相对人之间的关系。在这种行政机关与行政相对人即公民、法人或其他组织之间的关系中，行政主体处于主导地位，行政相对人处于被管理的地位，但不存在层级节制。

（3）行政机关与其他国家机关之间的关系。这类关系在一定范围内是监督和被监督的关系，行政机关处于被监督的地位。

上述三种行政关系，都应有法律规范加以调整，而一经法律规定，这种关系就转变为行政法律关系了。

（二）行政关系的特征

（1）特殊的社会关系。行政关系是一种社会关系，是行政机关在行政管理中与行政相对人发生的一种特殊的社会关系。

（2）管理主体特定。行政关系的主体一方必须是国家机关或法律法规授权的组织，特定的行政关系的管理主体资格，只能赋予特定的行政主体，这种主体资格不得选择。

（3）单方意思表示。行政关系的发生必须有行政机关的意思表示方能成立。在多数情况下，行政关系的成立往往出于行政机关的单方意思表示。

（4）在行政关系中双方所处的地位是不对等的。行政机关为了使行政相对人的活动服从和接受它所代表的国家意志，就要用强制的或其他的手段作用于行政相对人。因此，在行政法律关系中，管理主体和行政相对人之间的法律地位具有明显的不对等性。

第二节　动物卫生行政法概述

一、动物卫生行政法的概念

动物卫生行政法是指调整动物卫生行政主体在履行其职能过程中发生的各种社会关系的法律规范的总称。动物卫生行政法是我国行政法的重要组成部分，它独立调整动物卫生行政的各种社会关系，与公安行政、卫生行政、环保行政、工商行政等诸多的行政法律规范之间存在着密切的联系，共同构成我国的行政部门法。

二、动物卫生行政法的立法宗旨

动物卫生行政法包括《中华人民共和国动物防疫法》（简称《动物防疫法》）、《中华人民共和国进出境动植物检疫法》（简称《进出境动植物检疫法》）、《重大动物疫情应急条例》、《病原微生物实验室生物安全管理条例》、《兽药管理条例》等及其相关的配套法律规范。这里以《动物防疫法》为主论述其立法宗旨。

（一）将动物防疫工作纳入法制的轨道，依法加强对动物防疫活动的管理

动物防疫工作涉及社会生产、生活的许多方面，加强动物防疫工作，可以采用行政办法和经济措施，还可以采用各种科学技术手段，这些都是必要的。但是最具有权威、最能有效而又普遍适用的则是法律手段。首先，随着社会主义市场经济的不断健全完善，养殖业在发展过程中也出现了一些新情况和新问题，其中一个突出的问题是养殖业的生产经营主体多元化。个别养殖者为了追求一时的经济利益，忽视动物防疫工作，重大动物疫病风险防范意识淡薄，再加上动物防疫管理工作本身也存在一些薄弱环节，加大了动物防疫工作的难度，致使动物疫病时有发生，影响了养殖业持续健康发展。其次，动物防疫工作涉及很多部门，除兽医主管部门外，还涉及商务、卫生、工商、环保、公安、质检等部门，要搞好动物防疫工作，特别需要加强各有关部门的协作和配合。将动物防疫工作纳入法制化管理轨道，以国家强制力为保障，可以有力地推进动物防疫科学技术手段的运用，保证动物疫病预防、动物疫病的控制和扑灭，以及动物卫生措施的顺利实施，使正当、有效的行政手段和措施有法可依；同时还可以使各有关部门依法履行各自的职责，互相密切配合，有利于形成合力，共同做好动物防疫工作。因此，只有把动物防疫活动纳入法制管理轨道，才能真正做到加强动物防疫活动的管理。

（二）预防、控制和扑灭动物疫病

动物疫病是影响养殖业发展、危及人体健康和社会公共卫生安全的主要因素之一。世界卫生组织（WHO）资料显示，75％的动物疫病可以传染给人，70％人的疫病至少

可以传染给一种动物。某些动物疫病的暴发不仅对养殖业造成毁灭性打击，对人类生命安全造成危害，同时也影响社会稳定。因此，运用法律手段加强动物防疫活动的管理，其首要目的就是要为预防、控制和扑灭动物疫病提供法律保障，达到促进养殖业持续健康发展、切实保护人体健康、维护社会公共卫生安全之目的。

（三）促进养殖业发展

改革开放以来，人民生活水平不断提高，衣、食结构发生了巨大变化，皮、毛、裘、革、肉、禽、蛋、乳的需求量日益增加，与此相适应，作为国民经济重要组成部分的养殖业得到了迅猛发展，已成为我国农业经济发展、增加农民收入的支柱产业。但随着养殖业的发展和动物产品流通贸易的增加，动物疫病发生和传播的风险加大，加之我国养殖方式总体落后，且周边国家疫情形势严峻，防控难度不断加大，直接威胁到我国养殖业的生存与发展。因此，运用法律手段，规范动物防疫活动，依法预防、控制和扑灭动物疫病，对促进养殖业发展具有十分重要的意义。

（四）保护人体健康

千百年来，人与动物之间形成了密不可分的天然联系，200余种动物疫病可以通过动物及其产品传染给人。其中高致病性禽流感、猪链球菌病、血吸虫病、狂犬病、布鲁菌病、结核病、炭疽病等，在历史上曾经给人类生命带来严重的危害和威胁。此外，由于某些病原体的自身变异以及在自然环境下微生物基因突变，新的人畜共患病在继续被发现和证实。因此，加强对动物防疫活动的管理，预防、控制和扑灭动物疫病，不仅仅是为了促进养殖业发展，更重要的是为了避免人畜共患病发生，保障动物源性食品安全，从而达到保护人体健康的目的。

（五）维护公共卫生安全

兽医工作是公共卫生安全的第一道防线，是公共卫生的重要组成部分，是保持社会经济全面、协调、可持续发展的一项基础性工作。一方面从国际情况看，动物疫病不仅影响人体健康、造成重大经济损失，也会产生强烈的政治影响，甚至影响社会稳定，如近年来英国发生的口蹄疫、疯牛病，我国台湾发生的口蹄疫以及多个国家和地区发生的高致病性禽流感等。另一方面随着我国社会、经济的发展和对外开放进程的加快，特别是我国恢复在OIE的合法权利后，兽医工作的社会公共卫生属性更加显著。动物卫生和兽医公共卫生的职能更多地体现在公共卫生方面，如动物卫生和兽医公共卫生的全过程管理，动物疫病的防控，人畜共患病的控制，动物源性食品安全以及动物福利、动物源性污染的环境保护等。因此，加强动物防疫活动的管理，预防、控制和扑灭动物疫病，不仅可以促进养殖业健康持续地发展，保护人体健康，而且还可以保障社会公共卫生安全。

三、动物卫生行政法的渊源

动物卫生行政法的渊源是指动物卫生行政法的表现形式。其分为基本渊源和特别渊源。

（一）动物卫生行政法的基本渊源

我国动物卫生行政法的基本渊源，是指有关国家机关制定的法律规范，根据制定主体、效力层次以及制定程序的差异可分为以下几种形式：

（1）宪法。宪法作为一个法的部门，是规定我国社会制度、国家制度、公民权利和义务以及国家机关的组织与活动的基本原则等法律规范的总称，是我国社会主义法律体系的核心，是我国的根本大法，是国家的总章程，具有最高的法律效力，是制定其他法律、法规的立法基础和依据。任何与宪法相抵触的法律、法规都是无效的。因此，宪法是制定动物卫生行政法规的基本依据，也是动物卫生行政的根本法律依据。

（2）法律。我国宪法规定，全国人民代表大会有权制定和修改刑事、民事、国家机构和其他基本法律，如《中华人民共和国刑法》；全国人大常委会有权制定和修改应当由全国人民代表大会制定的基本法律以外的其他法律，如《动物防疫法》。《动物防疫法》是动物卫生行政的直接依据。应当指出，作为动物卫生行政法渊源的某一项法律，可能仅仅包括某一方面的动物卫生行政法律规范，如《进出境动植物检疫法》。作为其他部门法渊源的某一项法律，也可能包含有动物卫生法律规范，如《传染病防治法》、《食品安全法》等法律中有关动物卫生行政的规定。

（3）行政法规。我国宪法规定，国务院有权根据宪法和法律，制定行政措施，制定行政法规，发布决定和命令。行政法规就是国务院为贯彻执行宪法和法律而制定，通过或批准颁布的行政行为的规范。有关动物卫生的行政法规也是动物卫生行政的重要依据，如国务院颁发的《重大动物疫情应急条例》、《病原微生物实验室生物安全管理条例》等。

（4）规章。规章分为部委规章和政府规章，分别由国务院各部委和有关人民政府根据法律规定制定的与动物卫生行政管理有关的规范性法律文件的总称，如农业部制定颁发的《动物诊疗机构管理办法》、河北省人民政府制定发布的《河北省动物重点疫病预防控制扑灭管理办法》。这些规章都是动物卫生行政的依据。

（5）地方性法规和地方政府规章。地方性法规由有关地方权力机关根据法律规定制定的只适用于制定机关行政区域内的与动物卫生行政管理有关的规范性法律文件的总称，如《北京市实施〈中华人民共和国动物防疫法〉办法》。

（6）自治条例和单行条例。自治条例和单行条例中关于动物卫生行政管理方面的规定也是动物卫生行政的依据。

（二）动物卫生行政法的特别渊源

1. 有关法律规范的解释　根据全国人大常委会《关于加强解释法律工作的决议》的规定，有如下几种与动物卫生行政法有关的法律解释：

（1）司法解释。全国人民代表大会授权最高人民法院和最高人民检察院就审判和检察工作中如何具体运用法律问题进行解释。

（2）立法解释。凡法律条文本身需要进一步明确界限或补充说明的，由全国人大常委会进行解释或用法令加以规定。

（3）行政解释。不属于审判和检察工作中的其他法律、法令，在实际工作中如何具体运用的问题，由国务院及有关主管部门进行解释。

（4）地方性解释。凡属地方性法规条文本身需要进一步明确界限或做补充规定的，由制定法规的省、自治区、直辖市人民代表大会常务委员会进行解释或补充规定。凡属于地方性法规如何具体应用的问题，由省、自治区、直辖市人民政府主管部门进行解释。

凡符合上述规定所作的司法、立法、行政与地方性解释，涉及动物卫生方面的，也是动物卫生行政法的渊源。因此，这些解释也是动物卫生行政的法律依据。

2. 国际条约 我国加入 WTO 后，世界贸易组织的农业协议、卫生与植物卫生措施实施协议 WTO-SPS、技术性贸易壁垒协议 TBT 以及 OIE、FAO、CAC 等国际组织的法典中涉及动物卫生方面的法律、法规、标准，我国动物卫生行政应当遵照执行。此外，经我国批准的国际条约中有关动物卫生方面的规范，除我国声明保留条款外，也是动物卫生行政的法律依据。

四、动物卫生行政法的调整对象及效力

（一）动物卫生行政法的调整对象和范围

（1）调整对象。动物卫生行政法的调整对象是动物及其产品在饲养、经营、运输、生产加工、储藏等环节中及其他相关活动中与动物卫生行政主体所发生的各类社会关系。在管理与被管理的动物卫生行政法关系中，管理者与行政相对人均是法律关系主体，均依法享有一定权利和承担一定的义务，并承担由此而产生的法律后果。

（2）调整范围。动物卫生行政法的调整范围指动物卫生行政法所适用的范围。从动物防疫法的内容看，凡在中华人民共和国领域内从事动物饲养、屠宰、经营、隔离、运输以及动物产品生产、经营、加工、储藏等环节中及其他相关活动的公民、法人或其他组织都必须遵守动物卫生行政法律规范的规定。

（二）动物卫生行政法的效力

（1）时间效力。动物卫生行政法发布后，何时开始生效，一般在法律规范中都作出了明确规定。大致有以下两种情况：一是自法律公布之日起生效；二是公布后经过一定时间后才开始生效，如《动物防疫法》2007 年 8 月 30 日通过并公布，2008 年 1 月 1 日生效。

（2）空间效力。全国人大及其常委会制定的动物卫生行政法律，国务院及其各部委制定的动物卫生行政法规和规章，在全国范围内有效。地方性法规和地方政府规章，在其地域范围内有效。

（3）对人的效力。动物卫生行政法律规范对人的效力同空间效力一样，取决于制定该法规机关的管辖权限。一般来讲，动物卫生行政法律规范对我国的公民、法人或其他组织具有约束力，对在我国境内的外国公民、法人、无国籍人，除法律特别规定者外，都有同等的约束力。

第三节　动物卫生行政程序法概述

一、动物卫生行政程序法的概念

动物卫生行政程序法是关于动物卫生行政行为的方式、步骤及其所形成的过程的法律规范的总称。这一定义可以从以下几方面理解：

（一）动物卫生行政程序法是有关行政程序的法

1. 动物卫生行政程序的概念　程序是从行为起始到终结的全过程，构成这一过程的是行为的方式和行为的步骤。因此，我们可以把程序定义为：由一定的行为方式和步骤所构成的行为过程。由此可知，动物卫生行政程序，是指由动物卫生行政行为的方式和步骤构成的动物卫生行政行为的全过程。它与动物卫生行政行为的实体内容相对应。

2. 动物卫生行政程序的特点　首先，动物卫生行政程序是就动物卫生行政主体而言的。只有动物卫生行政主体，而且是在实施行政行为时，即在动物卫生行政执法行为中，才存在着动物卫生行政程序。其次，动物卫生行政程序由动物卫生行政行为方式和步骤构成。方式是行为过程的空间表现形式。例如，要作一个行政处罚决定，就需要进行调查、取证、听取当事人陈述，审查分析证据材料，作出处理决定，把决定送达当事人，等等。这些活动就是行为过程中的一个又一个方式。整个行为过程，就是由一个接一个的方式连接而成的。步骤则是行为过程中的时间表现形式。各种方式之间的先后顺序，以及每种方式的时间限制，把动物卫生行政行为的各个方式按照一定的步骤串联起来，形成了动物卫生行政行为的全过程，从而也就构成了动物卫生行政程序。

（二）动物卫生行政程序法调整的对象是动物卫生行政行为

动物卫生行政程序法的调整对象就是动物卫生行政行为。动物卫生行政行为主要是指动物卫生行政主体一方的行为，虽然动物卫生行政程序法也常涉及行政相对人的行为，但是由于行政相对人的活动方式不影响动物卫生行政行为的合法性，也不会导致动物卫生行政行为的无效。因此行政相对人的行为不在动物卫生行政程序法调整之列。

（三）动物卫生行政程序法是规范动物卫生行政程序的法

我国目前还没有一部完整的行政程序法，许多行政程序分散在其他行政法律规范中。在动物卫生行政中，动物卫生行政行为应当依行为的不同性质而遵循不同的行政程序法律规范来行使行政权力。

（四）动物卫生行政程序的法律化和科学化

动物卫生行政程序应客观、科学、合理。方式和步骤不符合要求时，就会出现动物卫生行政行为上的重复、遗漏、混乱、片面、低效、不当、侵权，甚至完全错误等不良现象。但是，动物卫生行政程序又具有主观性，动物卫生行政执法人员总是要按照主观设置的或习惯形成的程序进行活动。这就应将符合要求的动物卫生行政程序规范化，用法的形式使之固定下来，达到科学合理、主客观相统一，从而使动物卫生行政行为取得最好的效果。

二、动物卫生行政程序法的地位及作用

（一）动物卫生行政程序法在程序法中的地位

程序相对于实体而言，是实体法能否正确、顺利地实施的基本保障。动物卫生行政法主要是通过动物卫生行政主体本身的行政行为，使其得到贯彻和落实，因而必须有与之相适应的动物卫生行政程序法，才能保证其行政行为顺利、正确地实施。行政诉讼法是行政行为的终结，法院通过行政相对人的起诉，对行政行为是否合法作出监督和审查时运用的程序法，属于行政行为的事后补救程序。动物卫生行政程序法则贯穿于动物卫生行政行为全过程，它不仅是动物卫生行政行为的事后补救程序，也是事先、事中所依据的程序。任何动物卫生行政行为都是实体性和程序性的统一。正因如此，动物卫生行政程序的公正、合理与否，就直接影响行政实体内容能否正确、顺利地实施。动物卫生行政程序的这种重要性，必然使其制度化、法律化。

（二）动物卫生行政程序法与实体法的关系

动物卫生行政法是行政实体法与行政程序法的有机统一。动物卫生行政实体法只对动物卫生行政关系进行实际调整，即对动物卫生行政法律关系当事人的权利、义务产生影响。由于动物卫生行政关系的特点是动物卫生行政主体有权单方作出意思表示，直接影响行政相对人的权利义务。因此，动物卫生行政实体法主要是在某种条件下，使行政相对人获得某种权利或承担某种义务的行政法律规范。动物卫生行政程序法是对动物卫生行政法律关系当事人行使或履行实体权利、义务时的方式和步骤作出规定的法律规范。动物卫生行政程序法不改变当事人的实体权利和义务，只规定动物卫生行政主体如何行使职权。动物卫生行政行为的实体性和程序性在理论上和立法上是可以分离的，但在实践中却是统一的。

在动物卫生行政法律关系中，不仅有实体法上的权利、义务关系，而且有程序法上的权利、义务关系，动物卫生行政主体若不正确行使程序法上的权利或不履行程序法上的义务，行政相对人同样可以申请复议或提起诉讼，动物卫生行政主体要承担相应的法律责任。

（三）动物卫生行政程序法的作用

(1) 提高行政效率。动物卫生行政实体法须通过一定程序，才能被实施。动物卫生行政程序法的作用，就在于将合理的、简明的程序法律化、制度化，去除不必要的程序或简化繁琐的程序，从而使行政效率得以提高。

(2) 约束作用。动物卫生行政程序法能够在程序上直接对动物卫生行政主体起约束作用，这种约束作用主要表现在以下两个方面：第一，动物卫生行政程序法使动物卫生行政程序成为动物卫生行政行为产生法律效力的必要条件；第二，健全和完善动物卫生

行政程序法，将从法律制度上制止违法现象的产生，保证为政清廉。

（3）保障行政相对人的合法权益。行政相对人的合法权益，不仅要在动物卫生行政实体法中予以规定，还要靠程序法予以保障。例如，在动物卫生行政处罚中，设置立案、调查、听取行政相对人陈述申辩、听证、决定、送达等顺序性程序，就是要避免或减少滥用职权。

三、动物卫生行政程序的基本原则

（1）公正、公平原则，是指动物卫生行政主体在实施动物卫生行政行为时要在程序上平等对待各方当事人。公正、公平原则是现代行政程序的起码原则，是行政民主化的必然要求。要求动物卫生行政主体应当公正、公平地行使行政权，尤其是行使自由裁量权。在动物卫生行政处罚中，动物卫生行政主体在行使行政处罚权时，通过立案、回避、调查、审查、听证等程序体现了公正、公平原则。

（2）公开原则，是指与行政相对人权利义务直接相关的动物卫生行政行为，除涉及国家秘密、商业秘密和个人隐私外，应当向行政相对人和社会公开。这些动物卫生行政行为主要是指制定动物卫生行政规范、作出动物卫生行政许可、处罚和处理决定、实施强制措施以及其他动物卫生行政的行为。公开原则是动物卫生行政主体行政活动公开化在行政程序上的具体体现，主要包括行政依据公开、行政决定公开。公开原则的意义在于增加动物卫生行政主体行政执法的透明度，提高公民对动物卫生行政主体的信任度，使广大人民群众能够监督动物卫生行政主体及其工作人员是否依法行政。

（3）参与原则，是指在动物卫生行政程序上保障行政相对人对动物卫生行政行为发表意见，保护行政相对人的合法权益。包括行政相对人行使听证权、行使陈述申辩权以及复议申请权。听证原则是公民参与政治活动的基本权利之一。所以，听证程序实际是现代行政程序的核心程序制度。从广义上讲，公开原则也是听证原则的一个部分，但二者有明显的区别。公开原则是指公民或行政相对人对动物卫生行政行为“知”的权利；而听证原则是指“为”的权利。在听证程序中，主要是当事人自己提出某种观点及其理由对抗行政行为，如行政许可、行政处罚等动物卫生行政行为中的听证。当然，听证是有限制的，不是任何行政行为都可以申请听证。

（4）顺序原则，是指动物卫生行政程序的各项制度表现为一定的顺序性。例如，立案程序应在调查程序之前，审理程序应在辩论程序之前，合议程序应在告知结论之前，送达应在执行之前，等等。顺序原则是动物卫生行政程序时间的表现和要求之一。其实质在于保证动物卫生行政程序的合理运行，防止因时间上的差异使行政程序有其名而无其实。

（5）效率原则，是动物卫生行政程序时间性的又一表现形式，是指为了保证动物卫生行政活动的高效率，动物卫生行政程序的各个步骤应有时间上的限制，如超过规定时限就构成违法。

四、动物卫生行政程序的分类

根据不同的标准，可以对动物卫生行政程序作如下分类：

（一）内部程序和外部程序

以动物卫生行政行为是否影响行政相对人权利、义务为依据划分，可将动物卫生行政程序划分为内部程序和外部程序。

（1）内部程序，是动物卫生行政主体内部的工作程序，其中有些也用法律规范加以规定，具有法律效力，动物卫生行政主体必须严格遵守。例如，官方兽医的审批程序，就是内部程序。

（2）外部程序，是指影响行政相对人权利、义务的动物卫生行政行为的程序规则。例如，《农业行政处罚程序的规定》中关于行政处罚的规定。

（二）抽象行为程序和具体行为程序

以动物卫生行政行为的分类作为划分依据，可以将动物卫生行政程序划分为抽象行为程序和具体行为程序。

（1）抽象动物卫生行政行为程序，是指动物卫生行政主体制定规范性文件时应遵循的程序，其行为特点具有普遍性和后及性。普遍性是指制定规范性文件不针对某一具体的行政相对人，而是针对从事规范所指活动的所有公民、法人或其他组织。后及性是指动物卫生行政法律规范只对其生效以后发生的法律事实产生法律效力。

（2）具体动物卫生行政行为程序，是指动物卫生行政主体作出行政决定等行为应遵循的程序，其行为特点具有具体性和前溯性。前者是指它必须指向具体的行政相对人，后者是指对已发生的情况生效。

此外，还可以将动物卫生行政程序分为主要程序和次要程序，强制性程序和任意性程序。

思 考 题

1. 什么是行政法？
2. 什么是动物卫生行政法？
3. 简述动物卫生行政法的基本渊源。
4. 什么是动物卫生行政程序法？
5. 简述动物卫生行政程序的基本原则。

第四章　动物卫生行政立法

为了更好地理解我国动物卫生法规，了解相关动物卫生法规的行政立法知识具有重要的意义。本章主要介绍了动物卫生行政立法的概念、特征和立法体系，动物卫生行政立法的原则和程序，以及动物卫生行政立法技术和动物卫生行政法的整理。

第一节　动物卫生行政立法概述

一、行政立法概述

2000年3月15日第九届全国人民代表大会第三次会议审议并通过了《中华人民共和国立法法》(以下简称《立法法》)，并于2000年7月1日起实施。根据此法律，我国各种、类法律法规的制定必须依据本法。本法的实施为规范立法活动、解决立法过程中的问题提供了法律依据。

立法是指特定的国家机构依据法定的职权和程序，制定、修改、补充、废止法律、法规，或对法律、法规进行解释的活动。立法活动还包括最高立法机关授权其他国家行政机关制定法规，或上级立法机关对下级立法机关制定法律、法规予以监督的行为。我国目前的立法活动的特征是：①立法必须由特定的国家机关主持；②立法必须反映人民的意愿；③立法必须按照法定程序进行；④立法必须是针对普遍性的社会行为制定具有普遍约束力的规范。

行政立法是指立法机关通过法定形式将某些立法权授予行政机关，有权行政机关依据授权法（含宪法）和法定程序创制行政法规和规章的行为，也称“准立法”。行政立法不是一个特定法律概念，而是一个学理概念，是对一类现实行政行为的概括，同时又是国家立法的一个类型。《立法法》肯定了行政立法的法律地位。

行政立法的主体是宪法和法律规定建立的国家行政机关。由于国家对经济和社会生活的干预增多和行政权力的相对扩大，单靠立法机关立法已无法适应社会发展的需要。立法机关以委托立法方式，赋予行政机关以立法权；同时，行政机关制定的各种规范性文件也是一种行政立法活动。

行政立法的内容包括：行政机关和公务人员的法律规范，行政机关管理国家事务的法律规范，对行政机关的活动进行监督的法律规范。不同等级的国家行政机关的行政立法的效力等级不同。

行政立法的程序依立法机关的性质而有所不同。我国行政立法主要是国务院制定行政法规，国务院各部委，省、直辖市、自治区人民政府，省会市人民政府和经国务院批准的较大市人民政府制定规章的活动。全国性行政法律草案，多数都由国务院提出，经国务院全体会议或全国人大常委会讨论通过，由国务院总理签署发布；地方性行政法规草案多由同级人民政府提出，经该级政府常务会议或办公会议讨论通过，由相应的地方人民政府第一领导人签署发布。部门行政法规和规章一般由政府业务部门起草，经部务或委务会议讨论通过，由部长、主任签署发布。如行政立法涉及几个部门，则需共同协商起草，并经有关法制机构审查批准。重要的部门规章在通过和签署后，须报上级机关审批，然后公布；一般规章在通过和签署后报国务院备案。

行政立法生效的必要条件是：①必须是国家行政机关在其职权范围内或经授权制定的法律规范；②行政立法的内容不得与宪法、法律及上级行政机关制定的行政法规相抵触，必须符合法定程序；③行政立法的内容须采用书面表示，注明制定、批准机关的名称，以及行政一把手签署和发布时间等。

行政立法具有行政性质和立法性质。行政立法的行政性质是指立法主体是国家行政机关；调整的对象主要是行政管理事务及与行政管理密切相关的事务；其根本目的是实施和执行权力机关制定的法律，实现行政管理职能。行政立法的立法性质是指行政立法是有权行政机关代表国家以国家名义制定行政法律规范的活动；行政立法所制定的行为规则属于法的范畴，具有普遍性、规范性和强制性等法的基本特征；行政立法必须遵循相应的立法程序。

二、动物卫生行政立法的概念及特征

动物卫生行政立法是指在宪法和全国人民代表大会授权下，由国务院或国务院直属动物卫生行政管理机构（农业部等）、地方行政机关依据授权法（含宪法）和法定程序制定动物卫生行政法规和规章的行为。动物卫生行政立法可以理解为中央机关（农业部等）和地方行政主体基于调整动物卫生相关的普遍问题而制定和发布的法规活动，它是依据法定权限和法定程序所行使的行政行为。行政立法不同于一般的行政行为，它是制定和发布行政法规和行政章程的活动。

动物卫生行政立法与权力机关的立法是有区别的，主要表现为：①立法主体不同。动物卫生行政立法主体是国家动物卫生行政管理部门和地方政府；权力机关立法主体是全国人民代表大会及其常务委员会。②立法权的来源不同。动物卫生行政立法的权力来源于宪法、权力机关和上级行政机关的授权；权力机关的立法权力直接来源于宪法。③立法内容不同。动物卫生行政立法调整的内容只能涉及本部门或地区所管辖的内容；权力机关立法依据法律保留原则，涉及国家基本政治、经济、文化制度等。④立法的形式不同。动物卫生行政立法是以办法、条例、规定、行政命令乃至标准等形式颁布；权力机关则是以“法”或“法典”的形式颁布。总而言之，权力立法是由全国人民代表大会及其常务委员会制定，所调整的内容是国家的基本命脉；动物卫生行政立法具有行业特色或地方特色，所调整的内容具有行业或者地区的局限性。

行政立法行为和具体行政行为不同，主要表现在：①主体不同。行政立法行为的主体是法定的，较为严格；具体行政行为的主体较为广泛。②对象不同。行政立法行为的对象是普遍的，不特定的；具体行政行为的对象是特定的，具体的。③时间效力不同。行政立法行为的持续时效较长，可反复适用；具体行政行为持续时效较短，只适用于特定的一个事务。④程序不同。行政立法行为的程序较为正式，严格；具体行政行为的程序较为简单、灵活。

动物卫生行政立法具有立法行为和行政行为的特征。

(1) 动物卫生行政立法的立法特征主要表现为：①立法主体特定。动物卫生行政立法是行政机关在授权的前提下，代表国家以国家的名义制定法律规范的活动。②所制定的法规具有法的一般特征。动物卫生行政立法所制定的规范属于法的范畴，是以国家强制力作为保证的调整人们与动物卫生相关的活动。③动物卫生行政立法是符合立法程序的正当行为。动物卫生行政立法必须遵循一定的程序，保证所制定的法律所调整的内容的有效价值。

(2) 动物卫生行政立法的行政特征主要表现在：①立法主体是国家行政机关和省级地方行政机关。②立法所调整的对象主要是动物卫生相关的行政管理事务及与动物卫生行政管理密切相关的事务。③立法根本目的是实施和执行权力机关制定的法律，实现行政管理职能。

三、动物卫生行政立法的意义和作用

动物卫生问题是涉及政治、经济、贸易、环境和人类健康的全球性问题，不是一个国家、政府或组织能够解决的，需要全社会的关注和投入。从世界贸易组织、世界卫生组织等国际组织，到各个国家和地区，都制定了一系列调整动物生产、加工、贸易等活动或行为的法律法规，并配套了大量的办法、条例、规章、行政命令、标准等具有法律效应的法规和文件。这些行政立法行为对于保障动物卫生安全具有重要的作用。

动物卫生行政立法的目的是保护动物健康、保障人们动物性食品安全和人们赖以生存的环境安全，调整人们在动物生产、加工、经营等活动中的行为。制定的法律必须有执法和守法作保障才能保证法律的作用。我国法制建设中坚持立法、执法、守法，做到"有法可依、有法必依、执法必严、违法必究"。动物卫生行政法规直接规范了人们的相关行为，并对不正当行为或违法行为予以处罚，在保护动物健康、保障人们动物性食品安全和人们赖以生存的环境安全等方面有着重要的意义。

(一) 保护调整对象的合法权益

动物卫生行政法调整的对象主要是指动物饲养、生产、加工和经营行为及其行为主体（人）。保护调整对象的合法权益一方面表现为保护调整对象的动物饲养、加工、经营等合法权益并予以许可；调整对象可依法要求动物卫生行政部门做好动物的检疫、防疫等工作。另一方面，通过对违法生产、加工和经营行为及其责任人的处罚，使得合法对象的权益得到充分的保护。

(二) 保证动物性食品安全

通过实施动物卫生法规，规范人们的行为、秩序，保证生产、加工和销售动物性食品过程中的危害最低化，使得消费者能够获得最安全的食品，保障人们的身体健康。

（三）保护动物的健康

动物的健康直接关系到动物性食品的安全和生产效益，动物健康也是动物福利的最基本要求。通过实施动物卫生法规，使得动物能够在健康的状态下最大限度地发挥生产性能，为人民提供最健康最优质的动物性食品。

（四）保护环境

动物和人类共有一个生产环境，优质的环境是人类和动物健康快乐生存的基本保证。实施动物卫生法规，减少环境危害、控制疫病发生或流行，才能使人类安居乐业。

（五）保证队伍防疫管理和动物卫生行政执法的贯彻落实

动物防疫管理依据相关法规有序实施、动物防疫工作依据法规科学操作是纠正、制止和处理动物生产过程中不正确、不合理乃至违法行为的重要举措。通过动物防疫管理和动物卫生行政执法，可以预防、控制乃至消灭动物疫情，保障人类的身体健康，促进畜牧业快速健康发展。

（六）提高公民守法自觉性

动物卫生行政法规一方面规范了调整对象的行为，另一方面也对调整对象的违法行为予以惩戒。动物卫生行政机关及其执法人员执行和宣传动物卫生法规，提高了社会的守法守纪和社会公益意识。

动物卫生行政法规在国家动物卫生行政和法制制度建设中具有重要意义，是具有国家法律效应的，执法是强制性的。通过执法和守法，保障了人类和动物的健康。

四、动物卫生行政立法体系

我国的立法机关狭义上讲是指全国人大、全国人大常委会。广义上还包括省级人大、省级人大常委会、省级政府所在地的市以及国务院批准的较大的市的人大和常委会、国务院及各部委、各直属机关等。

我国立法体制具有四个特点：①立法机构在党的领导下进行工作。②国家最高权力机关与其常设机构分享立法权，既能保证人民代表大会代表人民行使国家权力，又能保证经常性的立法活动顺利进行。③全国人大常委会行使法律的解释权和执行法律的监督权，使法律的解释和适用与立法的本意保持一致。④国家立法、行政立法、地方立法、民族自治立法和特别行政区自主立法有机结合，构成了完备的立法体系。

依据不同的标准，可以对行政立法作不同的分类：①依据行政立法权的来源不同，行政立法可分为职权立法与授权立法。②依据行使行政立法权的主体不同，行政立法可分为中央行政立法与地方行政立法。③依据行政立法内容、目的和功能的不同，行政立法可分为执行性立法与创制性立法。

按照立法机构及其立法权限，我国动物卫生行政立法体制可划分为纵向立法体制和横向立法体制。

（一）纵向立法体制

纵向立法体制就是指中央立法和地方立法。中央立法是指全国人大及其常委会、国务院及国务院各部委立法；地方立法是指省、自治区、直辖市乃至自治州县、省级地方政府所在市和国务院批准的较大市人大及其常委会、人民政府等的立法。

纵向立法体制的各立法层次、立法机关及其制定的立法形式和要求如表 4-1 所示。

表 4-1　我国纵向立法体系表

层次		立法机关	立法形式
中央立法	1	全国人大	基本法律，如刑法
	2	全国人大常委会	基本法律以外其他法律
	3	国务院	行政法规
	4	国务院各部委	行政（部门）规章
地方立法	1	省、自治区、直辖市人大和人大常委会自治区的人大	地方性法规① 自治条例和单行条例②
	2	省、自治区、直辖市人民政府	地方政府规章
	3	省、自治区人民政府所在地的市和国务院批准的较大市的人大和人大常委会	地方性法规③
		自治州的人大	自治条例和单行条例
	4	省、自治区人民政府所在地的市和国务院批准的较大市的人民政府	地方政府规章
	5	自治县的人大	自治条例和单行条例④

注：①报全国人大常委会备案；②报上一级人大常委会批准后生效；③报上一级人大常委会批准后生效，报全国人大常委会和国务院备案；④报上一级人大常委会批准后生效，报全国人大常委会批准。

（二）横向立法体制

横向立法体制是指权力机关立法和行政机关立法。

权力机关立法是指全国人大立法（基本法律）和全国人大常委会立法（基本法律以外的法律），省、自治区、直辖市人大及其常委会立法（地方性法规），自治区人大立法（自治条例和单行条例），省、自治区人民政府所在地的市和国务院批准的较大市的人大立法（地方性法规），自治州人大立法（自治条例和单行条例），自治县人大立法（自治条例和单行条例）等五个层次的立法体系。

行政机关立法是指国务院立法（行政法规），国务院各部委立法（行政和/或部门规章），省、自治区、直辖市人民政府立法（地方政府规章），省、自治区、直辖市人民政府所在地的市和国务院批准的较大市的人民政府立法（地方政府规章）等四个层次的立法体系。

横向立法体制的各立法层次、立法机关及其制定的立法形式和要求如表 4-2 所示。

表 4-2 中国横向立法体系表

层次		立法机关	立法形式
权力机关立法	1	全国人大	基本法律，如刑法
	2	全国人大常委会	基本法律以外其他法律
	3	省、自治区、直辖市人大和人大常委会	地方性法规①
		自治区人大	自治条例和单行条例
		自治州人大	自治条例和单行条例
	4	省、自治区人民政府所在地的市和国务院批准的较大市的人大和人大常委会	地方性法规
	5	自治县人大	自治条例和单行条例
行政机关立法	1	国务院	行政法规
	2	国务院各部委	行政（部门）规章
	3	省、自治区、直辖市人民政府	地方政府规章
	4	省、自治区人民政府所在地的市和国务院批准的较大市的人民政府	地方政府规章

注：①报全国人大常委会备室。

第二节　动物卫生行政立法的原则和程序

一、动物卫生行政立法的原则

行政立法必须是对各种行政立法行为进行指导和约束的基本原则。动物卫生行政立法应该遵循依法立法和民主立法的原则。

（一）依法立法原则

广义上讲，依法立法原则包括法律优先原则和法律保留原则。

（1）法律优先原则。法律优先原则是指行政立法应该受到法律约束，不能与现行的法律相抵触。动物卫生行政立法不能与任何现行法律相抵触，除宪法外，其在效力上高于其他任何法律法规。但在动物行政事务上行政行为只要不与法律相抵触即可，不一定需要法律授权。

（2）法律保留原则。行政机关在法律授权下才能实施相应的行为，在动物卫生行政立法上表现为立法必须有依据，不论是在法律规定的框架内或者法律的特别授权的情况下均可进行动物卫生行政立法活动。

（二）民主立法原则

动物卫生行政立法活动必须遵从民主立法的原则，主要表现为：

（1）动物卫生行政立法立足于保护和促进公民合法权益，代表着大多数人的权利，保护最广大人民的根本利益。

（2）吸收更多相关公民参与。动物卫生立法过程中允许广泛的动物卫生利益者参与并表达意见，在立法程序上才能是民主的。

坚持了法律优先原则就是坚持了党的领导；以宪法为依据才能坚持正确的政治方向；与其他法律法规不抵触才能维护社会主义法治统一和尊严；严格按照法定程序和权限立法才能保证立法的正当性和法律的有效性；坚持民主集中制、立法从实际出发才能体现人民的意志、维护人民的利益。

二、动物卫生行政立法的程序

动物卫生行政立法程序是指国家行政机关依法制定、修改、废止行政法律规范的秩序和步骤。不像国家立法程序那么复杂，比较简便灵活。

（一）国务院制定动物卫生行政法规的程序

根据《立法法》第57～62条的规定，国务院制定动物卫生行政法规应当遵循行政立法程序法有序进行。

（1）规划、立项和起草。国务院法制机构应在综合各部门意见的基础上编制具有指导性的年度计划、五年规划乃至十年规划报国务院批准执行。国务院有关部门认为需要制定行政法规的，应当向国务院报请立项。

《立法法》第57条规定："行政法规由国务院组织起草。"相应地，国务院部门规章也应由部门组织起草。"组织起草"的形式可以多种多样。

（2）论证和听证。"动物卫生行政法规在起草过程中，应当广泛听取有关机关、组织和公民的意见。听取意见可以采取座谈会、论证会、听证会等多种形式。"这是强制性的，必须遵循。

（3）审查和修改。根据《立法法》第59条的规定："行政法规起草工作完成后，起草单位应当将草案及其说明、各方面对草案主要问题的不同意见和其他有关资料送国务院法制机构进行审查。"

（4）审议和通过。行政法规起草、审议之后，就进入正式会议审议阶段，由国务院常务会议或者全体会议审议决定。部门规章应当经部务会议或者委员会会议决定。行政法规和规章的制定不同于一般的行政决策应当以少数服从多数决定。

（5）签署和公布。行政法规审议通过后要"总理签署国务院令公布"，并应"及时在国务院公报和在全国范围内发行的报刊上刊登"。部门规章由部门首长签署命令予以公布，并及时在国务院公报或者部门公报和全国范围内发行的报刊上刊登。

（6）备案和接受审查。根据《立法法》的规定，除全国人大制定的法律以外，其他所有的法规、条例和规章都"应当在公布后的30日内"报送有关机构备案。行政法规报全国人大常委会备案并接受审查，如果不适当可以撤销；部门规章的撤销由国务院审议决定。

（二）农业部制定动物卫生行政法规的程序

国务院动物卫生行政管理部门规章和地方政府规章的制定程序，由国务院规定。农业部动物卫生行政法规的制定应在宪法和国务院授权的前提下，遵循《立法法》、《行政法规制定程序条例》、《规章制定程序条例》等确立的立法原则，符合宪法、法律、行政法规的规定。2002 年 12 月 27 日颁布了《农业部立法工作规定》。

1. 立法计划

（1）动物卫生行政主管部门编制法规工作计划，报请立法主管部门，如农业部产业政策与法规司立项。立项申请应当对立法的必要性、立法依据、所要解决的主要问题、拟确立的主要制度、进展情况和进度安排等作出说明。

（2）主管部门根据立项申请和实际工作需要，经综合平衡后，拟订明确的立法项目名称、主要内容、起草单位等内容报请上级，如农业部常务会议审议通过后执行。

（3）上级主管行政或人大常务会议根据全国人大有关部门和国务院的要求，提出法律的立法建议和行政法规的立项申请的工作。

2. 法律的起草

（1）动物卫生法律、行政法规和规章的起草，由提出立法建议或立项申请的司局，如农业部兽医局负责。重要动物卫生法律、行政法规和综合性规章的起草工作，由法规主管部门，如产业政策与法规司负责或者组织有关司局共同办理。起草法律、行政法规，应当成立起草小组；起草规章，必要时也应当成立起草小组。

（2）法律、行政法规和规章草案经起草司局负责人签字后，报送主管部门，如农业部产业政策与法规司审查。涉及其他司局业务的，应当会签有关司局。

3. 审查　法规主管部门，如产业政策与法规司对起草司局报送的动物卫生法律、行政法规和规章草案，应当从以下方面进行审查：

（1）是否符合宪法、法律、行政法规的规定和国家的方针政策。

（2）是否与有关法律、行政法规和规章协调、衔接。

（3）是否正确处理有关机关、组织和公民对法律、行政法规和规章草案主要问题的意见。

（4）是否符合立法技术要求。

（5）需要审查的其他内容。

根据审查结果，法规主管部门会同起草部门对草案进行修改并提出修改意见，对存在不能修改的问题的草案提出缓办或退办理由。对立法中的不同意见经协调不能达成一致的，报请上级部门决定。拟报上级部门常务会议审议的法律、行政法规和规章草案，由法律主管部门提出提请上级，如农业部常务会议审议的建议。起草部门，如兽医局应当根据部长办公室的要求，提交相应份数的法律、行政法规和规章草案及其说明文本。

4. 决定和公布　上级部门，如农业部常务会议审议法律、行政法规和规章草案时，起草小组或起草部门应当就该草案作说明，法规主管部门应当就审查情况等作说明。

起草小组或起草部门应当根据上级常委会审议意见，对法律、行政法规和规章草案进行修改，经法规主管部门审核、上级常委会事务部门，如农业部办公厅核稿登记后，送上级行政领导签发。

报国务院的法律、行政法规草案，经上级常委会审议通过后，由上级行政领导签发。

规章类经上级常委会审议通过后，由行政第一责任人签署“令”公布。

5. 备案和解释　起草部门，如农业部兽医局在规章公布之日起 15 日内将规章正式文本和起草说明报送法规管理部门，由法规管理部门按照《法规规章备案条例》的规定统一向国务院备案。

动物卫生行政法律、行政法规和规章依照规定，需要由制定部门进行解释的，应当由需要解释的动物卫生行政主管部门向制定部门提出申请；制定部门内部认为需要解释的，应当向制定部门内的法规管理部门提出。

需进一步明确调整界限和需要补充内容的动物卫生法律、行政法规的解释，由制定部门的法规管理部门会同有关部门提出意见，报部领导签发后，依照有关规定送请制定机关作出解释。

6. 立法协调　动物卫生规章起草过程中需要协调的，其协调工作由参加起草的部门负责办理；需要以上级名义行文的，应报主管（副省部长级以上）签发。

有关部门呈送征求意见的法律、行政法规和规章草案，由法规管理部门组织有关司局提出意见，并以上级文件或上级办公厅文件的形式答复有关部门。

有关部门送农业部征求意见的法律、行政法规和规章草案，办公厅应当及时转送法规管理部门；法规管理部门应当及时征求有关部门意见，做好组织和综合工作；有关部门应当及时研究办理，提出书面意见并加盖本单位印章后，反馈给法规管理部门。

7. 清理、修改和废止　动物卫生法律、行政法规和规章的清理工作由制定部门的法规管理部门根据需要或有关机关的要求，组织各相关部门实施。

经清理需要修改的动物卫生相关的法律、行政法规，由法规主管部门会同有关部门提出意见，报上级领导同意后，向制定机关提出修改建议，由制定部门进行修改。

经清理需要废止的法律、行政法规，由法规主管部门会同有关部门提出意见，报上级领导同意后，向制定机关提出废止建议，报制定部门常务会议审议通过后，由制定部门行政一把手签署命令予以废止。

第三节　动物卫生行政立法技术和动物卫生行政法的整理

一、动物卫生行政立法技术

动物卫生行政立法技术是指动物卫生立法活动中有关立法的方法和技巧。动物卫生行政立法主体运用立法技术制定调整动物生产、加工和经营过程中与动物卫生相关的动物卫生行政法。此处的“制定”包含着“制定、修改、补充、废止、解释”等立法活动。立法过程中要保证动物卫生行政立法的内容不得与宪法、法律及上级行政机关制定的行政法规相抵触，必须符合法定程序，其结构完整、格式规范、条理清晰、内容精准、文字精练。

动物卫生行政立法法规的格式和内容，根据组合排列和表现形式分为内部结构和外部结构。

（一）外部结构

外部结构是指外部形态或外在的表现形式，是法规的框架结构，包括法的名称、制定机关名称和内容。

第五章 国际动物卫生法律制度简介

本章介绍了世界动物卫生组织等主要国际动物卫生组织，并简单介绍了其颁布的国际动物卫生法典等国际动物卫生法律制度，为我国制定相关法律法规和促进我国动物及动物产品的国际贸易提供参考依据。

第一节 主要国际动物卫生组织简介

一、世界动物卫生组织

世界动物卫生组织（OIE）作为动物卫生的国际组织，是处理动物卫生协作事务的政府间组织，它在动物卫生有关国际法规和标准的制定中发挥着重要的作用。随着WTO-SPS协定对世界动物卫生组织规则、标准和建议的认可，OIE将在人类和动物健康方面发挥着更加重要的作用。OIE成为动物及其产品国际贸易中举足轻重的一个国际性组织。

（一）OIE的创建

动物疾病不仅使畜牧业发展遭受直接和间接损失，而且常常给人类健康造成严重的危害。各国兽医管理部门必须了解世界各地动物疫情流行动态，并通过相互交流，提高防控动物疾病能力。OIE正是在这种情况下成立的。1872年，欧洲大面积暴发牛瘟，奥地利召集比利时、法国等国家在维也纳召开了国际会议，协商各国应采取统一行动来控制牛瘟。1920年，印度运往巴西的瘤牛途经比利时安特卫普港时，引起比利时再次暴发牛瘟，这一事件引起欧洲各国极大的关注。1924年1月25日，来自阿根廷、比利时、巴西等28个国家的代表聚会巴黎，一致同意创建国际兽疫流行病机构（Office International des Epizooties，OIE）。OIE成立后，得到了各成员和众多与动物卫生相关的国际和区域性组织的认可，从而也使自身获得了发展，其成员数量也在不断增加，从最初的28个发展到目前的180个，已成为影响力最大的国际动物卫生组织。过去我国多将OIE译为"国际兽疫局"，近年来改为"世界动物卫生组织"，英文名称是"World Organisation for Animal Health"。

（二）OIE的主要目标

（1）实现全球动物疫情的透明化。成员国发生危及人畜安全的动物疫情时必须向OIE进行通报，OIE根据疾病危害程度紧急或者定期通过网站、邮箱和出版《疫情信息》、《世界动物卫生状况》刊物等途径将这些疾病信息转发给其他成员国，以便及时采取预防措施。

（2）收集、分析和通报兽医科技信息。OIE收集和分析动物疾病控制的最新科技信息，经整理后将有用信息通报各成员国，以帮助它们提高控制和根除疾病技术的能力。相关信息也通过 OIE 出版的各种著作和刊物（主要是《科学技术评论》）通报。

（3）为动物疾病控制提供专业知识和鼓励国际协作。OIE 向在控制和根除动物疾病方面需要帮助的成员国提供技术支持，特别是贫穷国家。另外，OIE 通过与国际性地区和国家金融组织建立永久性联系，以获得更多的资金支持。

（4）根据 WTO-SPS 协议的要求，OIE 通过制定动物和动物产品国际卫生标准以保障国际贸易的稳定发展。为维持动物及其产品的国际贸易的稳定发展，制定合理的动物卫生法规、防止人兽共患病传播，以及制定合理的贸易协调机制，解决非公平贸易争端，是必不可少的。WTO-SPS 协议明确推荐使用 OIE 制定的规则、标准和建议。OIE 制定国际标准化准则以保证成员国采用后可以既避免外来疾病和病原的侵入，又不需要设置不公正的技术壁垒。OIE 制定的标准化著作包括《陆生动物卫生法典》、《陆生动物诊断试验和疫苗标准手册》、《水生动物卫生法典》、《水生动物诊断试验手册》等。

（5）改善各国兽医机构的法律框架和资源。发展中国家的兽医机构和实验室迫切需要获得必要的基础设施、资源的支持，以及使它们能够更加充分地从 WTO-SPS 协议中获得利益，同时提供对动物和人类健康的更大保护和减少对非疫病国家的威胁。OIE 把兽医机构作为一个影响全球的公共机构，把结构、组织、资源、能力及辅助专业人员的任务等方面的国际统一作为一项首要的公共性投资项目。

（6）提供动物源性食品更好的安全保障和通过科学的途径促进动物福利。通过 OIE 和 FAO/WHO 食品法典委员会（CAC）的进一步协作以提供更好的关于动物源性食品的安全保障，OIE 制定的标准着重在对动物屠宰前或者动物产品的初加工过程中（肉、奶、蛋等）可能对消费者有威胁的潜在危害进行消除。同样，OIE 也已成为动物福利的最主要的国际组织。

（三）OIE 的组织机构

OIE 共设世界代表大会、理事会、地区委员会、专业委员会和中央局五个职能执行机构，并在美洲、东欧、非洲、中东和亚太地区设立了五个代办处。为了保证 OIE 各项工作和决策的科学公正性，OIE 还成立了三个常设工作组，以及 252 个参考实验室和 49 个协作中心。

（1）世界代表大会（World Assembly of Delegates）：OIE 的最高权力机构，由 OIE 所有成员国代表组成，每年 5 月在巴黎 OIE 总部召开一次大会。主要职责是：①审定通过动物卫生领域，尤其是国际贸易中采用的国际标准；②审定通过重大动物疫病控制方面的决议；③选举 OIE 的管理机构成员，包括世界代表大会主席、副主席，理事会、地区委员会和专业委员会成员；④任命 OIE 总干事；⑤审查和批准总干事的年度工作和财政报告，以及年度财政预算报告。此外，还有权根据需要建立 OIE 各类分委员会，并有权与其他国际组织建立合作关系，确保实现自身及各自的目标。

（2）理事会（Council）：OIE 的重要管理机构，代表世界代表大会在两届大会间隔期间行使权力。由国际委员会主席、副主席、前任主席和 6 名选举产生的代表组成，每年 2 月份和 5 月份召开两次会议。主要职责是审查 OIE 的技术和行政事务，特别要审核工作计划和预算草案并向世界代表大会报告。

(3) 专业委员会（Specialist Commissions）：世界代表大会为解决特定问题而建立，其任务是采用目前的科学知识来研究动物疾病流行病学及其预防和控制等方面的问题，制定和修改 OIE 国际标准，以及解决成员国提出的科学和技术问题。

陆生动物卫生标准委员会（Terrestrial Animal Health Standard Commission）：成员 6 人。每年召开几次会议，制订工作计划。委员会成员与其他国际知名专家共同起草《陆生动物卫生法典》的新条款和根据兽医科学进展修订已经存在的条款，并与其他专业委员会进行合作以获得最新的科学信息。在 OIE 大会上代表们讨论并正式采用草案作为 OIE 标准，然后这些条款被加进新版的陆生动物卫生法典。

动物疾病科学委员会（The Scientific Commission for Animal Diseases）：成员 5 人。负责帮助鉴定预防和控制动物疾病的最适宜的策略和措施，并对那些期望成为 OIE 无特定疾病国家的动物卫生状况进行审查。

生物标准委员会（The Biological Standard Commission）：成员 3 人。负责建立或者通过哺乳动物、禽和蜜蜂疾病诊断方法和用于控制疾病的生物制品如疫苗的试验方法，监督已经被 WTO-SPS 协议认可作为国际标准的《陆生动物诊断试验和疫苗手册》的颁布，还负责选举陆生动物疾病的参考实验室和促进诊断标准试剂的制备和销售。

水生动物卫生标准委员会（Aquatic Animal Health Standard Commission）：成员 5 人。负责收集鱼、软体动物和甲壳类动物疾病及其控制方法的信息，出版《水生动物卫生法典》和《水生动物诊断试验手册》。还负责组织水产业中各种重要议题的科学会议。

(4) 地区委员会（Regional Commissions）：为了促进各地区内兽医管理部门间的合作，研究解决本地区兽医机构遇到的特殊问题，组织本地区的合作事宜，世界代表大会先后建立了亚洲、远东和大洋洲（1952 年）、欧洲（1961 年）、美洲（1962 年）、非洲（1964 年）、中东（1989 年）等五个地区委员会。每个地区委员会设置办事处，其组成有一名主任、两名副主任和一名秘书长，任期三年。一般每两年召开一次会议，主要讨论与动物疾病控制有关的技术议题和地区合作事宜。在相关地区，特别是 OIE 设立地区代办处的地区，协商制定重大动物疫病监测和控制的区域计划。地区委员会要向世界代表大会报告其活动情况，并提出建议。

(5) 总部（headquarters）：位于巴黎普罗尼大街 12 号，由世界代表大会任命的 OIE 总干事领导。中央局根据世界代表大会的决定，负责实施和协调信息、技术合作和科学活动。此外，还承担 OIE 世界代表大会年会、理事会会议和由 OIE 组织的技术性会议秘书处的工作，并协助地区性和专业性会议秘书处的工作。总部是使 OIE 能够贯彻执行已通过的决议的技术行政管理机关，下设行政后勤和出版部、动物卫生信息部、国际贸易部、科学与技术部和地区活动部五个部门。

(6) 工作组（Working Groups）：主要负责本领域内发展状况的评估工作，使成员国能够通过科学会议、研讨会、实地考察和培训了解最新动态。OIE 目前有三个工作组：

野生动物疾病工作组（The Working Group on Wildlife Diseases）：主要职责是就所有与野生动物有关的卫生问题向 OIE 进行通报和建议。该工作组还推荐和审查关于最重要的特定野生动物疾病的监测和控制的出版物。该工作组包括了相关专业领域内的世界知名专家。

动物福利工作组（Working Group on Animal Welfare）：主要负责调整和管理 OIE 的动物福利活动。

食品安全工作组（Working Group on Food Safety）：主要负责调整和管理 OIE 的动物源性食品安全活动。

从 20 世纪 80 年代末至今，OIE 越来越清楚地认识到，要想提高自身的技术水平，更有效地为各成员国服务，仅靠原有工作组和专业委员会还远远不够，应当建立专门工作组，协助各专业委员会开展工作。专门工作组（Ad Hoc Groups）主要负责审查特定的科学和技术问题。该组织包括了 OIE 成员国的知名专家，他们的报告将为专业委员会和世界代表大会形成建议和作出决定提供指导。目前，这些专门工作组主要集中在牛海绵状脑病、沙门氏菌病、口蹄疫风险分析、狂犬病、兽医机构评价、马病毒性动脉炎、牛传染性胸膜肺炎、动物国际运输中的保护、动物疫病分类、非人类灵长目动物传染病、伪狂犬病、进口风险分析、痒病、蓝舌病、《法典》中的定义，以及兽用生动物制品的风险分析等方面。

（7）OIE 协作中心（Collaborating Centers）和参考实验室（Reference Laboratories）：OIE 协作中心、参考实验室和专业委员会以及 OIE 工作组一样，也是 OIE 技术核心的一个重要组成部分。目前 OIE 已经拥有了一个包括由 49 个协作中心和 252 个参考实验室的全球网络。OIE 工作组、专业委员会、参考实验室和协作中心共同构成了 OIE 科学技术资源的可靠和系统保障。

OIE 协作中心是一个在特领域内管理动物卫生一般问题的专业技术中心。OIE 协作中心目前已发展到 37 个，活动范围涉及疫病诊断和监测、风险分析、流行病学、疫苗评价、兽药产品、兽医培训、食品安全、动物福利以及水生动物疫情信息等多个方面。在其工作范围内，协作中心必须提供国际间的专家意见。

OIE 参考实验室的作用是行使指定疾病的专家和诊断技术标准化中心职能，负责保存和发放负责 OIE 及其成员国的相关问题的专家应该是著名的、积极的科研工作者，帮助参考实验室提供科学和技术的援助，以及提出参考实验室负责的疾病监测和控制相关主题的专家建议。他们也对 OIE 成员国的人员提供科学和技术培训，并与其他实验室或组织进行科学技术合作研究。

（8）地区代办处（Regional Representations）：OIE 在非洲、美洲、亚太、东欧和中东保留了五个地区代办处，其目的是为了向成员国提供地区协调服务，以便提高相关地区动物疫病的监测和控制能力。此外，为促进东南亚地区的口蹄疫控制活动，OIE 还在东南亚设立了东南亚口蹄疫控制协调处。

二、联合国粮食与农业组织

联合国粮食与农业组织（Food and Agriculture Organization of the United Nations, FAO）（以下简称粮农组织）是联合国专门机构之一，各成员国间讨论粮食和农业问题的国际组织。1943 年 5 月根据美国总统罗斯福的倡议，在美国召开有 44 个国家参加的粮农会议，决定成立粮农组织筹委会，拟定粮农组织章程。1945 年 10 月 16 日粮农组织在加拿大魁北克正式成立，1946 年 12 月 14 日成为联合国专门机构。总部设在意大利罗马。截至目前共有 191 个成员国。

FAO 的宗旨是提高各成员国人民的营养和生活水平，实现农、林、渔业一切粮食和农业产品生产和分配效率的改进，改善农村人口的生活状况从而为发展世界经济作出贡献。为了实现其宗旨，粮农组织致力于收集、分析、解释、传播与营养、粮食和农业有关的信息。对各国以及国际社会在粮农领域内应采取的行动提出建议，并在各国政府要求下提供这方面的技术援助。1963 年粮农组织的活动进一步扩展，为了以粮食为手段促进经济和社会发展以及提供紧急救济，联合国和粮农组织合办的世界粮食计划署正式开始工作。粮食计划署一方面为天灾人祸的受害者提供紧急救济，另一方面为发展中国家的经济和社会发展项目提供支持。粮农组织还负责实施联合国开发计划署资助的各项农业技术援助计划，参与联合国儿童基金、世界银行、国际劳工组织以及其他机构有关粮农计划的实际活动，指导世界范围内免于饥饿。并通过对国际农产品市场形势的分析和质量预测组织政府间协商，推进农产品的国际贸易。粮农组织的出版物《粮农状况》(*State of Food and Agriculture*) 年度报告被粮农组织理事会看做是向成员国提出建议的依据。

FAO 大会是该组织最高权力机构，由成员国各派代表 1 人组成，每两年举行一次会议，大会负责决定该组织的政策，批准预算和工作计划，通过行动规章和财务制度。理事会是大会的执行机构，在大会休会期间执行大会所赋予的权力。理事会由大会选出的 49 个理事国（任期 3 年）各派代表 1 人组成，它负责监督世界粮食状况，并提出适当的行动建议。理事会下设计划和财政、农业、林业、渔业、商品问题及世界粮食安全委员会，协助理事会研究和审查各种专门问题，提出相应的建议。秘书处负责执行粮农组织计划，负责人是总干事，由大会选出，任期 6 年，可连任。粮农组织由 8 个部组成，即农业及消费者保护部，经济及社会发展部，渔业及水产养殖部，林业部，人力、财政及物质资源，知识及交流，自然资源管理及环境部，以及技术合作部。粮农组织在亚太、西非、东非和拉美设有区域办事处，在欧洲设有区域代表，另外在联合国纽约总部和华盛顿特区设有联络办事处。除了在罗马的总部以外，目前还设有 5 个区域办事处，9 个分区域办事处，5 个联络处以及 74 个建制完善的驻国家办事处（其中不包括那些设在区域和分区域办事处内的办公室）。

2007 年粮农组织渔业委员会的全部 119 个国家在罗马一致通过了关于制定一项具有法律约束力措施的建议，以遏制严重影响经济、社会、生物和环境的非法、不报告和不管制捕捞活动。2006 年粮农组织启动了其高科技的危机管理中心，以应对禽流感和其他动物卫生或食品安全紧急情况。该中心监测疫情并在 48 小时之内向世界任何热点派遣专家。1999 年粮农组织渔业委员会就捕捞能力、鲨鱼和海鸟问题通过数项行动计划。

三、食品法典委员会

食品法典委员会（Codex Alimentarius Commission，CAC）是由联合国粮农组织 (FAO) 和世界卫生组织（WHO）共同建立的一个政府间组织，目的在于制定国际食品标准、指导原则和相关文件，促进国际政府组织和非政府组织制定的所有食品标准之间的协调，保障消费者健康和食品公平贸易。其主要职能为：①保护消费者健康和确保公平的食品贸易；②促进国际政府和非政府组织所承担的所有食品标准工作的协调一致；③通过或借助于适当的组织确定优先重点以及开始或指导草案标准的制定工作；④批准由以上第 3 条已制定的标准，并与其他机构已批准的国际标准一起，再由成员国政府接受后，作为世界或区域标准予以发布；⑤根据制定情况，在适当审查后修订已发布的标准。CAC 作为 WTO-SPS 协定中被指定的 SPS 领域的协调组织之一，为成员国和国际机构提供了一个交流食品安全和贸易问题信息的论坛，通过制定建立具有科学基础的食品标准、准则、操作规范和其他相关建议以促进消费者保护和食品贸易。在过去的四十多年中，CAC 在食品质量和安全方面的工作已得到世界的重视，食品法典也因此成为唯一的、最重要的国际食品安全参考标准。

自 1961 年第 11 届粮农组织大会和 1963 年第 16 届世界卫生大会分别通过了创建 CAC 的决议以来，目前已有 184 个成员国（非洲 48 个、亚洲 23 个、欧洲 49 个、拉丁美洲及加勒比海 33 个、近东 17 个、北美洲 2 个及西南太平洋 12 个）和 1 个成员国组织（欧盟）加入该组织，覆盖全世界人口的 99%。

CAC 每年在 FAO 总部罗马或 WHO 总部日内瓦召开一次大会，审议并批准国际食品法典标准和其他相关事项。秘书处设在罗马 FAO 食品政策与营养部食品质量标准处，WHO 的联络点设在日内瓦 WHO 健康促进部食品安全处。执行委员会由 CAC 主席、副主席及另外 7 名来自不同区域的委员组成。休会期间执行委员会作为 CAC 的执行机关，可就 CAC 的总方向和工作计划提出建议，研究特殊问题，并帮助实施 CAC 批准的工作计划。CAC 设立 6 个区域（非洲、亚洲、欧洲、拉丁美洲及加勒比海、近东、北美洲及西南太平洋）协调委员会，协调 CAC 在各个具体地区或各国家中的工作。

CAC 有 17 个专业分委员会，其中一类为 10 个一般委员会，包括通用准则、食品污染物、食品添加剂、食品卫生、食品进出口检验和出证体系、食品标签、特殊营养与膳食、农药残留、食品中兽药残留，以及分析和采样方法委员会，也称横向委员会，由美国、加拿大、澳大利亚、法国、荷兰等发达国家主持，并与科研机构紧密配合，讨论制定各类食品通用标准和推荐值，影响较大；另一类为按食品及食物类别设立的 7 个商品委员会，包括油脂、鱼及鱼制品、新鲜水果与蔬菜、奶及奶制品、加工水果和蔬菜、植物蛋白，又称垂直委员会，其工作是垂直制定各种商品标准。CAC 商品标准中包含卫生、标签及分析采样方法等内容，一般委员会在其职权范围内制定的一般规定以参照的方式纳入 CAC 商品标准。CAC 还包括 1 个抗菌药耐药性政府间特别工作组。专业分委员会和政府间特别工作组共同制定各种标准。

CAC 制定标准时，首先根据战略规划过程作出决定，在标准制定方面实施统一的方法。战略规划为期 6 年，每 2 年滚动更新一次。执行委员会根据“确定工作重点的标准”等原则对新工作建议和标准草案进行严格审查。然后 CAC 根据执行委员会的审查结果，决定应制定哪个标准以及由哪一个附属机构或其他机构承担这项工作。大会的附属机构也可以作出制定标准的决定，随后应尽早地得到大会的批准。由秘书处安排起草“拟议标准草案”，送交各国政府征求意见，有关附属机构根据建议对其进行审议，再将

要求，具体如下：

（1）日报。发生下列情况时，成员兽医主管部门应在 24 小时内用电报、传真或电子邮件向 OIE 通报：①某国或某地区/区划首次发生 OIE 所列疾病或感染；②某国家或某地区/区划宣布某种 OIE 所列疾病或感染暴发结束后重新发生；③某国或某地区首次发现某种 OIE 所列疾病病原的新毒株；④某国或某地区/区划内某种 OIE 所列疾病流行的分布、发病率和死亡率突然增加；⑤发病率或死亡率高，或者具有人兽共患可能性的新发疾病；⑥OIE 所列疾病在流行病学方面有显著变化（包括宿主范围、致病性和毒株），尤其有人兽共患病的危险。

（2）周报。按照上述 1 款通报后，成员兽医主管部门每周继续报告疾病的进展信息，直至完全根除或情况稳定。

（3）半年报。成员每半年向 OIE 报告所列疾病的有无及进展情况，以及对其他成员的流行病学意义。

（4）年报。成员每年向 OIE 报告对其他成员有意义的其他信息。

除根据上述规定通报新发现外，成员也应该提供预防疾病传播所采取措施的信息，包括检疫措施，动物和生物制品及其他有传播动物疾病特性的物品流通的限制措施。若有媒介传播疾病时，还须说明所采取的媒介控制措施。

疫区所在地的兽医行政管理部门在该地区无该疫病时应通知 OIE。在最后病例报告后，超过法典规定的感染期，并为防止可能的疾病复发或传播已采取了全面的预防措施和适当的动物卫生措施时，就可考虑某一感染区无该疫病。当某国符合法典规定的全部条件时，该国可重新被视为无某种疾病。某成员兽医主管部门宣布设置一个或几个非疫区时应通知 OIE 必要的细节，包括无疫区状态的依据，维持这种状态的要求，在地图上清楚标明非疫区具体位置。

2）*动物健康监视* 陆生法典和水生法典第 1.4 章介绍了动物健康监视的目的、术语定义、原则和程序。兽医机构或其他官方机构通过完整的监视计划证明它们国家动物卫生状况报告的能力对于动物和动物产品安全贸易是必要的。动物健康监视的目的是为了证实没有疾病或感染，确定疾病或感染的发生或分布，尽可能早地检测外来的或新出现的疾病，便于控制疾病或感染，提供宣布无疾病或感染的依据、提供数据用于为了动物和/或人类健康进行的风险分析，证实制定卫生措施的理由。法典的建议可能适用于法典中列出病原和所有易感动物物种的所有疾病，目的在于协助建立监视方法。另外，法典的建议可能被用来进一步完善特定疾病或感染的一般方法。在没有详细获得疾病/感染的特定信息时应根据法典的建议制定适宜的方法。

家养和野生动物可能都对某种疾病或感染易感，但在适宜生物安全措施的情况下，野生动物的疾病或感染并不意味着该国或地区家养动物同样存在这种疾病或感染。野生动物可以作为人类、家养动物及野生动物疾病的储存宿主或指示动物。野生动物疾病或感染的监视与家养动物的监视可能存在明显差异，因此这也提出了新的挑战。

此外，陆生法典和水生法典第 1 部分还介绍了 OIE 所列陆生和水生动物疾病的标准和名录。陆生法典还列出了 OIE 所列陆生动物疾病的指定和替代诊断试验，节肢动物传播媒介的监视，以及疯牛病、口蹄疫、牛瘟、牛传染性胸膜肺炎等疾病状态自我宣布和 OIE 官方宣布的程序。

3. 进口风险分析　进口动物和动物产品会对进口国带来一定程度的疾病风险，进口风险分析的主要目的是为进口国提供评价进口动物、动物产品、动物遗传材料、饲料、生物制品和病料带来风险的一种客观性防御性方法。风险分析必须透明，要通过书面材料清楚地告诉出口国为什么增加进口条件或拒绝进口。另外，用于分析的数据常常是不确定或者不完整的，没有充足的资料也会造成事实和分析者的判断之间区别不明显，这同样要求风险分析必须透明。陆生法典和水生法典第 2 部分提出了进行透明、客观和防御性国际贸易风险分析的建议和原则。风险分析包括危害确认、风险评估、风险管理和风险交流。

1）*危害确认*　危害确认就是鉴定进口某商品可能产生不良后果的致病因子。这种危害可能与进口的物种有关，或者来源于商品、出口国存在的。因此必须确认是否每种危害在进口国已经存在，是否为进口国法定报告疾病或是否已实施控制或扑灭计划，确保进口措施不产生比国内措施更多的贸易限制。危害确认就是确定生物因子是否有害的分类过程。如果危害确认不能确定潜在危害与进口有关，风险评估到此就可作出结论。评估兽医机构、监视和控制计划及地区和区域区划体系是评估出口国动物群存在危害可能性的重要内容。进口国可以采取法典推荐的适当卫生标准情况下决定允许进口，此时无需风险评估。

2）*风险评估*　风险评估目的是计算危害相关的风险。风险评估可以定性，也可以定量。任何一种风险评估方法都不可能适用所有情况，因此不同情况下应使用不同方法。

风险评估的原则包括：①风险评估应能够灵活处理实际情形中的各种复杂情况，必须能够适应各种动物商品、进口可能鉴定出的多种危害、每种疾病的特性、检测和监视体系、接触情况以及资料与信息的类型和数量。②定性和定量方法都有效。定量评估可以对特定问题有更多的了解，但对于很多疾病，特别是法典所列的已有很多国际标准的疾病，可能的风险已得到广泛认可，只要定性评估就够了。当数据有限时，定性评估可能更适合，常规决策常使用这种方式。③风险评估应以现有科技信息为基础。评估应该文件完备，并附有科技文献和其他资料，包括专家意见。④风险评估方法应一致、透明，以确保公平、合理、决策制定一致，且易为各方理解。⑤风险评估应列出不确定项、假定项及其对最后风险计算的影响。⑥风险随进口商品量的增加而加大。⑦风险评估应能修改，以便在获取新的信息时进行更新。

风险评估的步骤包括：

（1）释放评估。包括描述进口活动向特定环境释放病原体的生物学途径，定性或定量计算全过程发生的可能性。释放评估阐明每种潜在的危害（病原体）在特殊条件下释放的概率，以及各种活动、事件或措施所引起的变化。释放评估所需的信息包括生物学因素（动物种类，病原嗜好位点，免疫、检测、治疗和检疫等）、国家因素（发病率，出口国兽医机构和监控计划，地区和区域体系的评价等）和商品因素（数量，污染的难易，加工、保存和运输的影响等）。如果释放评估证明没有明显风险，即可作出评估结论。

（2）暴露评估。包括描述进口国的动物和人暴露到风险源释放的危害的生物学途径，定性或定量计算暴露的可能性。暴露到危害的可能性根据暴露的量、时间、频度、期限和途径，以及动物和人暴露的种类、数量及其他特征相关的特定条件来计算。暴露评估所需的信息包括生物学因素（病原特性）、国家因素（潜在媒介、人和动物特征、消费和文化习俗、地理环境特征等）和商品因素（数量、用途和处置措施等）。如果接触评估证明没有明显风险，即可得出评估结论。

（3）后果评估。阐明暴露于生物病原体与暴露后果之间的关系。暴露造成负面的健康或环境后果，进而引起社会经济后果。后果评估需要阐明暴露的潜在后果并定性或定量计算其发生的可能性。后果种类包括直接后果（动物感染、发病、生产损失，公共卫生后果）和间接后果（监控成本、赔偿成本、潜在的贸易损失、对环境的不良后果）。

（4）风险计算。风险计算是综合释放评估、接触评估和后果评估的结果，制定对付危害引起风险的总体措施。因此风险计算要考虑整个风险途径，从危害确认到无效结果。

3）风险管理　风险管理是为达到成员适当保护水平并确保贸易负面影响降到最低，决定并执行相关措施的过程。目标在于适当地管理风险，以保证国家要求尽量减少疾病引入和造成不良后果的可能性和频率，与根据国际贸易协议进口货物及履行义务之间达到一种平衡。风险管理的卫生措施首选 OIE 国际标准，执行卫生措施应符合标准的宗旨。

风险管理的组成包括：①风险评价：指风险评估计算的风险与国家保护水平比较的过程；②方法评价：指为减少进口引起的风险使之达到成员的保护水平，鉴定、评估效能及可行性并确定措施的过程；③实施：指通过风险管理决策，确保实施风险管理措施的过程；④监测及评审：审查风险管理措施，保证取得预期结果的过程。

4）风险交流　风险交流的原则包括：①风险交流是在风险分析期间收集潜在受影响方或当事方风险和危害的信息和意见，并向进、出口国决策者或当事方通报风险评估结果或风险管理措施的过程；②风险交流是一个多方面的反复过程，在风险分析之初开始并自始至终进行；③风险信息交流应该公开、交互、反复和透明，并可在决定和进口之后继续进行；④风险交流参与单位包括出口国当局及国内外企业集团、家畜生产及消费集团等其他当事人；⑤风险评估中假设和不确定信息和风险计算也应进行交流；⑥稽查是风险交流的组成部分，以便作出科学的判断，确保获取最有效的资料、信息、方法和假设。

另外，陆生法典和水生法典还介绍了以下几个方面的内容：

（1）兽医机构的质量。陆生法典和水生法典第 3 部分介绍国家兽医机构质量及其评价的相关内容。兽医机构的质量依赖于多种因素，包括基本道德、组织和技术的原则，而不考虑国家政治、经济或社会的状况。兽医机构质量的评价主要是判定兽医机构是否有能力有效认识和控制动物和动物产品的卫生状况，帮助国家部门决定其自身兽医机构资源和优先性，或者作为进口动物卫生措施风险分析的一部分。评价的项目可以考虑：①兽医机构的组织和结构；②人力资源；③物力（包括财力）资源；④职能和立法支持；⑤动物卫生和兽医公共卫生控制；⑥正式质量体系，包括质量政策；⑦工作评估和审计计划；⑧参与 OIE 活动及遵守 OIE 成员国义务。法典中介绍了兽医机构质量评价的原则，并推荐采用 PVS 工具进行评价。建立或应用动物卫生措施，或者公布国际动物卫生证书的职责应该由非兽医机构的组织，如在水生动物领域，或者由代表兽医机构的权威部门或代理部门来完成。

（2）疾病预防和控制的一般建议。陆生法典和水生法典第 4 部分介绍了疾病预防和控制的一般建议，主要内容包括地区区划（zoning）和区域区划（compartmentalisation）。地区区划和区域区划是一个国家根据法典的建议，在国内界定不同动物卫生状态的亚群所执行的步骤。地区区划适用于根据地理界定的动物亚群（用天然的、人为的或法定的界线），而区域区划适用于基于生物安全相关管理界定的动物亚群，通常划分为非免疫接种的无疫病区、监测区、免疫接种的无疫病区、缓冲区和感染区（疫区）。

另外，陆生法典该部分还介绍了活动物的鉴别和可追溯的一般原则，精液和胚胎收集及加工的卫生要求，体细胞核移植的要求，死亡动物的处理，消毒和灭虫的卫生建议，养蜂场的卫生和疾病保障程序，卫生预防措施、鉴定、采血和免疫接种。水生法典介绍了消毒的一般建议，应急计划，休耕制，水生动物饲料中危害的控制。

（3）贸易措施，进出口程序和兽医出证。陆生法典和水生法典第 5 部分介绍了动物及动物产品国际贸易的义务，提出了进口国和出口国在交流动物卫生信息方面的责任，动物及动物产品进出口的程序，以及出具国际兽医卫生证书的程序和规范。这些章节中列出的一般问题需要与疾病特定章节详细阐述的卫生措施共同执行。

（4）兽医公共卫生。陆生法典和水生法典第 6 部分介绍了兽医公共卫生的相关内容。传统上兽医公共卫生主要强调了兽医在防治重要动物流行病和人兽共患病方面的作用，目前兽医服务已经从农场延伸到屠宰场，负责动物疫病的监测和肉品安全。在兽医教育和培训方面包含动物疫病（人兽共患病）和食品卫生方面的内容。在许多国家兽医服务范围已经延伸到“从农场到餐桌”整个食品链的全过程。WHO-SPS 协议明确规定成员国应确保其卫生与植物卫生措施，要以对人类、动物或植物的生命或健康风险实情进行适当的评估为基础，并应运用有关国际组织制定的风险评估技术。SPS 协议明确承认的关于动物卫生、人兽共患动物疫病和食品安全的标准是 OIE 和 CAC 制定的标准。

肉类的宰前和宰后检验是预防动物性食品生物性危害的关键，也是肉类兽医服务的核心责任。CAC 肉类卫生操作规范被认为是这方面的国际标准，但是该标准中并没有列出具体的检疫项目，具体的检疫项目由各国兽医服务机构根据本国具体情况来制定。必须是建立在风险分析的基础上的能够反映国际标准和人类及食品动物的重大危害，并与动物标识和动物产品追踪系统相结合，以便能够追踪到动物的原产地和产品的流向。动物饲料是食品链重要组成部分，直接影响的动物健康和福利以及食品安全和公众健康。以前世界动物卫生组织主要讨论了饲料作为入境和传染病流行的疾病（如口蹄疫、猪水泡病的传播和禽流感）的重要途径。近年来，在饲料作为病原体载体，如牛海绵状脑病对在动物饲料和饲料原料，广泛进行国际贸易国家的经济产生潜在的影响。饲料安全已经成为食品安全的一部分，各国应该加强饲料及其原料的监管。抗生素的控制被作为兽医公共卫生的一个重要组成部分，成员国应该制定本国的细菌耐药性监测和监测方案，在畜牧业生产中和动物诊疗中实施抗生素监测，对使用抗生素动物的抗生素残留实施风险评估。对于禽和禽产品法典着重强调了禽类沙门菌的预防、检测和控制，包括肠炎沙门菌和鼠伤寒沙门菌。在水生法典中介绍了控制水生动物饲料危害和耐药性的建设。

遍作为传统组织学和组织涂片方法的补充，不仅用于临床病例的诊断，而且用于出具卫生证书时证实没有特定病原的筛选程序。鱼类、软体类和甲壳类动物疾病诊断技术的一般内容分别位于水生手册第 1.1、1.2 和 1.3 章。

水生手册的目的是提供针对 OIE 水生法典中列出的疾病及其他对贸易重要的疾病的规范诊断方法，以便能够满足水生动物和水生动物产品贸易中相关卫生证书的要求。虽然关于水生动物疾病诊断和控制的出版物很多，水生手册是一本可供全世界水生动物卫生实验室使用的介绍 OIE 列出的和其他对贸易重要的疾病的诊断方法的重要文件。因而，提高了全世界水生动物卫生的效率和促进了进步。水生手册被 WTO 作为国际标准。

水生手册由 OIE 水生动物卫生标准委员会负责编写，所有章节被循环送到 OIE 成员国进行注解和修订。OIE 世界代表大会授权生物标准委员会承担修改相关章节和编写陆生手册的任务。首先向疾病或相关主题的专家征求稿件。经过编辑的初步审核后，这些章节被送给科学审稿人和 OIE 参考实验室的专家。然后被送到所有 OIE 成员国进行审阅和评议。生物标准委员会和技术编辑考虑所有咨询意见后，常常反馈给作者作进一步修订，然后进行定稿。最终条文要获得 OIE 世界代表大会的同意。商品诊断试验的正式认可程序于 2004 年 9 月被 OIE 世界代表大会最终确认。所有资料均按照生物标准委员会设立的确认模板进行提交。提交的材料由获得世界代表大会最终意见前建议生物标准委员会的指定专家进行评价。各种提交的材料均能在 OIE 网站中找到。

三、食品法典

食品法典是由食品法典委员会（CAC）制定的一套食品安全和质量的国际标准、食品加工规范和准则，旨在保护消费者的健康并消除国际贸易中不平等的行为。食品法典包括所有向消费者销售的加工、半加工食品或食品原料的标准。有关食品卫生、食品添加剂、农药残留、污染物、标签及说明、采样及分析方法等方面的通用条款及准则也列在其中。另外，食品法典还包括了食品加工的卫生规范（codes of practice）和其他推荐性措施等指导性条款。

食品法典主要包括：法典标准的一般要求、食品中农药残留的最大限量值、食品中兽药残留、特殊膳食食品（包括婴幼儿食品）、加工和速冻水果、蔬菜，果汁及相关产品，谷物、豆类及其制品以及植物蛋白，油脂及相关制品，鱼和鱼制品，肉和肉制品，包括浓肉汤和清肉汤，糖、可可制品、巧克力及其他制品，乳及乳制品，法典指导原则，国际推荐操作规程，法典推荐分析方法。

食品法典（1997 年）共包括 245 个通用标准和食品品种标准，41 种食品加工卫生规范。食品法典委员会还评价了 700 多种食品添加剂和污染物的安全性并制定了 3000 余个农药残留的最大限量标准。

食品法典对保护消费者健康的重要作用已在 1985 年联合国第 39/248 号决议中得到强调，为此食品法典指南采纳并加强了消费者保护政策的应用。该指南提醒各国政府应充分考虑所有消费者对食品安全的需要，并尽可能地支持和采纳食品法典的标准。针对业已增长的全球食品贸易市场，特别是作为保护消费者而普遍采用的统一食品标准，食品法典具有明显的优势。因此，WTO-SPS 协定和 TBT 协定中都明确了食品法典标准的准绳作用，将 CAC 法典标准作为解决国际贸易争端、协调各国食品卫生标准的依据。SPS 协定将 CAC 指定为 SPS 领域的协调组织之一，负责协调各成员在食品安全领域中的技术法规、标准的制定工作。TBT 协定涉及的是间接对消费者及健康产生影响的标准及规定（如食品标签规定等），也同样建议成员国使用法典标准。在工业化国家看来，食品法典是最终的参考依据。对于发展中国家，食品法典被认为是现成的一套要求。无论法典标准是被全部采纳或只是作为参考，它都为消费者提供了保障。SPS 及 TBT 协议将法典标准作为科学合理的标准而采纳具有重大意义，这些标准已成为法律框架的一部分，在它的作用下国际贸易通过协调得到促进。食品法典已成为全球消费者、食品生产和加工者、各国食品管理机构和国际食品贸易重要的基本参照标准。法典对食品生产、加工者的观念以及消费者的意识已产生了巨大影响，并对保护公众健康和维护公平食品贸易作出了不可估量的贡献。

四、SPS 协议

各国在管理农产品国际贸易时，除了采用关税、配额、出口补贴和国内支持等传统的贸易壁垒措施外，往往还采用动植物卫生措施。随着国际贸易的快速发展和贸易自由化程度的提高，各国实行的动植物卫生措施对贸易的不利影响已越来越大，特别是某些畜牧业发达国家为了阻止国外农畜产品进入本国市场，保持本国畜牧业的持续、稳定发展以及维持其在国际贸易中的竞争力，常常采用动植物卫生措施来设置技术性贸易壁垒。贸易自由化主张与动植物卫生措施所引起的贸易阻碍作用这对矛盾就日益突出，成为一个亟待解决的重要国际议题。

《卫生与植物卫生措施实施协议》（*Agreement on the Application of Sanitary and Phytosanitary Measures*，简称 SPS 协议）是规范国际贸易中世贸组织成员动植物卫生措施的一项重要多边协议，它直接产生于乌拉圭回合多边贸易谈判，并伴随着 1995 年 1 月 1 日世界贸易组织（WTO）的成立而生效实施。SPS 协议的主要目标是在 WTO 所有会员国保护人类和动物健康以及植物卫生状况。《SPS 协议》规定了 WTO 成员在制定和实施 SPS 措施时必须遵循的规则、发展中国家所享有的特殊和差别待遇、SPS 措施委员会的职能和成员之间争端的解决等内容，包括 14 条 42 款以及 3 个附件。这 14 条包括：总则、基本权利和义务、协调一致、等效性、风险评估与适当的卫生与植物卫生保护水平的确定、与环境相适应的情况、透明度、控制和检验及认可程序、技术援助、特殊和区别对待、磋商与争端解决、管理、执行、最终条款。3 个附件分别是：定义、透明度条例的颁布、控制和检验及认可程序。主要内容如下：

（一）基本权利与义务

SPS 协议提出各成员有权采取为保护人类、动物或植物的生命或健康所必需的检疫措施，但这类措施不得超过为保护人类、动物或植物的生命或健康所必需的程度，并以科学原理为依据。在有关科学依据不充分的情况下，各成员可根据现有的有关信息，包括来自有关国际组织以及其他成员方实施的检疫措施的信息，临时采取某种检疫措施。

在这种情况下，各成员应寻求获取必要的补充信息，以便更加客观地评估风险，并相应地在合理的期限内评价动植物卫生检疫措施。

同时，各成员应确保其检疫措施不在情形相同或情形相似的成员之间，包括在成员自己境内和其他成员领土之间构成任意或不合理的歧视，不应对国际贸易构成变相的限制。

（二）协调一致

各成员应以国际标准、准则或建议为依据制定检疫措施。如果实施或维持比以有关国际标准、准则或建议为依据的措施所提供的保护水平更高的检疫措施，需要有科学依据，或者成员根据本协议其他条款认为该措施所提供的保护水平是合适的。

（三）同等对待

如果出口成员客观地向进口成员表明它所采用的措施达到了进口成员适当的保护水平，即使这些措施不同于进口成员自己的措施，或不同于从事同一产品贸易的其他成员所采用的措施，各成员应同等地接受其他成员的措施。出口成员根据请求应向进口成员提供进行检验、测试，以及执行其他有关程序的合理的机会。

（四）风险评估以及适当的动植物卫生检疫保护水平的确定

各成员应确保其检疫措施是依据适应环境的对于人类、动物或植物的生命或健康的风险评估，并考虑到由有关国际组织制定的风险评估技术。在进行风险评估时，各成员应考虑现有的科学依据；有关的工序和生产方法；有关的检验、抽样和测试方法；某些病害或虫害的流行；病虫害非疫区的存在；有关的生态和环境条件；以及检疫或其他处理方法。

各成员在评估对动物或植物的生命或健康构成的风险，并决定采取措施达到适当的动植物卫生检疫保护水平，以防止这种风险时，应考虑下列相关的经济因素：由于虫害或病害的传入、定居或传播，对生产或销售造成损失的潜在损害；在进口成员领土上控制或根除的病虫害的成本；以及采用其他方法来控制风险的有关实际开支。各成员在决定适当的动植物卫生检疫保护水平时，应考虑将对贸易的不利影响减少到最低程度这一目标。

为了达到运用适当的动植物卫生检疫保护水平的概念，在防止对人类生命或健康，动物和植物的生命或健康构成风险方面取得一致性的目的，每个成员应避免在不同的情况下任意或不合理地实施它所认为适当的不同的保护水平，如果这种差异在国际贸易中产生歧视或变相限制。各成员应根据本协议第 12 条第 1、2 和 3 款中的规定，在委员会中相互合作来制定准则，以推动本条款的实际贯彻。委员会在制定准则时应考虑所有相关因素，包括人们自愿遭受的人身健康风险例外情况。

在不违背第 3 条第 2 款规定的前提下，各成员在制定或维持动植物卫生检疫措施以达到适当的动植物卫生检疫保护水平时，考虑到技术和经济可行性（为第 5 条第 6 款之目的，一种措施不应比所要求的更具贸易限制性，除非有另一种措施，对现有技术和经济的可行性作了合理的考虑，并达到了合理的保护水平，且对贸易的限制性大大减小），应确保这类措施不比要获取适当的动植物卫生检疫保护水平所要求的更具贸易限制性。

当一成员有理由认为另一成员制定或维持的某种动植物卫生检疫措施正在限制，或潜在限制其产品出口，而这种措施不是以有关国际标准、准则或建议为依据，或者这类标准、准则或建议并不存在，则可要求其解释采用这种动植物卫生检疫措施的理由，并应由维持该措施的成员提供解释。

（五）病虫害非疫区和低度流行区适用地区的条件

各成员应确保其检疫措施要适应当地，即产品的产地及发运地的检疫特点，不论这个地区是一个国家的全部或其部分地区，或几个国家的全部或部分地区。评估一个地区的特点时各成员应特别考虑某些病害或虫害的流行程度，现有的根治或控制方案，以及由有关国际组织制定的适当标准或准则。

各成员应依据诸如地理、生态系统、流行病监测，以及动植物卫生检疫效果等因素确定病虫害非疫区和低度流行区。出口成员声明其境内某些地区是病虫害非疫区和低度流行区时，应提供必要的证据。

（六）透　明　度

各成员应通知其动植物卫生检疫措施的改变，并提供其动植物卫生检疫措施的信息。

（七）控制、检验和批准程序

各成员在实施控制、检验和批准程序，包括批准在食品、饮料或饲料中使用添加剂，或确定污染物允许量的国家制度时，应遵守有关规定，并应确保其程序不与本协议规定相抵触。

（八）特殊和差别待遇

各成员在准备和实施动植物卫生检疫措施时，应考虑到发展中国家成员，特别是最不发达国家成员的特殊需要。在适当的动植物卫生检疫保护水平允许留有分阶段采用新的动植物卫生检疫措施的余地时，则应给予发展中国家成员有利害关系的产品较长的适应期，以维持其出口机会。

思　考　题

1. 简述世界动物卫生组织的主要目标和组织机构。
2. 简述国际动物卫生法典的主要内容。
3. 简述国际动物诊断试验与疫苗手册的主要内容。
4. 简述SPS协议的主要内容。

第二篇

我国主要动物卫生法律制度

第六章　动物防疫法律制度

动物健康和动物产品的安全工作需要多个部门协作和配合，需要法律予以保障。近年来，《动物防疫法》等有关法律法规的颁布或修订，提供了这种保障，使我国逐步形成了与国际接轨的动物防疫法律体系。本章主要介绍了动物疫情的控制和扑灭、动物和动物产品检疫、动物诊疗、动物卫生监督、动物防疫的保障等方面的法律制度，并就其中的一些术语、制度施行的必要性及其在具体实施需要注意的一些细节问题等展开了较为详尽的阐述，以更好地保证动物防疫法律的贯彻执行。

第一节　动物防疫法律制度概述

一、动物防疫的概念

《动物防疫法》规定，动物防疫是指动物疫病的预防、控制、扑灭和动物、动物产品的检疫。从这一概念可以看出，动物防疫包括三个方面的内容：一是平时在未发生疫病的情况下，应该采取积极的预防措施，防止疫病的发生；二是一旦发生动物疫病，则应尽快控制疫情，防止疫病扩散蔓延，最终扑灭疫情，尽可能地减少疫病造成的损失；三是为了防止动物和动物产品在进入流通前或在流通过程中传播疫病，对其进行的一切检疫活动。

二、依法防制动物疫病的必要性

动物疫病包括动物传染病和寄生虫病，对养殖业危害非常严重，不仅可造成大批动物死亡和动物性产品的损失，影响人民生活和对外稳定，而且某些人兽共患病还能给人类健康和社会稳定带来严重威胁。尤其是在现代化畜牧业中，动物饲养密度很高，调用交易频繁，疫病风险日益增加。因此，对动物疫病的防控，历来受到世界各国的重视。

动物疫病不仅危害畜牧业的发展和人类健康，而且对社会的方方面面都会产生重要的影响，因此，动物防疫不只是兽医部门的事情，要做好此项工作必须要政府各个部门和社会各个阶层的紧密配合与积极参与。动物防疫是国家行为，必须依法开展动物防疫工作，保证动物防疫的有效性和权威性。

三、我国动物防疫的法制化建设

动物防疫法规是做好动物疫病防控工作的法律依据，发达国家十分重视这类法规的制定和实施。改革开放后，随着社会主义法制化进程的不断深入，我国政府也高度重视动物防疫法律制度的建设，动物防疫工作逐步进入了法制化轨道。1985 年国务院颁布了《家畜家禽防疫条例》，标志着我国依法防控动物疫病的开始。1991 年 10 月 30 日第七届全国人大常委会第22次会议通过了《进出境动植物检疫法》，使我国动物疫病防控工作迈入了国际化进程。1997年7月3日第八届全国人大常委会第26次会议通过了《动物防疫法》，并于1998年1月1日起正式实施，全面推动我国动物防疫工作进入了法制化时代。加入WTO以来，我国先后经历了2003年的“非典”和2004年的高致病性禽流感疫情，国家及时颁布了一大批疫病防治方面的法律法规，包括：2004年8月28日公布、自2004年12月1日起施行的《传染病防治法》和2004年3月24日国务院第45次常务会议通过并予公布、自2004年11月1日起施行的《兽药管理条例》以及2005年12月29日第十届全国人大常委会第19次会议通过、自2006年7月1日起施行的《中华人民共和国畜牧法》(以下简称《畜牧法》)。为了更好地做好动物防疫工作，2007年8月30日全国人大常委会第29次会议通过了新的《动物防疫法》，并于2008年1月1日开始实施。

为贯彻《动物防疫法》，农业部先后出台了《动物检疫管理办法》、《动物防疫条件审核管理办法》、《动物免疫标识管理办法》、《动物疫情报告管理办法》等配套规章和规范性文件。地方有24个省（自治区、直辖市）制定了动物防疫条例或实施办法，有的地方还制定了无规定动物疫病区管理办法、血吸虫病防治条例、狂犬病防治办法等地方性法规。这些法律法规对于加强动物防疫工作，预防、控制和扑灭动物疫病，促进养殖业发展，保护人类健康，发挥了重要的作用。

第二节　动物疫病的预防法律制度

一、动物疫病的分类管理

根据动物疫病对养殖业生产和人体健康的危害程度，《动物防疫法》规定管理的动物疫病分为三类：一类疫病是指对人和动物危害严重、需要采取紧急、严厉的强制预防、控制、扑灭等措施的；二类疫病是指可能造成重大经济损失、需要采取严格控制、扑灭等措施，防止扩散的；三类疫病是指常见多发、可能造成重大经济损失、需要控制和净化的。三类疫病的具体病种名录由国务院兽医主管部门制定并公布。2008年12月11日农业部发布了新修订的《一、二、三类动物疫病病种名录》，其内容如下：

（一）一类动物疫病（17种）

口蹄疫、猪水泡病、猪瘟、非洲猪瘟、高致病性猪蓝耳病、非洲马瘟、牛瘟、牛传染性胸膜肺炎、牛海绵状脑病、痒病、蓝舌病、小反刍兽疫、绵羊痘和山羊痘、高致病性禽流感、新城疫、鲤春病毒血症、白斑综合征。

（二）二类动物疫病（77种）

多种动物共患病（9种）：狂犬病、布鲁氏菌病、炭疽、伪狂犬病、魏氏梭菌病、副结核病、弓形虫病、棘球蚴病、钩端螺旋体病。

牛病（8种）：牛结核病、牛传染性鼻气管炎、牛恶性卡他热、牛白血病、牛出血性败血病、牛梨形虫病（牛焦虫病）、牛锥虫病、日本血吸虫病。

绵羊和山羊病（2种）：山羊关节炎脑炎、梅迪-维斯纳病。

猪病（12 种）：猪繁殖与呼吸综合征（经典猪蓝耳病）、猪乙型脑炎、猪细小病毒病、猪丹毒、猪肺疫、猪链球菌病、猪传染性萎缩性鼻炎、猪支原体肺炎、旋毛虫病、猪囊尾蚴病、猪圆环病毒病、副猪嗜血杆菌病。

马病（5 种）：马传染性贫血、马流行性淋巴管炎、马鼻疽、马巴贝斯虫病、伊氏锥虫病。

禽病（18 种）：鸡传染性喉气管炎、鸡传染性支气管炎、传染性法氏囊病、马立克氏病、产蛋下降综合征、禽白血病、禽痘、鸭瘟、鸭病毒性肝炎、鸭浆膜炎、小鹅瘟、禽霍乱、鸡白痢、禽伤寒、鸡败血支原体感染、鸡球虫病、低致病性禽流感、禽网状内皮组织增殖症。

兔病（4 种）：兔病毒性出血病、兔黏液瘤病、野兔热、兔球虫病。

蜜蜂病（2 种）：美洲幼虫腐臭病、欧洲幼虫腐臭病。

鱼类病（11 种）：草鱼出血病、传染性脾肾坏死病、锦鲤疱疹病毒病、刺激隐核虫病、淡水鱼细菌性败血症、病毒性神经坏死病、流行性造血器官坏死病、斑点叉尾鮰病毒病、传染性造血器官坏死病、病毒性出血性败血症、流行性溃疡综合征。

甲壳类病（6 种）：桃拉综合征、黄头病、罗氏沼虾白尾病、对虾杆状病毒病、传染性皮下和造血器官坏死病、传染性肌肉坏死病。

（三）三类动物疫病（63 种）

多种动物共患病（8 种）：大肠杆菌病、李氏杆菌病、类鼻疽、放线菌病、肝片吸虫病、丝虫病、附红细胞体病、Q 热。

牛病（5 种）：牛流行热、牛病毒性腹泻/黏膜病、牛生殖器弯曲杆菌病、毛滴虫病、牛皮蝇蛆病。

绵羊和山羊病（6 种）：肺腺瘤病、传染性脓疱、羊肠毒血症、干酪性淋巴结炎、绵羊疥癣，绵羊地方性流产。

马病（5 种）：马流行性感冒、马腺疫、马鼻腔肺炎、溃疡性淋巴管炎、马媾疫。

猪病（4 种）：猪传染性胃肠炎、猪流行性感冒、猪副伤寒、猪密螺旋体痢疾。

禽病（4 种）：鸡病毒性关节炎、禽传染性脑脊髓炎、传染性鼻炎、禽结核病。

蚕、蜂病（7 种）：蚕型多角体病、蚕白僵病、蜂螨病、瓦螨病、亮热厉螨病、蜜蜂孢子虫病、白垩病。

犬猫等动物病（7 种）：水貂阿留申病、水貂病毒性肠炎、犬瘟热、犬细小病毒病、犬传染性肝炎、猫泛白细胞减少症、利什曼病。

鱼类病（7 种）：鮰类肠败血症、迟缓爱德华氏菌病、小瓜虫病、黏孢子虫病、三代虫病、指环虫病、链球菌病。

甲壳类病（2 种）：河蟹颤抖病、斑节对虾杆状病毒病。

贝类病（6 种）：鲍脓疱病、鲍立克次体病、鲍病毒性死亡病、包纳米虫病、折光马尔太虫病、奥尔森派琴虫病。

两栖与爬行类病（2 种）：鳖腮腺炎病、蛙脑膜炎败血金黄杆菌病。

二、动物防疫的管理

（一）动物防疫的方针

动物疫病具有传染扩散的特点，一旦蔓延很难扑灭，有的会给人类健康及经济带来灾难性的后果，需要相当长的时间和耗费巨大的人力、物力和财力。因此，对动物疫病首要的是防止其发生与流行。但我国动物饲养以农户为主，生产分散，防疫基础薄弱，疫病种类多，蔓延范围广，严重影响养殖业的发展，而且直接危及人民身体健康，妨碍我国动物产品进入国际市场。因此，国家对动物疫病实行预防为主的方针。

（二）动物防疫工作的组织领导

县级以上人民政府应当加强对动物防疫工作的统一领导，加强基层动物防疫队伍建设，建立健全动物防疫体系，制定并组织实施动物疫病防治规划；乡级人民政府、城市街道办事处应当组织群众协助做好本管辖区域内的动物疫病预防与控制工作。

（三）动物防疫工作的管理机构

国务院兽医主管部门主管全国的动物防疫工作；县级以上地方人民政府兽医主管部门主管本行政区域内的动物防疫工作；县级以上动物卫生监督机构负责动物、动物产品的检疫工作和其他有关动物防疫的监督管理执法工作；县级以上动物疫病预防控制机构承担动物疫病的监测、检测、诊断、流行病学调查、疫情报告以及其他预防、控制等技术工作；军队和武装警察部队动物卫生监督职能部门分别负责军队和武装警察部队现役动物及饲养自用动物的防疫工作。

国家支持和鼓励开展动物疫病的科学研究以及国际合作与交流，推广先进适用的科学研究成果，普及动物防疫科学知识，提高动物疫病防治的科学技术水平。

对在动物防疫工作、动物防疫科学研究中作出成绩和贡献的单位和个人，各级人民政府及有关部门给予奖励。

三、动物疫病的预防

（一）动物疫病预防与控制措施的制定

国务院兽医主管部门对动物疫病状况进行风险评估，根据评估结果制定相应的动物疫病预防、控制措施；根据国内外动物疫情和保护养殖业生产及人体健康的需要，及时制定并公布动物疫病预防、控制技术规范。

（二）动物疫病的强制免疫

国家对严重危害养殖业生产和人体健康的动物疫病实施强制免疫。国务院兽医主管部门确定强制免疫的动物疫病病种和区域，并会同国务院有关部门制定国家动物疫病强制免疫计划。例如，猪、牛、羊等偶蹄动物必须免疫口蹄疫，猪必须免疫猪瘟和高致病性蓝耳病，禽类必须免疫高致病性禽流感。

省、自治区、直辖市人民政府兽医主管部门根据国家动物疫病强制免疫计划，制订本行政区域的强制免疫计划；并可以根据本行政区域内动物疫病流行情况增加实施强制免疫的动物疫病病种和区域，报本级人民政府批准后执行，并报国务院兽医主管部门备案。

县级以上地方人民政府兽医主管部门组织实施动物疫病强制免疫计划。乡级人民政府、城市街道办事处应当组织本管辖区域内饲养动物的单位和个人做好强制免疫工作。

饲养动物的单位和个人应当依法履行动物疫病强制免疫义务，按照兽医主管部门的要求做好强制免疫工作。

经强制免疫的动物，应当按照国务院兽医主管部门的规定建立免疫档案，加施畜禽标识，实施可追溯管理。

（三）动物疫情的监测与预警

县级以上人民政府应当建立健全动物疫情监测网络，加强动物疫情监测。

国务院兽医主管部门应当制订国家动物疫病监测计划。省、自治区、直辖市人民政府兽医主管部门应当根据国家动物疫病监测计划，制订本行政区域的动物疫病监测计划。

动物疫病预防控制机构应当按照国务院兽医主管部门的规定，对动物疫病的发生、流行等情况进行监测；从事动物饲养、屠宰、经营、隔离、运输以及动物产品生产、经营、加工、储藏等活动的单位和个人不得拒绝或者阻碍。

国务院兽医主管部门和省、自治区、直辖市人民政府兽医主管部门应当根据对动物疫病发生、流行趋势的预测，及时发出动物疫情预警。地方各级人民政府接到动物疫情预警后，应当采取相应的预防、控制措施。

从事动物饲养、屠宰、经营、隔离、运输以及动物产品生产、经营、加工、储藏等活动的单位和个人，应当依照本法和国务院兽医主管部门的规定，做好免疫、消毒等动物疫病预防工作。

种用、乳用动物和宠物应当符合国务院兽医主管部门规定的健康标准。种用、乳用动物应当接受动物疫病预防控制机构的定期检测；检测不合格的，应当按照国务院兽医主管部门的规定予以处理。

（四）动物防疫条件

1.《动物防疫法》的规定　《动物防疫法》规定，动物饲养场（养殖小区）和隔离场所，动物屠宰加工场所，以及动物和动物产品无害化处理场所，应当符合下列动物防疫条件：

（1）场所的位置与居民生活区、生活饮用水源地、学校、医院等公共场所的距离符合国务院兽医主管部门规定的标准。

（2）生产区封闭隔离，工程设计和工艺流程符合动物防疫要求。

（3）有相应的污水、污物、病死动物、染疫动物产品的无害化处理设施设备和清洗消毒设施设备。

（4）有为其服务的动物防疫技术人员。

（5）有完善的动物防疫制度。

（6）具备国务院兽医主管部门规定的其他动物防疫条件。

兴办动物饲养场（养殖小区）和隔离场所，动物屠宰加工场所，以及动物和动物产品无害化处理场所，应当向县级以上地方人民政府兽医主管部门提出申请，并附具相关材料。经审查合格的发给动物防疫条件合格证，不合格的应当通知申请人并说明理由。需要办理工商登记的，申请人凭动物防疫条件合格证向工商行政管理部门申请办理登记注册手续。

动物防疫条件合格证应当载明申请人的名称、场（厂）址等事项。

经营动物、动物产品的集贸市场应当具备国务院兽医主管部门规定的动物防疫条件，并接受动物卫生监督机构的监督检查。

2.《畜牧法》的规定 《畜牧法》规定，畜禽养殖场、养殖小区应当具备下列条件：

（1）有与其饲养规模相适应的生产场所和配套的生产设施。

（2）有为其服务的畜牧兽医技术人员。

（3）具备法律、行政法规和国务院畜牧兽医行政主管部门规定的防疫条件。

（4）有对畜禽粪便、废水和其他固体废弃物进行综合利用的沼气池等设施或者其他无害化处理设施。

（5）具备法律、行政法规规定的其他条件。养殖场、养殖小区兴办者应当将养殖场、养殖小区的名称、养殖地址、畜禽品种和养殖规模，向养殖场、养殖小区所在地县级人民政府畜牧兽医行政主管部门备案，取得畜禽标识代码。

省级人民政府根据本行政区域畜牧业发展状况制定畜禽养殖场、养殖小区的规模标准和备案程序。

禁止在下列区域内建设畜禽养殖场、养殖小区：

（1）生活饮用水的水源保护区，风景名胜区，以及自然保护区的核心区和缓冲区。

（2）城镇居民区、文化教育科学研究区等人口集中区域。

（3）法律、法规规定的其他禁养区域。

（五）动物、动物产品交易与运输的防疫要求

1.《动物防疫法》的规定 动物、动物产品的运载工具、垫料、包装物、容器等应当符合国务院兽医主管部门规定的动物防疫要求。

染疫动物及其排泄物、染疫动物产品，病死或者死因不明的动物尸体，运载工具中的动物排泄物以及垫料、包装物、容器等污染物，应当按照国务院兽医主管部门的规定处理，不得随意处置。

2.《畜牧法》的规定 县级以上人民政府应当促进开放统一、竞争有序的畜禽交易市场建设。

县级以上人民政府畜牧兽医行政主管部门和其他有关主管部门应当组织搜集、整理、发布畜禽产销信息，为生产者提供信息服务。

县级以上地方人民政府根据农产品批发市场发展规划，对在畜禽集散地建立畜禽批

发市场给予扶持。

畜禽批发市场选址，应当符合法律、行政法规和国务院兽医主管部门规定的动物防疫条件，并距离种畜禽场和大型畜禽养殖场3千米以外。

进行交易的畜禽必须符合国家技术规范的强制性要求。

国务院畜牧兽医行政主管部门规定应当加施标识而没有标识的畜禽，不得销售和收购。

运输畜禽，必须符合法律、行政法规和国务院兽医主管部门规定的动物防疫条件，采取措施保护畜禽安全，并为运输的畜禽提供必要的空间和饲喂饮水条件。

有关部门对运输中的畜禽进行检查，应当有法律、行政法规的依据。

（六）生物安全要求

采集、保存、运输动物病料或者病原微生物以及从事病原微生物研究、教学、检测、诊断等活动，应当遵守国家有关病原微生物实验室管理的规定

（七）患有人畜共患传染病的人员不得直接从事动物诊疗以及易感染动物的饲养、屠宰、经营、隔离、运输等活动

人畜共患传染病名录由国务院兽医主管部门会同卫生主管部门制定并公布。2009年1月9日农业部会同卫生部发布了《人畜共患传染病名录》（农业部公告第1149号）。包括牛海绵状脑病、高致病性禽流感、狂犬病、炭疽、布鲁氏菌病、弓形虫病、棘球蚴病、钩端螺旋体病、沙门氏菌病、牛结核病、日本血吸虫病、猪乙型脑炎、猪Ⅱ型链球菌病、旋毛虫病、猪囊尾蚴病、马鼻疽、野兔热、大肠杆菌病（O157∶H7）、李氏杆菌病、类鼻疽、放线菌病、肝片吸虫病、丝虫病、Q热、禽结核病、利什曼病。

（八）国家对动物疫病实行区域化管理，逐步建立无规定动物疫病区

无规定动物疫病区，是指具有天然屏障或者采取人工措施，在一定期限内没有发生规定的一种或者几种动物疫病，并经验收合格的区域。无规定动物疫病区应当符合国务院兽医主管部门规定的标准，经国务院兽医主管部门验收合格予以公布。国家无规定动物疫病区基本条件如下：

1. 区域要求

（1）区域规模：无规定疫病区的区域应集中连片，有足够的缓冲区或监测区，具备一定的自然或人工屏障的区域。

（2）社会经济条件：无规定疫病区必须是动物饲养相对集中；无规定疫病区的建设必须在当地政府领导下，有关部门积极参与，并得到社会各界的广泛支持；社会经济水平和政府财政具有承担无规定疫病区建设的能力，承受短期的、局部的不利影响，并在维持方面提供经费等保障；无规定疫病区的建立能带来显著的经济和社会生态效益。

（3）动物防疫屏障：无规定疫病区与相邻地区间必须有自然屏障和人工屏障。

（4）非免疫无规定疫病区外必须建立监测区，免疫无规定疫病区外必须建立缓冲区。

（5）免疫无规定疫病区必须实行免疫标识制度、实施有计划的疫病监控措施和网络

物疫情扩散。其他单位和个人发现动物染疫或者疑似染疫的，应当及时报告。接到动物疫情报告的单位，应当及时采取必要的控制处理措施，并按照国家规定的程序上报。

动物疫情由县级以上人民政府兽医主管部门认定；其中重大动物疫情由省、自治区、直辖市人民政府兽医主管部门认定，必要时报国务院兽医主管部门认定。

国务院兽医主管部门应当及时向国务院有关部门和军队有关部门以及省、自治区、直辖市人民政府兽医主管部门通报重大动物疫情的发生和处理情况；发生人畜共患传染病的，县级以上人民政府兽医主管部门与同级卫生主管部门应当及时相互通报。

国务院兽医主管部门应当依照我国缔结或者参加的条约、协定，及时向有关国际组织或者贸易方通报重大动物疫情的发生和处理情况。

国务院兽医主管部门负责向社会及时公布全国动物疫情，也可以根据需要授权省、自治区、直辖市人民政府兽医主管部门公布本行政区域内的动物疫情。其他单位和个人不得发布动物疫情。

任何单位和个人不得瞒报、谎报、迟报、漏报动物疫情，不得授意他人瞒报、谎报、迟报动物疫情，不得阻碍他人报告动物疫情。

第四节　动物疫情的控制和扑灭法律制度

《动物防疫法》对发生一类、二类、三类动物疫病，以及二类、三类动物疫情呈暴发性流行和发生重大动物疫情时应当采取的控制、扑灭措施作出了明确规定。

一、发生一类动物疫病时的处理

（1）当地县级以上地方人民政府兽医主管部门应当立即派人到现场，划定疫点、疫区、受威胁区，调查疫源，及时报请本级人民政府对疫区实行封锁。疫区范围涉及两个以上行政区域的，由有关行政区域共同的上一级人民政府对疫区实行封锁，或者由各有关行政区域的上一级人民政府共同对疫区实行封锁。必要时，上级人民政府可以责成下级人民政府对疫区实行封锁。

划定疫点、疫区和受威胁区的范围，应当按照不同动物疫病病种及其流行特点、危害程度和实现动物疫病有效控制、扑灭为目的来划定。

调查疫源是指当地县级以上地方人民政府兽医主管部门派人到疫点实地调查所发生疫病的传染来源、传播方式以及传播途径。

封锁是严厉的行政强制性措施，是切断传播途径的重要技术手段。封锁期间，禁止染疫、疑似染疫和易感染的动物、动物产品流出疫区，禁止非疫区的易感染动物进入疫区，并根据扑灭动物疫病的需要对出入疫区的人员、运输工具及有关物品采取消毒和其他限制性措施。封锁令由人民政府作出。

（2）县级以上地方人民政府应当立即组织有关部门和单位采取封锁、隔离、扑杀、销毁、消毒、无害化处理、紧急免疫接种等强制性措施，迅速扑灭疫病。

发生一类动物疫病时的隔离是指疫区内未被扑杀的易感染动物，对疫区封锁的在疫区解除封锁前，在该疫病一个潜伏期观察期满前，禁止移动，禁止与疫区外动物接触的一项强制性措施。

扑杀是指采取注射、窒息等方法人为致死动物。销毁是指对病死的动物、扑杀的动物及其动物产品、垫料等予以深埋或者焚烧，消灭或杀灭其中的病原体。消毒是指用物理、化学、生物的方法杀灭或消除染疫动物及环境中的病原体。这里的无害化处理仅指对动物排泄物，垫料、包装物、容器、污水等污染物品的发酵生物学和阳光照射等物理性无害化处理，不包括对病死动物、扑杀的动物的深埋销毁及其他物品的焚烧销毁等。

紧急免疫接种是相对平时的免疫预防而言的，是指发生一类动物疫病时进行的免疫接种。紧急免疫接种的对象是疫区内未被扑杀的易感动物和受威胁区内的易感动物。

其他强制性措施主要有关闭疫区内及一定范围的所有动物及其产品交易市场等。

二、发生二类动物疫病时的处理

（1）当地县级以上地方人民政府兽医主管部门应当划定疫点、疫区、受威胁区。

（2）县级以上地方人民政府根据需要组织有关部门和单位采取隔离、扑杀、销毁、消毒、无害化处理、紧急免疫接种、限制易感染的动物和动物产品及有关物品出入等控制、扑灭措施。

农业部规定对患病动物进行扑杀的，当地县级以上人民政府必须决定扑杀。一般情况下对同群动物，通常不采取扑杀措施。发生二类动物疫病时，不采取封锁疫区的措施，但呈暴发性流行时除外。

发生二类动物疫病时，隔离措施十分重要。此处的隔离，是将未被扑杀的染疫动物、疑似染疫动物及其同群动物与其他动物间隔开，在相对独立的封闭场所进行饲养，并按照农业部规定的防治技术规范进行接种和治疗，杜绝疫病继续扩散。

三、发生三类动物疫病时的处理

发生三类动物疫病时，当地县级、乡级人民政府应当按照国务院兽医主管部门的规定组织防治和净化。防控措施主要是针对疫点进行。通常首先是隔离，做到患病动物与健康动物间隔开；其次，禁止该疫点动物及其产品出售；最后，采取消毒、药物治疗、免疫等措施。其防治对策一般采用防治和净化的方法加以控制。

四、二、三类动物疫病呈暴发性流行时的处理

动物疫病呈暴发性流行，是指该动物疫病在较短时间内、在一定区域范围流行或者使较多动物患病或死亡。动物疫病呈暴发流行时，如不采取严厉措施加以控制扑灭，将迅速扩大、蔓延，对养殖业生产和人体健康就会造成或者可能造成重大损失和危害。二、三类动物疫病如果呈暴发流行时，要予以高度重视，必须采取严厉措施。因此，《动物防疫法》规定二、三类动物疫病呈暴发性流行时，按照一类动物疫病处理。

五、疫点、疫区、受威胁区的撤销和疫区封锁的解除

疫点、疫区、受威胁区的撤销和疫区封锁的解除，按照国务院兽医主管部门规定的标准和程序评估后，由原决定机关决定并宣布。

当封锁期结束或一个以上潜伏观察期结束，未再发现该动物疫病新病例时，划定疫点、疫区和受威胁区的兽医主管部门应当按照农业部规定的标准和程序对动物疫情的控制情况进行评估，评估后认为已达到农业部规定的控制或扑灭标准，宣布撤销疫点、疫区和受威胁区。如果疫区封锁的，同时报请本级人民政府解除疫区封锁，发布疫区封锁令的人民政府决定解除疫区封锁的，还应当向社会宣布。

六、动物卫生监督检查站的设立和任务

为控制、扑灭动物疫病，动物卫生监督机构应当派人在当地依法设立的现有检查站执行监督检查任务；必要时，经省、自治区、直辖市人民政府批准，可以设立临时性的动物卫生监督检查站，执行监督检查任务。

除在疫区周围设立动物卫生监督检查站外，为了控制、扑灭动物疫病，在公路要道、港口码头、机场、火车站等设立检查站也是必要的。动物卫生监督检查站的任务：查验检疫证明、检疫标志、畜禽标识；验物，即动物、动物产品与检疫证明的记载是否一致；对运输的动物、动物产品进行监督性抽查；发现动物疫情，按有关规定报告并采取相应处理措施；依法处罚违法行为人，依法处理有关动物和动物产品；对动物、动物产品的运载工具实施消毒；对监督检查情况进行登记。

七、发生人畜共患传染病时的处理

发生人畜共患传染病时，卫生主管部门应当组织对疫区易感染的人群进行监测，并采取相应的预防、控制措施。

八、疫区内的动物卫生行为准则

疫区内有关单位和个人，应当遵守县级以上人民政府及其兽医主管部门依法作出的有关控制、扑灭动物疫病的规定。任何单位和个人不得藏匿、转移、盗掘已被依法隔离、封存、处理的动物和动物产品。

藏匿、转移已被依法隔离、封存的动物和动物产品，甚至盗掘已被深埋的病死和扑杀的畜禽，会造成前期动物疫病控制、扑灭措施前功尽弃，动物疫病得不到真正控制和扑灭，属严重的违法行为。

九、运输部门需积极配合控制疫病

发生动物疫情时，航空、铁路、公路、水路等运输部门应当优先组织运送控制、扑灭疫病的人员和有关物资。“优先”即疫情发生时，运输部门要保证交通工具的优先安排、优先调度、优先放行，确保运输安全畅通，确保处理动物疫情的人员和物资能够及时、安全送达。

十、重大动物疫情的应急处理

一、二、三类动物疫病突然发生，迅速传播，给养殖业生产安全造成严重威胁、危害，以及可能对公众身体健康与生命安全造成危害，构成重大动物疫情的，依照法律和

国务院的规定采取应急处理措施。这里的“法律”既包括《动物防疫法》，也包括国家有关公共安全和突发事件应急等方面的法律，如《突发事件应对法》；“国务院的规定”既包括《重大动物疫情应急条例》，也包括《国家突发公共事件总体应急预案》、《国家突发重大动物疫情应急预案》等。在防控重大动物疫情时，要将《动物防疫法》和其他有关法律及国务院的有关规定结合起来执行。

第五节　动物和动物产品的检疫法律制度

动物、动物产品检疫是指为了防止动物疫病传播，保护养殖业生产和人体健康，维护公共卫生安全，由法定的机构采用法定的检疫程序和方法，依照法定的检疫对象和检疫标准，对动物、动物产品进行疫病检查、定性和处理。《动物防疫法》对实施动物和动物产品检疫主体、检疫程序、野生动物检疫和跨省引进种用乳用动物检疫，以及经检疫不合格的动物、动物产品的处理等作出了明确规定。

一、动物和动物产品检疫主体

动物卫生监督机构依照《动物防疫法》和国务院兽医主管部门的规定对动物、动物产品实施检疫，是实施动物、动物产品检疫的执法主体。进出境动物、动物产品的检疫，适用《进出境动植物检疫法》。检疫是政府行为，有国家强制力为后盾，逃避检疫将承担相应的法律责任。动物卫生监督机构对动物、动物产品依法实施检疫，是代表国家的行政执法行为，这也是国际惯例。动物卫生监督机构的官方兽医具体实施动物、动物产品检疫。官方兽医应当具备规定的资格条件，取得国务院兽医主管部门颁发的资格证书，具体办法由国务院兽医主管部门会同国务院人事行政部门制定。

二、检疫程序

屠宰、出售或者运输动物以及出售或者运输动物产品前，货主应当按照国务院兽医主管部门的规定向当地动物卫生监督机构申报检疫。2010 年农业部发布的《动物检疫管理办法》第 8～10 条规定：出售、运输动物产品和供屠宰、继续饲养的动物，应当提前 3 天申报检疫；出售、运输乳用动物、种用动物及其精液、卵、胚胎、种蛋，以及参加展览、演出和比赛的动物，应当提前 15 天申报检疫；向无规定动物疫病区输入相关易感动物、易感动物产品的，货主除按规定向输出地动物卫生监督机构申报检疫外，还应当在起运 3 天前向输入地省级动物卫生监督机构申报检疫；合法捕获野生动物的，应当在捕获后 3 天内向捕获地动物卫生监督机构申报检疫；屠宰动物的，应当提前 6 小时向所在地动物卫生监督机构申报检疫；急宰动物的，可以随时申报。

动物卫生监督机构受理检疫申报后，应当及时指派官方兽医对动物、动物产品实施现场检疫；检疫合格的，出具检疫证明、加施检疫标志。实施现场检疫的官方兽医应当在检疫证明、检疫标志上签字或者盖章，并对检疫结论负责。这是法律对动物卫生监督机构和官方兽医赋予的职责，如果动物卫生监督机构在受理申报后不及时指派官方兽医对动物、动物产品实施现场检疫，或者官方兽医不实施现场检疫，或者对检疫不合格的动物、动物产品出具检疫证明、加施检疫标志，或者对经检疫合格的动物、动物产品拒不出具检疫证明、加施检疫标志均属违法行为，要承担相应的法律责任。

需要说明的是，为了防止疫病传播，保证检疫质量，申报必须是“之前”，即动物在出栏或者屠宰之前，动物产品在离开产地之前。如果未申报检疫屠宰、出售或者运输动物以及出售或者运输动物产品的，则构成违法行为，要承担相应的法律责任，动物卫生监督机构按未经检疫的情况进行处理。

三、流通过程中检疫证明、检疫标志的管理和监督

屠宰、经营、运输以及参加展览、演出和比赛的动物，应当附有检疫证明，即检疫证明是屠宰、经营、运输以及参加展览、演出和比赛的动物经检疫合格的唯一法律凭证，凡没有检疫证明的动物，不得屠宰、经营、运输以及参加展览、演出和比赛。经营和运输的动物产品，应当附有检疫证明、检疫标志，也即检疫证明、检疫标志是经营和运输的动物产品经检疫合格的法律凭证，凡没有检疫证明、检疫标志的动物产品不得经营和运输。

对前款规定的动物、动物产品，动物卫生监督机构可以查验检疫证明、检疫标志，进行监督抽查，但不得重复检疫收费。

四、运输动物、动物产品的管理

检疫证明是动物和动物产品检疫合格的法律凭证，经铁路、公路、水路、航空运输动物和动物产品的，托运人托运时应当提供检疫证明；没有检疫证明的，承运人不得承运，否则将承担相应的法律责任。

运载工具在装载前和卸载后应当及时清洗、消毒。运载工具有可能携带一些对动物和人体有害的致病微生物或其他有毒有害物质，如果这些有害的致病微生物或其他有毒有害物质不及时清洗、消毒，有可能造成疫病的传播，危害动物和人体健康。这里对运载工具清洗和消毒的实施主体是承运人，而不是动物卫生监督机构。承运人是否履行了这一义务，应当接受动物卫生监督机构的监督。如果承运人不履行这种义务，将要承担相应的法律责任。根据《动物防疫法》第 73 条规定，由动物卫生监督机构责令改正，给予警告；拒不改正的，由动物卫生监督机构代作处理，所需处理费用由违法行为人承担，可以处 1000 元以下罚款。

五、动物、动物产品输入无规定动物疫病区的管理

输入到无规定动物疫病区的相关易感动物、动物产品，货主除附有输出地动物卫生监督机构出具的动物检疫合格证明外，还应当向输入地省、自治区、直辖市动物卫生监督机构申报检疫。经检疫合格的，方可进入；检疫所需费用纳入无规定动物疫病区所在地地方人民政府财政预算。

（一）国家对动物疫病实行区域化管理和风险管理制度

OIE《陆生动物卫生法典》将无规定动物疫病区表述为：在某一特定区域内，某种特定动物疫病达到了消灭标准。根据达到这种标准是否采用了免疫接种措施，可分为

“非免疫无（规定动物）疫病区”和“免疫无（规定动物）疫病区”。我国的无规定动物疫病区，除没有特定的动物疫病发生外，还具有以下特点：一是地区界限应由有效的天然屏障或法律边界清楚划定；二是区域内要具有完善的动物疫病控制体系、动物卫生监督体系、动物疫情监测报告体系、动物防疫屏障体系以及保证这些体系正常运转的制度、技术和资金支持；三是无疫病必须要有令人信服、严密有效的疫病监测证据支持，并通过国务院兽医主管部门组织的评估，由国务院兽医主管部门公布；四是除非实施严格的检疫，无规定动物疫病区不能从非无规定动物疫病区引入动物及其产品。

（二）国家对输入到无规定动物疫病区的动物、动物产品，采取更为严格的检疫措施

无规定动物疫病区的动物疫病风险低于非无规定动物疫病区的风险，从风险高的区域向风险低的区域流动，要实行严格的检疫措施，这符合国际惯例。因此，输入到无规定动物疫病区的动物、动物产品，货主应当按照国务院兽医主管部门的规定申报检疫，经检疫合格的方可进入，即货主除按规定对输入的动物、动物产品向输出地动物卫生监督机构申报检疫并取得检疫证明外，在到达输入地、进入无规定动物疫病区缓冲区前，还应当按照向输入地省、自治区、直辖市动物卫生监督机构申报检疫，经检疫合格的方可进入。这就为输入到无规定动物疫病区的动物、动物产品的货主设定了义务，如果货主不按照国务院兽医主管部门的规定申报检疫，或经检疫不合格而进入无规定动物疫病区，就属违法行为，要承担相应的法律责任。

（三）无规定动物疫病区所在地地方人民政府要承担输入动物、动物产品重新检疫所需费用

动物、动物产品输入到无规定动物疫病区检疫所需费用纳入无规定动物疫病区所在地地方人民政府财政预算，由政府财政予以保障。这就意味着无规定动物疫病区在为了减少动物疫病的传入风险，享有对非无规定疫病区输入的动物、动物产品进行严格检疫权力的同时，要承担将该检疫费列入财政预算的义务，如果无规定动物疫病区所在地地方人民政府没有将该检疫费列入财政预算就属于违法行为，就要承担法责任。

六、跨省引进乳用动物、种用动物的管理

（1）跨省、自治区、直辖市引进乳用动物、种用动物及其精液、胚胎、种蛋的审批。加强乳用动物和种用动物及其产品的检疫管理是保护人体健康和动物疫病防治中不可缺少的环节。国家对跨省、自治区、直辖市输入乳用动物、种用动物及其精液、胚胎、种蛋采取较为严格的检疫措施。未经引进地省、自治区、直辖市动物卫生监督机构经审批，不得将乳用动物、种用动物及其精液、胚胎、种蛋引进，货主应当凭检疫审批手续到输出地县级动物卫生监督机构申报检疫。需要说明的是，这里的审批主体是输入地的省、自治区、直辖市动物卫生监督机构。

（2）跨省、自治区、直辖市引进乳用动物、种用动物的，取得输入地省级动物卫生监督机构审批后，还应当经输出地县级动物卫生监督机构检疫合格。

县级以上地方人民政府设立的动物卫生监督机构负责执业兽医的监督执法工作。

（二）执业兽医管理的基本原则

（1）坚持高起点的原则。虽然我国执业兽医的管理工作起步较晚，但从目前兽医从业队伍的实际状况出发，设置适当门槛，通过考试允许具备相当专业知识、具有实际操作技能，熟悉兽医相关法律知识的人员，从事兽医相关活动，有利于改善兽医队伍结构，提高人员素质。

（2）逐步与国际接轨的原则。国外发达国家很早就对兽医从业进行立法管理，普遍实行兽医资格考试和注册管理制度。借鉴发达国家先进经验，对从业兽医实施依法管理，是适应我国动物卫生工作与国际接轨的需要。

（3）借鉴国内相关法律法规的原则。近年来我国先后颁布或修改了《中华人民共和国动物防疫法》、《执业兽医管理办法》、《中华人民共和国注册会计师法》、《中华人民共和国律师法》和《中华人民共和国执业医师法》等多部法律和管理法规，根据《中华人民共和国动物防疫法》的基本要求，并借鉴其他行业的相关规定，合理确定兽医从业的管理方式，能有效地提高管理工作的可行性和可操作性。

（三）执业兽医资格考试

国家实行执业兽医资格考试制度，即指拟从业人员通过参加统一的考试获得从业资格的一种准入制度。执业兽医考试分为兽医全科类和水生动物类两类，由农业部统一组织，执业兽医师资格考试和执业助理兽医师资格考试参加同一大纲、同一试卷、同一评分标准，但分别划定合格分数线的考试。

1. 参加执业兽医资格考试的人员条件

（1）具有兽医、畜牧兽医、中兽医（民族兽医）或者水产养殖专业大学专科以上学历的人员，可以参加执业兽医资格考试。

（2）但不具有大学专科以上学历，在 2009 年 1 月前，已取得兽医师以上专业技术职称的人员，经县级以上地方人民政府兽医主管部门考核合格的，也可以参加执业兽医资格考试。

2. 执业兽医资格考试内容　执业兽医资格考试内容包括兽医综合知识和临床技能两部分，兽医综合知识考试为理论考试，分为基础科目、预防科目、临床科目和综合应用科目四科。临床技能为实际操作技能测试。

3. 颁证　根据考试成绩由农业部统一划定执业兽医师和执业助理兽医师的合格标准，符合执业兽医师标准的颁发执业兽医师资格证书，符合执业助理兽医师资格标准的颁发执业助理兽医师资格证书。

（四）执业兽医的注册和备案

实行执业兽医的注册和备案制度是指获得执业兽医师资格证书的人员欲从事动物诊疗活动，或取得执业助理兽医师资格证书的人员欲从事动物诊疗辅助活动的，向拟就业的执业单位所在地县级以上地方人民政府兽医主管部门提出执业申请，经主管部门同意，给予（执业兽医师）注册或（执业助理兽医师）备案的一种管理制度。

（1）申请兽医执业注册或备案，应向注册或备案机关提交相关材料：①注册申请表或者备案表；②执业兽医资格证书及其复印件；③医疗机构出具的6个月内的健康体检证明；④身份证原件及其复印件；⑤动物诊疗机构聘用证明及其复印件；申请人是动物诊疗机构法定代表人（负责人）的，提供动物诊疗许可证复印件。

（2）执业证书的发放。注册机关收到执业兽医师注册申请后，应当在20个工作日内完成对申请材料的审核。经审核合格的，发给兽医师执业证书；不合格的，书面通知申请人，并说明理由。

注册机关收到执业助理兽医师备案材料后，应当及时对备案材料进行审查，材料齐全、真实的，应当发给助理兽医师执业证书。

对以下三种情形之一的，不予发放兽医师执业证书或者助理兽医师执业证书：①不具有完全民事行为能力的；②被吊销兽医师执业证书或者助理兽医师执业证书不满2年的；③患有国家规定不得从事动物诊疗活动的人畜共患传染病的。

兽医师执业证书和助理兽医师执业证书应当载明姓名、执业范围、受聘动物诊疗机构名称等事项。

兽医师执业证书和助理兽医师执业证书的格式由农业部统一规定。

（3）执业证书的管理。①执业兽医变更受聘的动物诊疗机构的，应当按照《执业兽医管理办法》的规定重新办理注册或者备案手续。②县级以上地方人民政府兽医主管部门应当将注册和备案的执业兽医名单逐级汇总报农业部。

（五）执业活动管理

执业兽医应当具备良好的职业道德，按照有关动物防疫、动物诊疗和兽药管理等法律、行政法规和技术规范的要求，依法执业。应当定期参加兽医专业知识和相关政策法规教育培训，不断提高业务素质。执业兽医依法履行职责，其权益受法律保护。国家鼓励成立兽医行业协会，实行行业自律，规范从业行为，提高服务水平。

1. 执业兽医享有的权利　执业兽医师可以从事动物疾病的预防、诊断、治疗和开具处方、填写诊断书、出具有关证明文件等活动；执业助理兽医师在执业兽医师指导下协助开展兽医执业活动，但不得开具处方、填写诊断书、出具有关证明文件。

2. 执业兽医应遵循的执业活动规范

（1）执业兽医不得同时在两个或者两个以上动物诊疗机构执业，但动物诊疗机构间的会诊、支援、应邀出诊、急救除外。变更受聘的动物诊疗机构应重新办理注册或备案。

（2）执业兽医师应当使用规范的处方笺、病历册，并在处方笺、病历册上签名。未经亲自诊断、治疗，不得开具处方药、填写诊断书、出具有关证明文件；不得伪造诊断结果，出具虚假证明文件。

（3）执业兽医在动物诊疗活动中发现动物染疫或者疑似染疫的，应当按照国家规定立即向当地兽医主管部门、动物卫生监督机构或者动物疫病预防控制机构报告，并采取隔离等控制措施，防止动物疫情扩散。

（4）执业兽医在动物诊疗活动中发现动物患有或者疑似患有国家规定应当扑杀的疫病时，不得擅自进行治疗。

优先确定乡村兽医作为村级动物防疫员。

5. 乡村兽医应当履行的义务　发生突发性动物疫情时，乡村兽医应当参加当地人民政府或者有关部门组织的预防、控制和扑灭工作，不得拒绝和阻碍。

四、兽医医疗事故的处理与鉴定

（一）兽医医疗事故的界定及处置方式

（1）兽医医疗事故。兽医医疗事故是指动物诊疗机构及其兽医从业人员在医疗活动中，因出现违反有关操作规程和技术规范等过失行为，造成动物出现死亡或损害的事故。因不可预料和无法防范的因素以及因不可抗力造成的不良后果，不能视为兽医医疗事故。

（2）兽医医疗事故的处置方式。当兽医从业人员在动物诊疗活动中发生或疑似发生兽医医疗事故时，当事双方应及时向事发所在地兽医主管部门报告。病历、处方等相关资料诊疗机构应当保留完好，畜主有权复印保存有关资料。疑似输液、注射、药物等引起的不良后果的，医患双方应当对现场实物进行保留、封存，接受检验机构的检验。患病动物发生死亡，当事双方对死因有异议的，应当在动物死亡后的48小时内请求检验机构进行尸检；不能进行尸检的可以先行对尸体做冻存处理，并在一周内进行尸体检验。

（二）兽医医疗事故的鉴定

（1）兽医医疗事故鉴定机构。兽医医疗事故的技术鉴定工作，一般由各级兽医主管部门所属的动物卫生监督机构承担，也可以由当地兽医主管部门指定的机构承担。医疗事故的鉴定是一项专业技术要求高、体现客观公正的工作，一般由各级兽医主管部门组织成立5名以上兽医权威专家组成的专家组，具体负责兽医医疗事故的技术鉴定。

（2）技术鉴定机构的职责。包括：受理本辖区内兽医医疗事故的技术鉴定工作；搜集、掌握与医疗事故有关的资料、材料和证据；组织有关人员完成与技术鉴定有关的检查、检验、化验、分析等工作；组织专家组对医疗事故进行技术鉴定；以技术鉴定机构的名义作出技术鉴定结论，出具技术鉴定书。

（3）技术鉴定应遵循的原则。兽医医疗事故的技术鉴定工作涉及当事双方的责任和权益，因此，技术鉴定工作应本着公开、公平、公正、严谨、科学的原则，坚持以事实为依据，技术鉴定结论必须做到事实清楚、证据确凿、定性准确、责任明确。

第七节　动物卫生监督管理法律制度

一、动物卫生监督的概念和作用

（一）概念和作用

动物卫生监督是指动物卫生监督机构对动物饲养、屠宰、经营、隔离、运输以及动物产品生产、经营、加工、储藏、运输等活动中的动物防疫实施监督管理。通过对动物、动物产品的卫生质量进行监督、检查，制止、纠正和处理违法的行为，促使管理相对人依法履行义务，保证动物防疫工作正常秩序。

动物卫生监督是保障国家动物防疫法律、法规，以及规章顺利实行的重要手段，一是通过依法监督，实现《动物防疫法》的立法宗旨，即预防、控制和扑灭动物疫病，促进养殖业健康发展，保护人类健康；二是通过依法监督，督促经营者履行法律义务，对违法者予以必要的行政处罚，以及依法追究违法者的法律责任；三是通过依法监督，保护守法者的合法权益；四是通过依法监督，维护国家动物防疫秩序和经济秩序。

（二）执法主体

《动物防疫法》第 8 条规定，县级以上地方人民政府设立的动物卫生监督机构，负责动物、动物产品的检疫工作和其他有关动物防疫的监督管理执法工作。因此，动物卫生监督机构是由法律授权，依法设立的执法主体。此外，针对过去我国行使动物防疫监督机构职能单位的名称不统一、多头执法造成的执法主体混乱的现象，《动物防疫法》明确统一为动物卫生监督机构，由县级以上人民政府设立。

二、动物卫生监督的对象和内容

（一）动物卫生监督的对象

动物卫生监督的对象即管理相对人，系指从事动物饲养、经营及动物产品生产、经营活动，以及其他与动物防疫活动有关的公民、法人和其他组织。管理相对人的活动必须依照动物防疫法律法规规定进行，并接受动物卫生监督机构的监督检查。

（二）动物卫生监督的内容

动物卫生监督的内容包括行为监督和技术监督两类。

（1）行为监督。行为监督主要是监督管理相对人的行为是否合法。对管理相对人生产、经营、履行义务等活动是否符合动物防疫法律法规的规定实施监督、检查，并对违法行为依法采取制止、纠正、处理、处罚等措施。

（2）技术监督。技术监督主要是监督管理相对人饲养、生产、经营的条件、设施、环境、工艺、流程、仪器设备、人员素质等，以及动物、动物产品是否符合动物防疫标准和要求，并实施监测和监督检查。

三、动物卫生监督的方式和方法

（一）动物卫生监督的方式

动物卫生监督方式是指动物卫生行政主体行使监督职权时，所采取的方法与形式。主要方式包括索证验证、技术监督监测、常规监督管理、流通环节的监督管理，以及对下级动物卫生监督机关的监督等。

1. 索证验证　索证验证是指动物卫生监督主体依法检查管理相对人是否持有规

定的动物防疫证、章、标志，以及所持证、章、标志是否合法的行政活动。动物卫生监督管理绝大部分属于要式行政行为。也就是说，这种行为的结果必须以法定的形式来表达。如检疫合格后，出具检疫证明，加盖验讫印章。此外，诸如出具免疫证、消毒证、动物卫生合格证等，均属要式行为。凡持有上述证件者，则表明持有人已依法履行了义务，可享有相应的权利。证照体现了管理相对人行为是否合法，动物、动物产品及有关物品是否合乎法定标准及条件要求的重要标志。因此，索证验证是动物卫生监督管理中的重要方式之一。其作用包括：①保障防疫证照管理秩序，使动物防疫证照在设置、格式、制作、领发等各方面均纳入统一管理的范畴；②维护管理相对人的合法权利，促使其履行义务，保障管理秩序的正常运转；③动物防疫证照是动物卫生监督对象的行为和质量符合动物卫生行政法规定的标准和要求的标志。动物卫生监督机构在监督过程中发现管理相对人如无证或所持证件不符合规定时，可以作为扣押其证照或给予相应处罚的依据。

2. 技术监督监测　技术监督主要是检查管理相对人生产、经营的产品是否合乎动物防疫标准、有关场所设施等是否符合动物防疫条件要求。只进行索证验证方面的监督往往达不到对被检对象（动物或动物产品）全面、深入的了解。因为今天合乎标准要求的事物，由于主观或客观方面的影响因素，导致一段时间后可能变得不符合动物防疫标准要求。如将不合格的动物产品掺入检验合格的动物产品中混合出售，或者经检验合格的动物在运输途中被感染发病。所以动物卫生行政监督主体不仅要通过索证验证检查管理相对人的行为是否合法，同时要对物品、环境等方面是否符合动物防疫标准要求进行必要的技术检验、监测、考核。其主要内容包括：①动物、动物产品及其包装、运载工具等是否符合动物防疫标准；②工程建设、布局是否符合动物防疫要求；③仪器、设备是否达到规定的数量、型号、指标等；④人员素质是否达到规定要求；⑤生产、经营、检验操作是否符合规范要求和程序；⑥与动物防疫相关的其他方面是否符合动物防疫要求。

3. 常规监督管理　常规监督管理是指监督主体对各有关环节单位和个人以及集体消费单位对执行动物防疫法的情况，依法进行监督检查和行政管理的活动。对厂（场、所）的监督管理对象的重点是生产、加工、经营动物、动物产品的卫生质量和影响卫生质量的环境场所。主要内容为：①动物饲养场（养殖小区）和隔离场所、动物屠宰加工场所、以及动物和动物产品无害化处理场所厂（场）的规划布局和建筑设施必须符合动物防疫要求。场所的位置与居民生活区、生活饮用水源地、学校、医院等公共场所的距离符合国务院兽医主管部门规定的标准；有相应的污水、污物、病死动物、染疫动物产品的无害化处理设施设备和清洗消毒设施设备。②生产现场布局设施必须符合动物防疫要求。生产区封闭隔离，工程设计和工艺流程符合动物防疫要求。③屠宰加工过程必须符合动物防疫要求。

4. 流通环节的监督管理　流通环节的监督管理是指动物卫生监督机构对进入流通环节的动物、动物产品及生产经营者在流通环节的活动，所进行的监督检查与管理。主要包括以下几个方面：

（1）市场监督管理。实施市场动物防疫监督管理是确保人民身体健康、防止疫病传播、保障畜牧业发展的重要措施之一。市场监督管理内容主要有：一是是否凭证入市。包括活体动物的检疫证明、免疫耳标，动物产品的检疫证明及消毒证明、验讫印章或检疫标志。二是检验证明是否符合规定，即畜主或货主所持各种动物防疫证明必须证物相符，且证明的内容项目填写规范符合要求。三是动物或动物产品是否健康。如畜主或货主所持证件符合要求，但动物或动物产品经检验发现异常，须先行检疫、检验，认为合格的才能进行交易，不合格的进行无害化处理。

（2）运输监督管理。对动物及其动物产品实行运输监督管理，是防止动物疫病远距离传播，促进产地检疫正常进行的行政措施。运输监督管理是动物卫生行政管理的重要内容之一，动物卫生监督机构依照动物防疫法的规定，可在车站、港口、机场、道路检查站派驻机构和人员，执行监督管理任务。具体要求：一是验证。检查管理相对人是否履行了动物防疫法的义务。二是查物。查是否证物相符；查动物或动物产品是否符合动物防疫要求，根据情况决定抽检、补检、重检、消毒和出证。三是处理。查出问题后，属于违法行为的，依法进行处罚，对于不符合动物防疫要求的，依法进行无害化处理。

（3）对动物产品加工单位和个人的动物卫生监督管理。要保证动物产品切实达到动物防疫标准要求，必须加强对动物产品加工单位和个人的监督管理。对此主要在以下几个方面加以监督管理：一是部分动物产品加工者采购未经检疫、检验的产品，从而给部分产品经营者逃避检疫提供了机会。二是个别动物产品加工单位有意采购病害产品，从中牟取暴利。三是很多动物产品加工单位的泔水等废弃物，不经处理直接运出，造成动物疫病传播。四是个别动物产品加工者将腐败变质或过期产品加工成熟食销售。因此，对动物产品加工单位和个人监督，是保护消费者健康和防止动物疫病传播的客观要求，具体监督的内容是：索验产品检疫证明或检疫标志；检查现存产品是否符合有关标准；有无产品与废弃物无害化处理设施。

5. 对下级动物卫生监督机关的监督　对下级动物卫生监督机关的监督管理属于内部监督管理。动物卫生行政主体的监督管理实行层级管理，即上一级动物卫生监督机关对下一级动物卫生监督机关实行监督管理。这种监督管理机制有利于及时发现、制止、纠正、处理各级动物卫生行政主体及其工作人员在贯彻执行动物防疫法中的违章行为，以提高监督管理的质量。具体方式如下：①制定相应的规章制度，建立健全的监督管理秩序；②复议下级机关的行政案件，及时纠正、处理违章行为；③受理裁决下一级动物卫生行政主体和管理相对人之间发生的技术争议和行政纠纷。

（二）常用监督检查方法

（1）审查。动物卫生监督机构通过对管理相对人的文字材料、申请书、报告、证件等进行审查，判定这些材料的真伪，了解管理相对人的情况，对管理相对人实施监督。

（2）检查。检查有很多形式，包括综合、专题、抽样、定期、临时、现场和全面检查等。

（3）调查。动物卫生行政主体通过这种手段了解管理相对人的情况，可以对其采取相应的监督措施。

（4）派驻。动物卫生行政主体为执行监督任务而在车站、港口、机场以及动物饲养、经营和动物产品生产经营等有关场所和单位派驻机构或人员的行为。有关单位应提供方便，不得拒绝、阻挠。

（三）常用的监督检查措施

（1）采样。动物卫生监督机构根据检验、检疫的技术需要，在法律法规规定的范围、条件、程序内，对动物或其动物产品进行样品采集的一种手段。采集样品应注意以下事项：①按照规定采样。即必须依照规定的范围、条件、程序等进行采样，不能随意采样。如不能过量采集，采集应出具法定手续，采样必须在当事人在场的情况下进行等。②采集的对象是法律规定的动物、动物产品，超出规定范围采样系越权执法，被采集单位和个人可以拒绝。③采样一般为无偿采样，被检查者不得讨价索取报酬。

（2）留验。动物卫生监督机构在监督检查动物、动物产品的过程中发现有可疑问题时，可以依法将其扣留并采取必要的检验措施。留验的含义：一是对采取的样品留存检验；二是对疑似染疫的动物和动物产品整批全部留存、观察和检验。

（3）抽检。动物卫生监督机构可以根据需要依据法定程序，对检疫证明在有效期内的动物、动物产品进行定期或不定期的抽查检验。一般多用于饲养场、屠宰场、冷藏场所的动物、动物产品的检验、监测与监督。

（4）隔离。隔离是指对染疫或者疑似染疫的动物与健康动物分别开来，并限制其移动，不让其接触、防止疫情扩散与传播的一种强制性措施。它分为两种情况：一是临时性隔离，适用于急性传染病患病动物或尚未确诊的患病动物及其同群动物；二是长期隔离，适用慢性传染病患病动物。

（5）查封。查封是指动物卫生监督机构对于已确诊染疫动物产品为查清原因、核准结果，保全证据而进行查封的一种强制性行政措施。

（6）扣押。监督过程中发现管理相对人行为违法或经营的动物、动物产品及有关物品不符合动物防疫标准要求时，为防止疫情扩散，避免危害消费者健康，监督主体将相关物品予以扣押的另一种强制性行政措施。

（7）处理。处理是指对染疫或疑似染疫的动物及其同群动物、染疫的动物产品及其被污染的动物产品进行防疫消毒和采取其他无害化手段的一种强制性措施。

（8）补检与重检。补检是指动物卫生监督机构对于未经检疫而进入流通领域的动物、动物产品进行的检疫。重检是指动物卫生监督机构对检疫证明过期或检疫证明记载的检疫数量、质量与实物不符，或发现疑似染疫动物产品而实施的检疫。

（9）其他处理措施。①责令追回违禁物品。为消除已售出的违禁动物、动物产品对社会的潜在危害，动物卫生监督机构责令管理相对人追回已经售出或运出禁止经营的动物、动物产品和有关物品所采取的强制措施。并对当事人追回的时间、方式作出具体规定，以达到最低程度地对社会潜在危害为目的。②代执行。即代作处理或代为执行，是指义务人不履行时，该义务由他人代为义务人履行，并向义务人征收必要的执行费用的强制执行方式。有下列行为之一的，经动物卫生监督机构警告拒不改正的，动物卫生监督机构可依法代作处理，处理费用由违法行为人承担：一是对饲养、经营的动物不按照动物疫病的强制免疫计划和国家有关规定免疫接种和消毒的；二是对动物、动物产品的运载工具、垫料、包装物不按照国家有关规定清洗消毒的；三是不按国家有关规定处置染疫动物及其排泄物、染疫动物产品、病死或者死因不明的动物尸体。

四、动物卫生监督的要求

动物卫生监督是保障国家动物防疫法律法规顺利实施的重要手段，它是国家与政府对动物防疫工作进行监督的具体行政行为，必须规范执法和科学执法。在实施动物卫生监督过程中要求正确处理好以下几个方面。

（1）依法监督。动物卫生监督是《动物防疫法》赋予的一项行政行为，必须依法实行监督和管理。其行为和技术标准均应符合法律、法规和相关规章，一切按照法定的标准和方法、法定的处理方式、出具法定的检疫证明，进行动物卫生监督工作。

（2）有序监督。动物卫生监督是保证各项动物防疫工作落实到实处的关键措施。各级动物卫生监督机构要有计划、有重点、有目标地开展工作，使监督检查经常性地进行。同时要定期地组织大规模的监督检查活动。除监督检查相对人外，同时还要对本系统工作情况进行检查，做到内外并重。检查中发现违法行为，要依法严肃处理处罚，切实保障各项动物防疫工作落实、维护国家法律尊严作用。

（3）加强宣传，建立考核机制。要对管理相对人进行《动物防疫法》及其相关法律法规的宣传和教育，使之动物防疫工作成为动物生产、经营、销售、运输、储藏工作的必要环节。在此基础上通过组织联查、建立和规范考核机制，对规范场（厂）实行有效激励机制。与此同时，对动物防疫工作不到位，甚至存在违法行为的场（厂）实施严厉的处罚，切实起到扶正祛邪之目的。

（4）坚持检疫与监督并重。运输、市场等流通领域的监督管理工作，对于促进产地检疫，防止动物疫病的远距离传播，具有极其重要的作用，相对而言，比较容易执行；而动物饲养场、屠宰厂、动物产品加工、储藏等生产加工环节，除了必要的监督管理外，更主要的是检疫工作，业务量大，技术要求高，在具体实施过程中常显力度不足；有重监督轻检疫的现象。因此，要全方位搞好动物卫生监督工作，必须双管齐下，把生产、加工环节的检疫监督工作全面扎实地开展起来。

（5）坚持突击性监督检查与经常性监督检查并重。有组织地全面开展突击性检查，可在短时间内集中发现和处理各种违法行为，声势大，宣传效果好。但这种检查必须与经常性监督相结合。经常性的监督可随时发现和处理各种违法行为，特别是可以比较全面、系统地了解和掌握违法违章行为的规律及一些深层次的问题，为系统地制订和完善监督管理措施提供依据。

（6）坚持监督与管理并重。管理与监督既有区别，又有联系。管理的目的在于建立有效的工作秩序，如动物防疫合格证的审核与发放，而监督则是为了维护这种秩序。二者之间，管理是基础，监督是保障。因此，动物防疫工作的切实有效，首先要建立管理手段，要在饲养生产、屠宰、加工、储藏、运输、购销等各个环节全面、配套地建立各项管理制度，以便为监督检查提供依据，切实建立动物防疫工作新秩序。

（7）坚持监督管理工作的内外并重。对有关单位和个人实施监督和检查，处理各种违法违章行为，是国家赋予的权力和职责。为了做好这项工作，务必注意在面向社会执法的同时，也要加强对动物卫生监督队伍以及本部门内生产经营单位的动物防疫监督和管理。监督管理应不分内外，一视同仁，保证动物防疫行政执法工作的公正性和公开性。

(8) 坚持行为监督和技术监督并重。行为监督主要是监督管理相对人的行为是否合法，而技术监督主要是监督有关单位和个人在人员素质、仪器设备、产品质量等方面是否符合国家规定的动物防疫技术标准和要求。由于动物防疫工作具有较强的科学性和技术性，很多行为监督要依靠技术监督才能实现，技术监督对了解动物疫病动态，及时预防、控制和扑灭动物疫病尤为重要。

五、动物卫生监督后的处理

动物卫生监督机构对管理相对人或所饲养生产、屠宰、加工、储藏、运输、购销的动物、动物产品实施监督检查后，对其监督结果应告知管理相对人，并进行相应的处理。对监督结果认定为合法的，其行为允许继续。如监督结果认定为不合法的，视违法情节，进行必要的处理。其常用处理手段有：

（一）对违法行为的处理

对违反动物防疫法的行为，动物卫生行政主体有权依法进行纠正、制止直到行政制裁。这种行政措施既包含对管理相对人违章行为的处理、制裁，也包含对下级动物卫生监督部门及其工作人员违章行为的纠正和处理。

(1) 送达违章通知书。兽医卫生行政主体在监督中发现管理相对人在某种活动中有违章行为时，可以向所在单位或其上级机关发送违章通知书，要求采取措施，停止和纠正管理相对人的违法行为。收到违章通知机关、单位或个体，要对通知事项进行核实。如通知认定情况属实，应立即采取措施进行解决，并将采取措施和结果通知监督单位。

(2) 通报批评。对于管理相对人的违法行为，兽医卫生行政主体可以采取通报批评的方式。通报批评一方面可以督促被批评者停止或纠正错误，另一方面也可以使其他管理相对人有所警惕，防止发生类似的行为。

(3) 适用行政处罚措施。这是指对违反动物防疫法，但尚未构成犯罪的行为所采取的一种措施。包括：警告并限期改进，罚款，没收非法所得，责令停业整顿，吊销有关证、照等。行政处罚在行政制裁中是最严重的制裁，应严格依法执行，不得随意滥用。

（二）无害化处理

无害化处理是国家对染疫动物、动物产品及其有关物品采用规定的物理、化学、生物技术方法所进行的处理，以消灭传染病病原体和有害毒素，达到保护人畜健康之目的。它是一项带有强制性的兽医卫生技术行政措施。加强这项工作的监督管理，对防疫灭病，净化生产环境，保护生产发展具有重大意义。实施无害化处理的监督管理必须依照法律规范和技术规范。常用的无害化处理方法有制化、发酵、深埋、焚烧、产酸、高温、消毒等。

第八节　动物防疫的保障制度

为了动物防疫工作的有序进行、并与之贯彻落实到位，《动物防疫法》第8章对动物防疫工作提出了相应的保障措施。

一、纳入国民经济和社会发展规划

《动物防疫法》规定县级以上各级人民政府应当把动物防疫纳入国民经济和社会发展规划及年度计划，具体包括：加大对动物防疫工作的财政投入，将所需工作经费纳入财政预算；应当储备动物疫情应急处理工作所需的防疫物资；对在动物防疫工作中强制扑杀的动物、销毁的动物产品和相关物品、免疫应激死亡的动物，要给予补偿。

（1）财政投入保障。针对近年来动物疫情形势变化，各级财政应采取切实措施支持动物防疫工作，将防疫经费纳入财政预算，并逐年提升支持数额。一是投入农村基层动物防疫基础设施；二是建立各级动物疫病预防与控制中心；三是加强乡村级动物防疫员工作补贴；四是重大动物疫病防疫和常规防疫项目所需疫苗经费全部纳入财政预算，政府财政全额解决；五是动物防疫损失财政赔偿经费。

（2）防疫物资储备保障。实施重大动物疫情应急物资储备的保障制度，是为了预防、控制和扑灭重大动物疫情所需物资储备的有效保障供给。动物疫情应急处理工作所需的防疫物资储备，包括消毒药品、消毒设备、防护用品、密闭用具等。

（3）财政赔偿经费保障。动物防疫工作中强制扑杀的动物、销毁的动物产品和相关物品、免疫应激死亡的动物，要给予补偿，并列入年度预算。

二、加强基层防疫队伍的建设

重大动物疫病防控的实践证明，要有效预防和控制重大动物疫情的发生和流行，必须进一步推进兽医管理体制改革，加强动物防疫体系建设，健全兽医工作队伍。村级动物防疫员队伍是动物疫病防控体系的基础，是动物强制免疫、畜禽标识加挂、免疫档案建立和动物疫情报告等重要防疫措施实施的主体力量。加强村级动物防疫员队伍建设，可以把动物防疫的网络延伸到基层，把动物防疫的意识强化到基层，把动物防疫的技术传授到基层，有利重大动物疫情的早发现、早反应、早处置，有利于各项动物疫病防控措施的落实。

（一）加强村级防疫员队伍建设

（1）明确村级动物防疫员队伍建设的原则和目标。要按照“因地制宜、按需设置、明确责任、择优选用、注重素质、创新机制”的原则，把村级动物防疫员队伍建设纳入农村实用人才队伍建设和动物防疫体系建设整体规划，结合推进兽医管理体制改革和基层动物防疫体系建设，采取切实有效措施，努力建立起适应重大动物疫病防控工作需要的村级动物防疫员队伍。

（2）科学配置村级动物防疫员。村级动物防疫员的配置，要与动物防疫工作实际相适应，要确保重大疫病防控措施在基层能够得到有效落实。各地要根据本地区畜禽饲养量、养殖方式、地理环境、交通状况和免疫程序等因素综合测算，科学合理配置村级动物防疫员。

（3）落实村级动物防疫员责任。要建立村级动物防疫员工作责任制。村级动物防疫员主要承担动物防疫法律法规宣传、动物强制免疫注射、畜禽标识加挂、散养户动物免疫档案建立、动物疫情报告等公益性任务。各地要进一步量化村级动物防疫员的工作任务，细化质量标准，明确考核指标，保证各项工作任务明确、进度具体、要求严格。

（4）做好村级动物防疫员选用。建立和完善村级动物防疫员选用制度。村级动物防疫员要优先从现有乡村兽医中选用。按照公开、平等、竞争、择优的原则，严格掌握选用条件，严格选用程序，严把进入关。要与村级动物防疫员签订基层动物防疫工作责任书，明确其权利义务。

（5）加强村级动物防疫员培训。各地要加强村级动物防疫员培训，综合运用教育培训和实践锻炼等方式，着力培养一支适应重大动物疫病防控工作需要的村级动物防疫员队伍。要建立健全村级动物防疫员岗前培训和在岗培训制度，把村级动物防疫员培训纳入动物防疫队伍整体培训计划，制定系统完善的培训方案。要增强培训的针对性和实用性，切实提高村级动物防疫员业务素质和工作能力。

（6）完善村级动物防疫员工作考核机制和动态管理机制。各地要把动物强制免疫、畜禽标识加挂、免疫档案建立和动物疫情报告等情况作为考核主要内容，定期对村级动物防疫员的工作情况进行检查考核，对村级动物防疫的工作开展综合评价，并将评价结果与报酬补贴挂钩。要坚持人员的动态管理，对综合考评不合格的，要及时调整出村级动物防疫员队伍。要建立健全村级动物防疫员监督管理办法，严肃村级动物防疫员工作纪律，规范村级动物防疫员行为。

（7）切实加强组织领导，把村级动物防疫员队伍建设的各项工作落到实处。加强对村级动物防疫员队伍建设的组织领导。各地要把村级动物防疫员队伍建设作为当前农业农村工作和基层动物防疫体系建设的一项紧迫任务，摆到突出位置，列入重要议事日程，切实加强领导；建立村级动物防疫员经费保障机制，村级动物防疫工作经费以地方财政投入为主，中央财政给予适当补助；因地制宜地探索加强村级动物防疫员队伍建设的方式方法。

（二）向乡、镇或者特定区域派驻兽医机构

在加强村级防疫员队伍建设的同时，为了进一步充实乡村动物防疫工作的力量和实际工作需要，县级人民政府兽医主管部门可以向乡、镇或者特定区域派驻兽医机构。

三、建立动物防疫补偿制度

《动物防疫法》对动物防疫补偿的规定包括：①对在动物疫病预防和控制、扑灭过程中强制扑杀的动物、销毁的动物产品和相关物品，县级以上人民政府应当给予补偿；②因依法实施强制免疫造成动物应激死亡的，给予补偿。有关赔偿细则将由国务院财政部门会同有关部门制定，并加以规范。

四、建立和健全卫生防护措施和医疗保健措施

对从事动物疫病预防、检疫、监督检查、现场处理疫情以及在工作中接触动物疫病病原体的人员，有关单位须按照国家规定采取有效的卫生防护措施和医疗保健措施。

思　考　题

1. 2008年修订的动物疫病病种名录中一类动物疫病有哪些？
2. 发生一类动物疫病时相关部门应如何处理？
3. 什么是动物和动物产品的检疫？
4. 什么是官方兽医？
5. 申请设立动物诊疗机构，应具备哪些条件？
6. 各级兽医管理部门如何进行执业兽医的从业管理？
7. 何谓乡村兽医？怎样进行乡村兽医的从业管理？
8. 怎样进行兽医医疗事故的界定和处置？
9. 什么是动物卫生监督？动物卫生监督的对象是什么？
10. 动物卫生监督的方式有哪些？
11. 我国现行动物防疫工作保障措施有哪些？

第七章　出入境动物检疫法律制度

本章主要介绍了出入境动物检疫相关法律制度，包括出入境动物检疫监督制度，出入境动物检疫许可制度，检疫程序具体制度，检疫处理制度，以及检疫出证和收费制度。

第一节　概　　述

出入境动物检疫是指依照国家法定的检疫标准、方法和对象，由法定的机构和人员对出入国境或关境的动物、动物产品进行检查、定性和处理的一项强制性技术行政措施。这项制度开始在意大利实行，已有四五百年的历史，我国最早于1903年实施出入境动物检疫。随着科学技术的发展，交通的发达，贸易的扩大与频繁，人们更为重视对动物疫病的严格检查，并使之成为一种政府行为，用以作为防止动物疫病传入传出国境或关境、保护畜牧业渔业生产、保护人体健康、促进对外经济贸易发展的必要手段。

目前，我国的出入境动物检疫法律体系主要由《进出境动植物检疫法》及其实施条例和相关的规章制度组成。出入境动物检疫制度是国家规定的调整进出境动物检疫行政管理的法律规范总称，包括进出境动物、动物产品和其他检疫物，装载动物、动物产品和其他检疫物的包装容器、包装物、运载工具等方面检疫管理的法律、法规和规章，可以分为注册登记制度、检疫监督制度、检疫许可制度、检疫报检制度、产地检疫制度、现场检疫制度、运输工具检疫制度、隔离检疫制度、实验室检疫制度、检疫处理制度、检疫出证和收费制度11项。这些法定制度必须遵守，具有普遍约束力。

依法施检是建立出入境动物检疫制度的前提。没有法律的依据，出入境动物检疫制度难以建立起来的，即使建立起来也缺乏权威。出入境动物检疫制度，只有在法律中体现出来，以法律形式确立，才是一项有权威的国家制度。该制度的首要内容就是依法实施检疫，一是法定的检疫执行机构；二是实施检疫的国家标准和行业标准；三是法定的检疫对象和检疫范围；四是在实施检疫中应当依法进行，不应超出法律的规定，也不能失职。出入境检验检疫机关是出入境动物检疫方面行使监督职能和具体执法的机关，其行为是政府行为，检疫人员必须树立强烈的法制意识、政策观念和高度负责的政治责任感，以事实为依据，以法律为准绳，熟练地运用法律，正确行使依法检疫的权力。

检疫队伍是实施出入境动物检疫制度的关键。检疫人员是《进出境动植物检疫法》的执法人员，具有检疫权，依法实施检疫；采取行政措施权，行使行政处罚权；监督、管理权等职权。检疫机关的检疫人员必须忠于职守，秉公执法，履行法律规定的职责；检疫人员滥用职权，徇私舞弊，伪造检疫结果，或者玩忽职守，延误检疫出证，构成犯罪的，依法追究刑事责任，未构成犯罪但是情节严重的，给予行政处分。

法律责任是保障出入境动物检疫制度的基础。进出境动物检疫不仅是执法行为，也是科学性很强的技术工作，检疫人员在依法执检过程中，要按照法律规定和科学规律办事，做到有法必依、执法必严、违法必究。违反《进出境动植物检疫法》的行政责任包括：罚款；吊销检疫单证；注销注册登记；取消熏蒸、消毒资格。违反《进出境动植物检疫法》的刑事责任包括：引起重大动植物疫情；伪造、变造检疫单证、印章、标志、封识。

第二节 检疫监督制度

检疫监督是指出入境检验检疫机关对自身检疫行为以及相对一方当事人遵守法律法规的情况进行检查监督，以国家有关法律规范为标准，以动物病虫害流行传播的客观规律为依据，实现对进出境动物、动物产品和其他检疫物的有效监测。

随着对外经济贸易的发展，进出口岸的货物、人员、运输工具不断增加，简化口岸查验手续，加快验放，便捷通关的要求越来越迫切。受口岸查验时间、场地和科学技术的限制，出入境检验检疫机关不可能在口岸现场把所有的疫病都检查出来，而国内外动物疫情越来越复杂，加大了口岸把关的难度。因此，强化前期和后续监管，把出入境检验检疫工作做到动物、动物产品的生产、加工、存放过程势在必行。根据《中华人民共和国进出境动植物检疫法实施条例》（以下简称《进出境动植物检疫法实施条例》）第53条的规定，国家质检总局和出入境检验检疫机关对进出境动植物、动植物产品的生产、加工、存放过程，实行检疫监督制度。检疫监督的方法，主要是实行注册登记，进行调查、指导，做好产前产后服务。

一、注册登记制度

根据《进出境动植物检疫法实施条例》第32条的规定，出入境检验检疫机关可以对输出动物、动物产品和其他检疫物的生产、加工、存放单位实行注册登记，并报国家质检总局备案。即对加工、存放进境来源于动物未经加工或者虽经加工但仍有可能传播疾病的产品的工厂、公司、饭店、宾馆、专用仓库，以及加工、生产、存放出境动物产品的肉联厂、屠宰场、动物产品加工厂、专用仓库实行注册登记。领取注册登记证书的动物产品加工厂、仓库，方可用于出口及向国外申请注册登记。具体的考核内容要求如下：

（1）厂区仓储防疫卫生条件及隔离条件。加工厂（点）仓储库应远离居民聚居区、养殖场、屠宰场（冷藏厂）及交通要道；厂容厂貌和仓储库整齐清洁，有完整的围墙与外界隔离，进出厂区有门卫管理及消毒设施，有专库（饭店指冷藏间、柜）存放进境动物产品；生产区与生活（办公）区分开；在生产、加工、存放区不准饲养动物并做好防蝇灭鼠工作。

（2）生产工艺防疫卫生条件。生产工艺布局合理，生产管理制度化、标准化、规范化；下脚料、废弃物、包装物经无害化处理；有符合标准的污水处理设施及消毒设施。

（3）防疫保健措施。具备工作人员的衣物消毒设施和更衣、淋浴设备；根据生产需要，具备防毒、防酸碱、防尘和消毒设备及措施；个人劳保用品齐全，穿戴整齐，不准带出厂外；根据工作性质和特点，每年定期体检及预防接种疫苗。

（4）贯彻执行进出境动植物检疫法律法规的情况。单位领导和部门负责人负责检疫防疫工作情况；设专职或兼职人员，负责检疫、防疫、消毒、统计报表等工作；建立健全防疫制度及落实情况；积极配合检疫机关做好现场检疫（如开箱、拆包、复包、扦样、消毒）及生产过程中的监管工作；遵守检疫法规情况，有无违法行为。

另外，办理进境动物产品定点生产、加工、存放单位注册登记的企业应提供主要申请材料：申请报告、企业简介、企业营业执照、资格证书、主要设备清单、生产工艺流程图及流程说明、厂区平面图、组织机构图、兽医卫生防疫领导小组名单及职责、兽医卫生防疫管理制度、企业质量管理体系文件、进境产品出入库及仓库管理制度、当地县级以上环保证明、一线员工健康证书、污水处理流程、有关照片资料等。

此外，国家对向中国输出动物产品的国外生产、加工、存放单位，实行注册登记制度。通过采取这些注册登记制度，对国外生产、加工、存放单位进行资格认定和检疫条件的考核，可以减少输入动物产品传入病虫害的概率，减轻口岸现场检疫压力，有利于提高通关速度。

二、其他检疫监督制度

（1）对疫情进行调查和监测。对动物疫情进行追踪调查；对进境的动物及其后裔健康情况进行调查；对出口动物、动物产品的病虫害情况进行调查。

（2）输入、输出或过境的动物、动物产品和其他检疫物，未经出入境检验检疫机关批准，不得开拆包装或者卸离运输工具。

（3）邮寄动物、动物产品和其他检疫物进境的，未经出入境检验检疫机关检疫不得运递。

（4）对进出境动物需要隔离检疫的，实施隔离检疫期间监督，未经出入境检验检疫机关批准，不得调离隔离检疫的动物。

（5）对进出保税区、保税工厂、保税仓库的动物、动物产品等实施监督。

（6）对检疫熏蒸、消毒工作实施监督、指导和从业人员考核。

（7）根据检疫需要，对机场、港口、车站、仓库、加工厂、农场等生产、加工、存放进出境动物、动物产品和其他检疫物的场所实施疫情监测、调查和检疫监督管理；未经出入境检验检疫机关许可，不得移动或者损坏动物疫情监测器具。

（8）根据需要对运载进出境动物、动物产品和其他检疫物的运输工具、装载容器加施检验检疫封识和标志，未经出入境检验检疫机关许可，不得开拆或者损毁由国家质检总局统一制发的检验检疫封识、标志。

实施检疫监督必须做好以下工作：一是确定检疫监督目的和对象。检疫监督具有一定的目的性和针对性，检疫监督对象的确立有可能是经常性的监督，也可能由例行性的监督所决定，还可能由一定时期病虫害的流行而确立的突出性监督任务所决定，要根据实施检疫监督的目的，尽可能详尽地、明确地规定检疫监督的对象。二是规定检疫监督的任务。不论哪种形式、哪个环节的检疫监督活动，都有其直接的监督任务，要根据具体情况和条件，将进出境动物检疫法律法规所确立的总任务加以分解，使之具体化，使其成为内容清楚、目标明确、针对具体事件的检疫监督任务。三是确定检疫监督标准。检疫监督标准就是实施监督的有关法律规范，即《进出境动植物检疫法》及其实施条例和相关的规章、规范性文件，要以此为标准，对进出境动物检疫行为作出评价，确定是否合法并及时纠正改进。

第三节　检疫许可制度

检疫许可是出入境检验检疫机关根据相关公民或法人的申请，依法赋予其某种权利和资格的一种行政行为，具有确定力、证明力、拘束力等法律效力。通过检疫许可，可以产生、变更或消除一定的权利和义务，有利于加强国家对进出境动物、动物产品和其他检疫物的宏观调控；有利于强化检疫监督管理，保护养殖业生态环境和人体健康；有利于提高相对一方当事人的积极性，实现从直接管理向间接管理的过渡，促进外贸事业的发展。

一、进境检疫许可制度

依照《进出境动植物检疫法》第 10 条和第 14 条第二、三项的规定，输入动物、动物遗传物质、动物产品，必须依法事先提出申请，办理检疫许可手续。

（一）输入动物许可的相关条件

（1）申请表填写是否规范，申请单位提交的材料是否齐全，是否有独立的法人资格，是否是直接对外签约单位。

（2）输出和途经国家或者地区有无相关的动物疫情。

（3）是否符合中国有关动物检疫法律法规和部门规章的规定。

（4）是否符合中国与输出国家或者地区签订的双边检疫协定（包括检疫协议、议定书、备忘录等）。

（5）进境后需要对生产、加工过程实施检疫监督的动物及其产品，审查其运输、生产、加工、存放及处理等环节是否符合检疫防疫及监管要求，根据生产、加工企业和加工能力核定申请数量。

（6）进境时分批核销的进境动物及其产品，应当审核来自同一产地同一品种的前一次检疫许可证的核销情况。

（7）同一申请单位申请来自同一输出国或者地区的同一品种动物及其产品，一次只能申请 1 份检疫许可证。

（二）申请进境动物产品定点加工、使用、存放单位应当具备的条件

（1）取得工商行政管理部门颁发的营业执照。

（2）厂、库周围有完整的围墙与外界相隔，远离动物饲养场、屠宰场。

（3）生产区与生活区、办公区分开，生产区内严禁饲养任何动物。

（4）生产、存放场所的进出通道、门前设置消毒槽（垫）。

(5) 有单独存放进境动物产品的仓库或冷库、有防止蚊、蝇、啮齿动物进入的设施。

(6) 有健全的防疫保健制度及措施。

(7) 有专用的更衣室、洗手池、浴室。

(8) 有符合动物卫生要求的废弃物和污水处理设施，污水排放达到环保部门规定标准。

(三) 办理检疫许可的一般程序

(1) 申请人应当向直属出入境检验检疫机关提出申请并提交相关材料。

(2) 直属出入境检验检疫机关对申请材料进行审查，根据材料是否齐全、是否符合法定格式作出受理或不受理的决定，并按规定出具相应的书面凭证。

(3) 受理申请后，直属出入境检验检疫机关按规定要求对申请资料进行审核，必要时组织专家进行现场考核和检查。

(4) 直属出入境检验检疫机关根据材料审核、现场考核的结果，作出初审合格或初审不合格的决定。对于初审合格的，连同申报材料行文上报国家质检总局审批；对于不符合法定条件、标准的，作出初审不合格的书面决定，并说明理由，告知申请人享有依法申请行政复议或者提起行政诉讼的权利。

(四) 申请单位需提交的材料

(1) 申请单位的法人资格证明文件。

(2) 输入活动物需要实施隔离检疫的，应填报"进境动物临时隔离检疫场许可证申请表"。

(3) 输入动物肉类、脏器、肠衣、原毛（含羽毛）、原皮、生的骨、角、蹄、蚕茧和水产品等入境后在国家质检总局公布的定点企业生产、加工、存放的，申请单位必须提交与定点企业签订的生产、加工、存放的合同。

(4) 进境时分批核销的进境动物及其产品，当次申请时应交验来自同一产地同一品种的前一次的检疫许可证（含核销表）。

(5) 申请办理过境动物的检疫许可，需提供输出国家或地区出入境检验检疫机关出具的动物卫生证书和目的地国家或地区官方出入境检验检疫机关出具的许可动物进境的证明。

(6) 因科学研究等特殊需要，引进《进出境动植物检疫法》第 1 章第 5 条第 1 款所列禁止进境物的，必须提交科学研究的立项报告及相关主管部门批准的证明文件等。

(五) 进境动物产品加工、使用、存放单位必备的条件

(1) 厂、库周围有完整的围墙与外界相隔，远离动物饲养场、屠宰场。

(2) 生产区与生活区、办公区分开，生产区内严禁饲养任何动物。

(3) 生产、存放场所的进出通道、门前设置消毒槽（垫）。

(4) 有单独存放进境动物产品的仓库或冷库、有防止蚊、蝇、啮齿动物进入的设施。

(5) 有健全的防疫保健制度及措施；有专用的更衣室、洗手池、浴室。

（6）有符合动物卫生要求的废弃物和污水处理设施，污水排放达到环保部门规定的标准。

二、出境动物检疫许可证制度

出境动物检疫一般包括许可证管理、报检、产地检疫、隔离检疫、实验室检验、出境口岸检疫、出证、检疫处理等方面。对大批量、经常性输出动物的生产企业及中转包装场的进行常年性、全过程的检疫监督管理，并实行出境动物检疫许可证制度。

（1）申请。企业或其代理人应事先向所在地或附近的出入境检验检疫机关提出注册申请，并提供企业的有关资料，如企业营业许可证，饲养区或中转包装场平面图、兽医卫生制度、检疫防疫管理制度等。

（2）考察。出入境检验检疫机关接到企业注册申请后应派员前往输出动物企业进行实地检疫考察等。经考察符合下列条件的企业准予经营输出动物业务，并发给出境动物检疫许可证：饲养场须在非动物疫区，周围无畜牧兽医单位、屠宰场、生物药厂，远离农贸市场、居民区、交通主干道，并有围墙与外界环境隔离；场内有完整的防疫设施和条件，有专职兽医或水产防疫人员，有切实有效的兽医卫生制度和措施；有可供隔离检疫用的动物舍、池及附带设施，其条件符合有关规定要求；场内动物养殖区设计布局合理，便于防疫消毒；场内饲养的动物有科学的免疫程序，历年未发生过严重的传染性疾病；生产区与办公生活区严格分开，出入生产区的人员、物品均须经过淋浴、更衣、消毒；有对动物粪便、动物尸体、生产区污水进行无害化处理的设施和手段。

（3）监管。出入境检验检疫机关对注册登记的输出动物企业进行经常性抽检和年审或定期采样检验。在监管中发现的问题注册企业要及时改正，未能改正并严重影响输出动物检疫的要吊销其出境动植物检疫许可证。

出境动物输出时，必要时产地出入境检验检疫机关可派员监管输出动物企业运输工具、中转地场的防疫消毒工作，并监督押运至出境口岸。

三、过境检疫许可制度

要求运输动物过境的，必须事先向国家质检总局提出申请办理过境检疫许可手续，并按照指定的口岸和路线过境，而运输动物产品及其他检疫物等不须办理检疫许可手续。国家质检总局主要根据以下原则办理动物过境的检疫许可手续：一是详细了解产地国及进入中国国境前所有途经国家动物的疫情情况，如果这些国家发生我国规定的一类动物传染病或新发病或其他严重威胁我国畜牧业和人体健康的疾病时，全群动物不准过境。二是要求过境的动物经出口国政府主管机关检疫并证明健康无病，鉴于有的国家在动物离境时出具动物检疫证书并随动物同时到达，可只在申请表中填写出口国动物检疫证书号。三是要求有目的地国家或运输途经的下一个国家政府主管机关出具的动物进境检疫许可证或动物接收证明，避免因未办好有关离境手续而使动物滞留我国。四是审核过境期间动物的检疫监管等条件。

在检疫许可过程中，国家质检总局及其直属出入境检验检疫机关按照《中华人民共和国禁止携带、邮寄进境的动物、动物产品和其他检疫物名录》的规定，采取措施禁止以下进境物通过携带、邮寄或货物贸易等方式入境：动物病原体；动物疫情流行国家和地区有关动物、动物产品和其他检疫物；动物尸体。

第四节　检疫程序具体制度

一、检疫报检制度

输入、输出或者过境运输动物、动物产品或其他检疫物，必须向出入境检验检疫机关申报检疫。

（1）进境报检：货主或其代理人应在动物、动物产品和其他检疫物进境前或者进境时持输出国或地区的有效检疫证书、贸易合同、进境检验检疫许可证等单证，向出入境检验检疫机关报检。

（2）出境报检：货主或代理人应在动物、动物产品和其他检疫物出境前，向出入境检验检疫机关报检。

（3）过境报检：运输动物、动物产品和其他检疫物过境的，由承运人或者押运人持货运单和输出国或地区政府主管机关出具的有效检疫证书，向出入境检验检疫机关报检。

（4）邮寄物报检：邮寄动物、动物产品和其他检疫物进境的，由国际邮件互换局及时通知出入境检验检疫机关检疫。

（5）携带物报检：携带动物、动物产品和其他检疫物进境的，在进境时向海关申报并接受出入境检验检疫机关检疫。

二、产地预检制度

进境动物产地预检是防止动物疫病传入国境的重要措施。动物疫病的流行有三个主要环节，即传染源、传播途径和易感动物，防治动物疫病首先要从消灭传染源、切断传播途径和保护易感动物等方面入手。开展进境动物产地预检可以及时发现染疫动物，通过消毒和无害化处理等措施消除传染源，及时切断传播途径、保护易感动物，从根本上杜绝进境动物疫病的发生和传播，为及时控制和扑灭动物疫情创造条件。因此，进境动物产地预检是整个进境动物检疫工作的重要内容和环节，必须严格落实到位。

进境动物产地预检是保护我国畜牧业和人体健康的基础工作。在影响畜产品质量安全的诸多因素中，动物疫病始终是一个极为重要的方面。例如，近年来我国从境外大量引进奶牛等良种动物，而国外动物疫情非常复杂，这些都对我国畜牧业和公共卫生安全构成了严重威胁，进境动物检疫工作面临着严峻的形势与更高的要求。进境动物产地预检工作的成效，既关系到进境动物检疫的质量，又关系到国际贸易的安全，关系到人体健康和社会稳定。因此，进境动物产地预检是保护国内畜牧业和人体健康的基础工作，必须引起高度重视。

《进出境动植物检疫法实施条例》规定国家质检总局根据检疫需要，并经输出动物和动物产品国家或地区政府有关机关的同意，可以派检疫人员进行预检、监装或者产地疫情调查。《进出境动植物检疫法实施条例》确立的这项制度是以国家法律为后盾的强制性规定，必须认真贯彻执行。

三、现场检疫制度

根据《进出境动植物检疫法》第4条和《进出境动植物检疫法实施条例》第20条的规定，出入境检验检疫机关可以依法登船、登车、登机，进入机舱、船舱、车厢、港口、车站、机场、邮局以及检疫物的存放、加工、养殖场所实施现场检疫，并依照规定采样检查。

(1) 检查动物有无疫病临床症状，查阅运输途中运行记录，了解从输出国或地区的离境口岸到本口岸的途中有无停靠或降落，了解动物在运输途中的健康情况及病死记录。如果该批动物有输出国或地区的兽医押送，应将发现的问题以书面形式记录并请该兽医签字确认。

(2) 现场监督卸货的全过程，观察动物的精神状态、被毛、黏膜、分泌物、排泄物等情况，特别关注有无动物一类疫病的临床症状，并监督动物运往指定的隔离检疫场所。

(3) 检查动物产品有无腐败变质现象，容器、包装是否完好，发现破损或者被病虫害污染时，作除害处理；现场检疫合格的，予以放行；需调离监管区作进一步检疫的，出具检疫调离通知单并通知到达地出入境检验检疫机关，调往指定暂存地点抽样送实验室检验。

(4) 查阅、复制、摘录与检疫物有关的运行日志、货运单、合同、发票及其他单证，对承运报检货物的运输工具、货物种类、数量、质量、原产地等情况进行核对，确认货证是否相符，发现有禁止进境物的，作退回或者销毁处理。

(5) 现场检疫工作结束后，应填写完整、详细的检疫记录，并及时进行整理分析归档，作为该批动物或动物产品检疫资料中不可缺少的一部分。

四、运输工具检疫制度

出入境运输工具流动性大，成为动物疫病病原的比较重要的携带媒介，在动物传染病的传播扩散方面起着重要作用。除装载动物、动物产品和其他检疫物进境、出境、过境的运输工具需实施检疫外，《进出境动植物检疫法》还规定对来自动物疫区的船舶、飞机、火车，进境供拆船用的废旧船舶以及进境车辆均应实施动物检疫，有关运输工具负责人应接受检疫人员的询问并在询问记录上签字，提供运行日志和装载货物的情况，开启舱室接受检疫。

(一) 申　报

申报应根据不同情况，采取不同的方式。飞机、火车入境，一般有固定的航班、车次，有关部门应向出入境检验检疫机关提供飞机和火车运行时刻表，以便掌握情况；入境汽车可以在进出口岸的通道现场进行；入境船舶由代理部门报检并填写报检单，由港监等部门向出入境检验检疫机关提供船期预报和确报，或通过微机联网详细了解船舶的来源、所载货物情况、锚地以及停靠的泊位等情况，船方或其代理人在申报时，除了报告船舶抵达时间、停泊地点、靠泊移泊计划外，还须提交：

（1）总申报单。如果船员携带有动物及动物产品，应在申报单中填写携带的动物及动物产品的品种、数量以及船员姓名。

（2）船舶物品申报单。该申报单中有出入境检验检疫批注，通过申报可以了解船上是否携带有应检物，以便采取相应的措施。

（3）货物申报单。要求船方提交货物申报单，同时查验“载货清单”。

（二）检　　疫

出入境检验检疫机关应对进境运输工具的下述部位区域实施重点检疫：

（1）进境船舶的生活区、货（客）舱、厨房、食品舱、冷藏室和动物性废弃物、泔水的存放场所、容器等。

（2）进境飞机的食品舱、货舱、配餐间以及其他存放、使用或旅客可能遗弃动物、动物产品和动物性废弃物的场所等。

（3）进境火车的餐车、厨房、储藏室、冷藏室以及其他存放、使用或旅客可能遗弃的动物、动物产品和动物性废弃物的场所等。

（4）进境汽车的轮胎、车厢等。

（三）监　　管

进境、过境运输工具在中国境内停留期间，交通员工和其他人员不得将所装载的动物、动物产品和其他检疫物带离运输工具；需要带离时，应当向出入境检验检疫机关报检。来自动物疫区的进境运输工具经检疫或者经消毒处理合格后，运输工具负责人或者其代理人要求出证的，由出入境检验检疫机关签发运输工具检疫证书或者运输工具消毒证书。装载动物出境的运输工具，装载前应当在出入境检验检疫机关监督下进行消毒处理。

五、隔离检疫制度

根据《进出境动植物检疫法实施条例》第 24 条和第 33 条的规定，输入种用大中家畜的，应当在国家质检总局设立的动物隔离检疫场所隔离检疫 45 天；输入其他动物的，应当在出入境检验检疫机关指定的动物隔离检疫场隔离检疫 30 天；输出动物，出境前需经隔离检疫的，在出入境检验检疫机关指定的动物隔离场所检疫。

（一）进出境动物临时隔离场应符合的条件

（1）设在非疫区，远离动物饲养场、屠宰厂、兽医院、兽医研究所、人工授精站、农贸市场、居民集中生活区、交通主干道，上游水源无污染源，周围有围墙或与外界环境隔离的设施。

（2）场内应具备基本的饲养和卫生条件，具有防鸟、防鼠、防风、防盗、供水、供电设施，以及存放饲草、饲料的场所。

（3）隔离场须有醒目标志和警示。

(4) 隔离检疫区与生活区严格分开。

(5) 隔离场及隔离畜舍的出、入口处均须设有消毒池、消毒道、更衣室，更衣室内须配有紫外灯，备有专用衣、鞋、帽。

(6) 具有对粪便、垫料、场内污水及其他废弃物进行无害化处理的设施或手段。

(7) 具有符合防疫要求的对动物采样和处理的场地，并具有必要的安全的保定设施。

(8) 具有符合防疫要求的对病、死动物进行隔离饲养或无害化处理的设施和手段。

(9) 具有供出入境检验检疫机关人员进行工作的必要设施。

(二) 进出境水生动物临时隔离场应符合的条件

(1) 隔离场设在非疫区，隔离场周围无水产养殖场（包括苗种场）、动物饲养场、屠宰厂、水产品加工厂、兽医院、农贸市场、医院等场所，周围有围墙或与外界环境隔离的设施。

(2) 隔离场具有独立水源，有良好的供水系统，注水排水方便快捷，水质和底质应符合《渔业水质标准》(GB 11607) 的有关要求，并得到出入境检验检疫机关的认可。

(3) 隔离场须有醒目标志和警示。

(4) 排水设施完全独立，备有废水储蓄池，并具有将废水进行无害化处理的手段，严禁将未经处理的废水排入河流或其他养殖水体。

(5) 隔离场内布局应合理，分设生活办公区、隔离区，生活区与隔离区应建有隔离墙。隔离区内应包括隔离养殖池、病鱼观察池、工器具存放室、饲料存放室、药物储藏室、兽医工作室等，隔离场与外界应建有围墙及消毒通道。

(6) 隔离上述动物用的池塘、水泥池或容器应具有防逃逸装置并确保无渗漏，隔离场内要有备用的池塘或水泥池等。

(7) 有良好的增氧设备，可靠的供电系统，有可调控温度的设备。

(8) 有专用的网具、水桶等器具。

六、实验室检验制度

实验室检验是进出境动物检疫工作的基础。以下几种情况需要进行实验室检验：①现场检疫不能得出结果的，需要抽样做实验室检验；②现场检疫发现可疑疫情，需要进一步实验室确诊；③进口国要求的实验室检验项目；④国家质检总局规定的实验室检验项目；⑤我国对外签署的检疫协定的协定和议定书中规定的实验室检验项目。

要做到实验室检验结果的准确，不仅要求有一定的仪器设备条件，还要求有先进实用的检疫技术，需要对技术人员培训，经常进行技术活动以及与有关单位经常交流经验，并且检疫技术不能总是停留在一个水平上，要不断改进和提高，使检疫结果更准确、更快速、更简便。因此，根据检疫需要，要不断吸收新技术，对检疫技术开展研究和提高。新的实验室检验技术和方法的建立，要与原来规定的方法做比较，详细记录其可信度、优越性和局限性，将研究的结果上报有关部门审核与鉴定，获得批准和委托人接受方可使用。

第五节　检疫处理制度

检疫处理可以分为三类：一是确认行为合法。对于进出境或过境的检疫物，经出入境检验检疫机关检查合格，同意放行。二是确认行为不合法。对于进出境动物、动物产品和其他检疫物带有危险病虫害，直接威胁我国畜牧业生产和人体健康，影响外贸发展的非法行为，应被禁止。三是设定行为义务。对于经检疫发现不合格并确定其行为不合法但又让其货物进出境行为继续进行下去时，可以依据科学的方法，对相关的法人或其代理人设定一定的义务，责令其采用化学或物理的处理手段来达到消灭动物病虫害，使进出境动物、动物产品和其他检疫物的行为合法。其原则是：先作退回再做除害处理，以达到无害化的程度；如果无法进行除害处理或者无法达到无害化效果的，必须用化制、焚烧、深埋或其他有效方法进行销毁，彻底消灭病原体及其载体；如果经过除害处理合格的，予以放行。

一、对进境动物的检疫处理

《进出境动植物检疫法》第 16 条第 1 款规定：检出一类传染病、寄生虫病的动物，连同其同群动物全群退回或者全群扑杀并销毁尸体；检出二类传染病、寄生虫病的动物，退回或者扑杀，同群其他动物在隔离场或者其他指定地点隔离观察。

二、对进境动物产品和其他检疫物的检疫处理

《进出境动植物检疫法》第 16 条第 2 款规定：输入动物产品和其他检疫物经检疫不合格的，由出入境检验检疫机关书面通知货主或其代理人作除害、退回或者销毁处理。经除害处理合格的，准予进境。

三、对携带、出境和过境动物的检疫处理

携带动物、经检疫不合格又无有效方法做除害处理的，退回或者销毁；输出或过境运输的动物，经检疫不合格的，不准出境或过境；过境的动物尸体、排泄物、铺垫材料和其他废弃物，应当按照出入境检验检疫机关的规定处理，不得擅自抛弃。

四、对出境、过境动物产品的检疫处理

输出或者过境运输的动物产品和其他检疫物，经检疫不合格的，作除害处理，无法做除害处理的，作退回或者销毁处理。

五、对运输工具的检疫处理

运输工具经检疫或者消毒等处理合格后，由出入境检验检疫机关签发运输工具检疫证书或运输工具消毒证书。

（1）经查验发现有我国规定禁止或者限制进境的动物、动物产品，出入境检验检疫机关责成退回或施加封识，或截留销毁处理，该运输工具在中国境内停留或运行期间，

未经出入境检验检疫机关许可，不得启封动用封存货物；发现其他应检物的，按有关规定处理。

（2）进境运输工具上的泔水、动物性废弃物及其存放的场所、容器等，应实施消毒和无害化处理，不得擅自抛弃。

（3）装运活动物出境后回空的运输工具，入境时须对整个运输工具实施防疫消毒处理。

（4）所有进境车辆由出入境检验检疫机关实施防疫消毒处理，车辆所带泥土应当冲刷干净，不准带入境内。

（5）对来自或途经动物疫情流行国家或地区的运输工具发现有检疫对象的，作不准带离运输工具、除害、封存或者销毁处理，上下运输工具或者接触的人员和污染的场地，由实施相应的防疫消毒处理。

（6）装载动物、动物产品进境的运输工具，由出入境检验检疫机关实施防疫消毒处理；装载动物出境的运输工具，须在出入境检验检疫机关监督下进行消毒处理合格后方可装运。

（7）进境船舶经检疫发现有我国规定禁止或限制进境的动物、动物产品或其他检疫物，由出入境检验检疫机关施加封识或截留销毁处理；对施加封识的船舶，在中国境内停留或运行期间，未经出入境检验检疫机关许可不得启封动用；发现其他应检物的，按有关规定处理。

（8）进境供拆船用废旧船舶、进境修理船舶，经检疫发现有我国规定禁止进境的动物、动物产品和其他检疫物的，应视具体情况作除害处理合格后，方能进行拆船作业或运输。

（9）出境船舶应在出入境检验检疫机关监督下进行消毒处理合格后方可出港。

第六节 检疫出证和收费制度

检疫证书是出入境检验检疫机关出具的关于动物、动物产品和其他检疫物健康或者卫生状况的具有法律效力的文件，是检疫结果书面凭证，如动物检疫证书、动物健康证书、兽医卫生证书、熏蒸/消毒证书等。输入、输出、过境、携带入境的动物、动物产品和其他检疫物必须有相应的检疫证书。输入、输出检疫物，海关凭出入境检验检疫机关签发的检疫证书验放；进境或过境检疫物，货主或其代理人必须持有输出国或地区官方检疫证书。

检疫收费是世界各国的通行做法。根据《进出境动植物检疫法》第 48 条和《进出境动植物检疫法实施条例》第 36 条的规定，对进出境检疫物实施现场检疫、监督、实验室检疫、消毒处理以及检验技术服务，依法收取检疫费，收费办法由国务院财政、物价等有关行政管理部门制定，不能由收费部门自定办法、自定标准，不得擅自扩大收费范围、提高收费标准，收费标准以合理成本为基础，并考虑技术难易程度和货物价值等因素制定；检疫费由出入境检验检疫机关收取，其他单位和部门不得收取，根据有关操作规程或建议条款进行抽样检疫，均按全批收费；相关部门不得重复检疫收费，输入、输出的动物、动物产品和其他检疫物，经启运地出入境检验检疫机关检疫合格的，运达出境口岸时，运输、邮电部门凭启运地出入境检验检疫机关签发的检疫单证运递，国内其他检疫机关不再检疫。

思 考 题

1. 简述出入境动物检疫监督的有关规定。
2. 简述办理输入动物、动物产品许可的程序。
3. 简述我国的出境动物检疫许可证制度。
4. 简述出入境动物检疫程序的具体制度。
5. 简述出入境动物检疫处理的相关规定。
6. 简述出入境动物检疫的出证和收费制度。

第八章　重大动物疫情应急法律制度

为了迅速控制、扑灭重大动物疫情，保障养殖业生产安全，保护公众身体健康与生命安全，维护正常的社会秩序，我国颁布了《重大动物疫情应急条例》和《国家突发重大动物疫情应急预案》等法律法规。本章简述重大动物疫情的定义和特征，我国重大动物疫情防控和应急法律法规体系，概述《重大动物疫情应急条例》和《国家突发重大动物疫情应急预案》，依法防控重大动物疫情的意义；着重讲述重大动物疫情应急准备法律制度，重大动物疫情监测、报告和公布法律制度，重大动物应急处理法律制度，法律责任等重大动物疫情应急法律制度。各地人民政府和兽医主管部门及其他相关部门要依据法规的规定，做好重大动物疫情应急准备，完善应急预案，建立重大动物疫情监测网络和预防控制体系，加强疫情监测，严格疫情报告和诊断，及时果断处置疫情。

第一节　重大动物疫情应急法律制度概述

一、重大动物疫情的概念

根据《重大动物疫情应急条例》的规定，重大动物疫情是指高致病性禽流感等发病率或者死亡率高的动物疫病突然发生，迅速传播，给养殖业生产安全造成严重威胁、危害，以及可能对公众身体健康与生命安全造成危害的情形，包括特别重大动物疫情。《国家突发重大动物疫情应急预案》附则中的定义为：重大动物疫情，是指陆生、水生动物突然发生重大疫病且迅速传播，导致动物发病率或者死亡率高，给养殖业生产安全造成严重危害，或者可能对人民身体健康与生命安全造成危害的，具有重要经济社会影响和公共卫生意义。从上述定义可看出，重大动物疫情具有四个特征：突然发生；迅速传播；发病率或死亡率高；给养殖业生产安全造成严重威胁，或者可能对公众身体健康与生命安全造成危害。

二、我国重大动物疫情应急法律法规体系

（一）重大动物疫情防控的法律法规与技术规范发展概况

我国高度重视动物疫病防控及重大动物疫情应急的法律法规体系建设，自新中国成立至今，国家和农业部发布了多项与重大动物疫情防控和应急有关的法律法规（规章）和技术规范，涵盖重大动物疫情预防、控制与扑灭等环节，形成了一个较为完整的重大动物疫情应急法律法规体系。

1. 法律法规体系　1951 年国务院发布了《关于迅速扑灭口蹄疫，保护生产的通知》；1956 年农业部发布《国营农牧场兽医规则》；1982 年国家颁布《中华人民共和国进出口动植物检疫条例》；1985 年国务院发布《家畜家禽防疫条例》，农牧渔业部发布

《家畜家禽防疫条例实施细则》(1992 年修订); 1989 年国家颁布《中华人民共和国传染病防治法》(2004 年修订); 1991 年国家颁布《中华人民共和国进出境动植物检疫法》; 1997 年国家颁布《中华人民共和国动物防疫法》(2007 年修订); 1999 年农业部发布《一、二、三类动物疫病病种名录》(2008 年修订); 2002 年农业部发布《动物检疫管理办法》(2010 年修订) 和《动物防疫条件审核管理办法》(2010 年修订); 2004 年国务院办公厅印发《全国高致病性禽流感应急预案》; 2005 年农业部发布了《农业部门应对人间发生高致病性禽流感疫情应急预案》和《病死及死因不明动物处置办法》; 2005 年 11 月 16 日，国家发布《重大动物疫情应急条例》; 2006 年国务院发布《国家突发公共事件总体应急预案》和《国家突发重大动物疫情应急预案》。此外，各省、自治区、直辖市地方人民政府按照国家法规的要求，制定当地重大动物疫情应急预案，有些省还结合当地实际情况，按照不同动物疫病流行特点和危害程度，制定了应急实施办法和疫情处置技术规范等地方性法规，提高了重大动物疫情应急处理能力。

2. 技术规范与标准体系　为了预防、控制和扑灭高致病性禽流感、口蹄疫等重大动物疫情，依据《动物防疫法》、《重大动物疫情应急条例》、《国家突发重大动物疫情应急预案》及有关的法律法规，农业部制定了《高致病性禽流感防治技术规范》、《高致病性禽流感疫情处置技术规范》、《口蹄疫防治技术规范》、《高致病性猪蓝耳病防治技术规范》、《猪瘟防治技术规范》、《新城疫防治技术规范》等，规定了上述重大动物疫病的诊断、疫情报告、疫情处置、预防控制、检疫监督的操作程序与技术标准及保障措施。国家颁布了《病害动物和病害动物产品生物安全处理规程》(GB 16548)、《高致病性禽流感防治技术规范》(GB 19442) 等国家标准。

(二) 重大动物疫情应急条例

针对近几年国内重大动物疫情防控工作中出现的新情况、新问题，总结多年动物防疫工作经验以及近年来预防、控制、扑灭高致病性禽流感等重大动物疫情的实践经验，借鉴国外成功经验，国务院第 113 次常务会议审议于 2005 年 11 月 16 日通过了《重大动物疫情应急条例》(以下简称《应急条例》)。《应急条例》指明了重大动物疫情应急工作的指导思想和基本原则，明确了政府、社会和公民在应急处置工作中的职责，提高了各级政府和全社会应对及处置重大动物疫情的能力；贯彻了新的防疫指导思想，确立了重大动物疫情应急系列新制度，建立了重大动物疫情应急处置工作制度、快速反应机制、管理程序和步骤，增强了防控工作的针对性和可操作性，使重大动物疫病防控工作更加明确、具体。《应急条例》分为 6 章、49 条，确立的主要制度为：一是重大动物疫情应急准备制度；二是重大动物疫情监测、报告和公布制度；三是重大动物疫情应急处理制度，并对违反本条例的行为规定了严格的法律责任。《应急条例》第一章为总论，主要内容如下。

1. 立法目的　为了迅速控制、扑灭重大动物疫情，保障养殖业生产安全，保护公众身体健康与生命安全，维护正常的社会秩序。

2. 指导方针和工作原则　重大动物疫情应急工作应当遵循加强领导、密切配合、依靠科学、依法防治，群防群控、果断处置的 24 字方针；及时发现、快速反应、严格处理、减少损失的 16 字原则。

3. 行政管理制度　《应急条例》明确了重大动物疫情应急是政府行为，确立了重大动物疫情应急控制的总体工作机制。

(1) 应急工作管理原则。重大动物疫情应急工作按照属地管理的原则，实行政府统一领导、部门分工负责，逐级建立责任制。据此明确了"两个管理主体（人民政府和应急指挥部）、三个实施主体（兽医主管部门、有关部门和动物防疫监督机构）、一个骨干队伍（应急预备队）"在重大动物疫情应急中的责任和义务。

(2) 兽医主管部门及其他有关部门的职责。县级以上人民政府兽医主管部门具体负责组织重大动物疫情的监测、调查、控制、扑灭等应急工作。县级以上人民政府其他有关部门（主要包括林业、出入境检验检疫、财政、卫生、工商、公安等）在各自的职责范围内，做好重大动物疫情的应急工作。

(3) 陆生野生动物疫源疫病的监测。县级以上人民政府林业主管部门、兽医主管部门按照职责分工，加强对陆生野生动物疫源疫病的监测。

4. 信息收集与通报制度　出入境检验检疫机关应当及时收集境外重大动物疫情信息，加强进出境动物及其产品的检验检疫工作，防止动物疫病传入和传出。兽医主管部门要及时向出入境检验检疫机关通报国内重大动物疫情。

5. 科学研究和国际交流的规定　国家鼓励、支持开展重大动物疫情监测、预防、应急处理等有关技术的科学研究和国际交流与合作。我国已与世界卫生组织（WHO)、联合国粮农组织（FAO)、世界动物卫生组织（OIE）等国际组织建立了良好的合作机制，并对周边有重大动物疫情的国家进行技术和物资方面的援助，提供疫苗、检测设备、防护服以及培训等帮助。

6. 表彰与奖励制度　县级以上人民政府应当对参加重大动物疫情应急处理的人员给予适当补助，对作出贡献的人员给予表彰和奖励。

7. 社会监督制度　对不履行或者不按照规定履行重大动物疫情应急处理职责的行为，任何单位和个人有权检举控告。

（三）国家突发重大动物疫情应急预案

为了及时、有效地预防、控制和扑灭突发重大动物疫情，最大限度地减轻突发重大动物疫情对畜牧业及公众健康造成的危害，保持经济持续稳定健康发展，保障人民身体健康安全，依据《动物防疫法》、《进出境动植物检疫法》和《国家突发公共事件总体应急预案》，国务院于 2006 年 2 月 27 日发布了《国家突发重大动物疫情应急预案》（以下简称《应急预案》)。《应急预案》明确规定了突发重大动物疫情的工作原则，应急组织体系及其职责，突发重大动物疫情监测、预警和报告，突发重大动物疫情的应急响应和终止，善后处理，突发重大动物疫情应急处置的保障，各类具体工作预案的制定。适用于突然发生、造成或者可能造成畜牧业生产严重损失和社会公众健康严重损害的重大动物疫情的应急处理工作。

1. 工作原则

(1) 统一领导，分级管理。各级人民政府统一领导和指挥突发重大动物疫情应急处理工作；疫情应急处理工作实行属地管理；地方各级人民政府负责扑灭本行政区域内的突发重大动物疫情，各有关部门按照预案规定，在各自的职责范围内做好疫情应急处理的有关工作。根据突发重大动物疫情的范围、性质和危害程度，对突发重大动物疫情实行分级管理。

（2）快速反应，高效运转。各级人民政府和兽医行政管理部门要依照有关法律、法规，建立和完善突发重大动物疫情应急体系、应急反应机制和应急处置制度，提高突发重大动物疫情应急处理能力；发生突发重大动物疫情时，各级人民政府要迅速作出反应，采取果断措施，及时控制和扑灭突发重大动物疫情。

（3）预防为主，群防群控。贯彻预防为主的方针，加强防疫知识的宣传，提高全社会防范突发重大动物疫情的意识；落实各项防范措施，做好人员、技术、物资和设备的应急储备工作，并根据需要定期开展技术培训和应急演练；开展疫情监测和预警预报，对各类可能引发突发重大动物疫情的情况要及时分析、预警，做到疫情早发现、快行动、严处理。突发重大动物疫情应急处理工作要依靠群众，全民防疫，动员一切资源，做到群防群控。

2. 应急组织体系及主要职责 突发重大动物疫情应急组织体系由应急指挥部、日常管理机构、专家委员会和应急处理机构四部分组成。

（1）应急指挥机构。农业部在国务院统一领导下，负责组织、协调全国突发重大动物疫情应急处理工作。县级以上地方人民政府兽医行政管理部门在本级人民政府统一领导下，负责组织、协调本行政区域内突发重大动物疫情应急处理工作。国务院和县级以上地方人民政府根据本级人民政府兽医行政管理部门的建议和实际工作需要，决定是否成立全国和地方应急指挥部。应急指挥部分为全国突发重大动物疫情应急指挥部和省级突发重大动物疫情应急指挥部。

全国突发重大动物疫情应急指挥部的职责为：国务院主管领导担任全国突发重大动物疫情应急指挥部总指挥，国务院办公厅负责同志、农业部部长担任副总指挥，全国突发重大动物疫情应急指挥部负责对特别重大突发动物疫情应急处理的统一领导、统一指挥，作出处理突发重大动物疫情的重大决策。指挥部成员单位根据突发重大动物疫情的性质和应急处理的需要确定。指挥部下设办公室，设在农业部，负责按照指挥部的要求，具体制定防治政策，部署扑灭重大动物疫情的工作，并督促各地各有关部门按要求落实各项防治措施。

省级突发重大动物疫情应急指挥部的职责为：省级突发重大动物疫情应急指挥部由省级人民政府有关部门组成，省级人民政府主管领导担任总指挥。省级突发重大动物疫情应急指挥部统一负责对本行政区域内突发重大动物疫情应急处理的指挥，作出处理本行政区域内突发重大动物疫情的决策，决定要采取的措施。

（2）日常管理机构。农业部负责全国突发重大动物疫情应急处理的日常管理工作。省级人民政府兽医行政管理部门负责本行政区域内突发重大动物疫情应急的协调、管理工作。市（地）级、县级人民政府兽医行政管理部门负责本行政区域内突发重大动物疫情应急处置的日常管理工作。

（3）专家委员会。专家委员会由突发重大动物疫情专家委员会和突发重大动物疫情应急处理专家委员会组成。农业部和省级人民政府兽医行政管理部门组建突发重大动物疫情专家委员会。市（地）级和县级人民政府兽医行政管理部门可根据需要，组建突发重大动物疫情应急处理专家委员会。

（4）应急处理机构。动物防疫监督机构：主要负责突发重大动物疫情报告，现场流行病学调查，开展现场临床诊断和实验室检测，加强疫病监测，对封锁、隔离、紧急免疫、扑杀、无害化处理、消毒等措施的实施进行指导、落实和监督。出入境检验检疫机构：负责对出入境动物及动物产品的检验检疫、疫情报告、消毒处理、流行病学调查和宣传教育等。

3. 突发重大动物疫情的监测、预警与报告

（1）监测。国家建立突发重大动物疫情监测、报告网络体系。农业部和地方各级人民政府兽医行政管理部门要加强对监测工作的管理和监督，保证监测质量。

（2）预警。各级人民政府兽医行政管理部门根据动物防疫监督机构提供的监测信息，按照重大动物疫情的发生、发展规律和特点，分析其危害程度、可能的发展趋势，及时作出相应级别的预警，依次用红色、橙色、黄色和蓝色表示特别严重、严重、较重和一般四个预警级别。

（3）报告。任何单位和个人有权向各级人民政府及其有关部门报告突发重大动物疫情及其隐患，有权向上级政府部门举报不履行或者不按照规定履行突发重大动物疫情应急处理职责的部门、单位及个人。

4. 应急响应和终止

（1）应急响应的原则。发生突发重大动物疫情时，事发地的县级、市（地）级、省级人民政府及其有关部门按照分级响应的原则作出应急响应。同时，要遵循突发重大动物疫情发生发展的客观规律，结合实际情况和预防控制工作的需要，及时调整预警和响应级别。要根据不同动物疫病的性质和特点，注重分析疫情的发展趋势，对势态和影响不断扩大的疫情，应及时升级预警和响应级别；对范围局限、不会进一步扩散的疫情，应相应降低响应级别，及时撤销预警。

突发重大动物疫情应急处理要采取边调查、边处理、边核实的方式，有效控制疫情发展。

未发生突发重大动物疫情的地方，当地人民政府兽医行政管理部门接到疫情通报后，要组织做好人员、物资等应急准备工作，采取必要的预防控制措施，防止突发重大动物疫情在本行政区域内发生，并服从上一级人民政府兽医行政管理部门的统一指挥，支援突发重大动物疫情发生地的应急处理工作。

（2）应急响应。特别重大突发动物疫情（Ⅰ级）的应急响应：确认特别重大突发动物疫情后，按程序启动本《应急预案》；重大突发动物疫情（Ⅱ级）的应急响应：确认重大突发动物疫情后，按程序启动省级疫情应急响应机制；较大突发动物疫情（Ⅲ级）的应急响应：市（地）级人民政府市（地）级人民政府根据本级人民政府兽医行政管理部门的建议，启动应急预案，采取相应的综合应急措施；一般突发动物疫情（Ⅳ级）的应急响应：县级地方人民政府根据本级人民政府兽医行政管理部门的建议，启动应急预案，组织有关部门开展疫情应急处置工作。

(3) 突发重大动物疫情应急响应的终止。突发重大动物疫情应急响应的终止条件：疫区内所有的动物及其产品按规定处理后，经过该疫病的至少一个最长潜伏期无新的病例出现。

突发重大动物疫情应急响应的终止程序：①特别重大突发动物疫情，由农业部对疫情控制情况进行评估，提出终止应急措施的建议，按程序报批宣布；②重大突发动物疫情，由省级人民政府兽医行政管理部门对疫情控制情况进行评估，提出终止应急措施的建议，按程序报批宣布，并向农业部报告；③较大突发动物疫情，由市（地）级人民政府兽医行政管理部门对疫情控制情况进行评估，提出终止应急措施的建议，按程序报批宣布，并向省级人民政府兽医行政管理部门报告；④一般突发动物疫情，由县级人民政府兽医行政管理部门对疫情控制情况进行评估，提出终止应急措施的建议，按程序报批宣布，并向上一级和省级人民政府兽医行政管理部门报告。上级人民政府兽医行政管理部门及时组织专家对突发重大动物疫情应急措施终止的评估提供技术指导和支持。

非突发重大动物疫情发生地区的应急响应：应根据发生疫情地区的疫情性质、特点、发生区域和发展趋势，分析本地区受波及的可能性和程度，重点做好以下工作：密切保持与疫情发生地的联系，及时获取相关信息；组织做好本区域应急处理所需的人员与物资准备；开展对养殖、运输、屠宰和市场环节的动物疫情监测和防控工作，防止疫病的发生、传入和扩散；开展动物防疫知识宣传，提高公众防护能力和意识；按规定做好公路、铁路、航空、水运交通的检疫监督工作。

5. 善后处理 突发重大动物疫情扑灭后，兽医行政管理部门、各级人们政府以及人民政府其他有关部门，应当按照《应急预案》的规定开展后期评估、奖励、责任、灾害补偿、抚恤和补助、恢复生产和社会救助等工作。

6. 突发重大动物疫情应急处置的保障 突发重大动物疫情发生后，县级以上地方人民政府应积极协调有关部门，做好突发重大动物疫情处理的应急保障工作：通信与信息保障；应急资源与装备保障（包括应急队伍保障、交通运输保障、医疗卫生保障、治安保障、物资保障、经费保障）；技术储备与保障；培训和演习；社会公众的宣传教育。

7. 各类具体工作预案的制定 各类具体工作预案的制定分别为：①农业部应根据该《应急预案》制定各种不同重大动物疫病应急预案，并根据形势发展要求，及时进行修订；②国务院有关部门根据该《应急预案》的规定，制定本部门职责范围内的具体工作方案；③县级以上地方人民政府根据有关法律法规的规定，参照该《应急预案》并结合本地区实际情况，组织制定本地区突发重大动物疫情应急预案。

三、依法防控重大动物疫情的意义

近年来，高致病性禽流感、口蹄疫等重大动物疫情频频发生，不仅严重影响养殖业的发展，而且严重威胁公众的身体健康与生命安全，影响对外贸易和国家形象、经济发展和社会稳定，引起了世界各国的广泛关注，许多国家加快法制建设步伐，通过立法和执法进一步规范重大动物疫情防控工作，建立和完善重大动物疫情应急处理机制和应对措施。

我国颁布的《重大动物疫情应急条例》是继《动物防疫法》之后又一部重要的动物防疫行政法规，是规范防控重大动物疫情应急工作的纲领性文件，为重大动物疫病的预防、控制和扑灭提供了强有力的法律依据和行动指南，为建立重大动物疫病防控长效机制奠定了坚实的制度基础，标志着我国动物卫生法规建设和重大动物疫病防控工作进入一个新阶段，重大动物防控工作全面纳入法制化轨道。《应急条例》的颁布实施，是依法防控动物疫情的重大措施，充分反映了防控重大动物疫情的客观要求，既是做好重大动物疫病防控工作、促进畜牧业健康发展和依法履行行业管理职责的需要，又是维护公共卫生安全、提高我国动物产品质量安全和国际竞争力的迫切需要。依法防控重大动物疫情，可有效、有力、有序应对可能发生的重大动物疫情，对防止疫情蔓延扩散，保障养殖业生产安全和稳定健康发展，保护公众身体健康与生命安全，维护正常的社会秩序，具有十分重大的作用与意义。

第二节　重大动物疫情应急准备法律制度

应急准备是预防、控制、扑灭重大动物疫情的前提、基础和保障。地方人民政府和有关部门要加强物资储备，完善预防监测体系，成立应急预备队。各级兽医主管部门要按照《应急条例》的要求，在当地政府的领导下，制定和完善重大动物疫情应急预案，并结合当地实际情况，按照不同动物疫病流行的特点和危害程度，制订应急实施方案和疫情处置技术规范，进一步健全应急机制。《应急条例》第 2 章规定了重大动物疫情应急准备法律制度，主要包括：应急预案制定制度，物资储备制度，监测网络和预防控制体系制度，建立应急预备队制度。

一、应急预案制度

应急预案的制定是重大动物疫情应急工作开展的前提条件和应急准备工作中最基础的工作。通过预案的制定，可切实提高保障安全和处置突发重大动物疫情的能力，确保一旦发生疫情做到启动迅速、反应灵敏、运转顺畅。

（一）应急预案及实施方案制定与完善制度

（1）全国重大动物疫情应急预案及实施方案制定制度。国务院兽医主管部门应当制定全国重大动物疫情应急预案，报国务院批准，并按照不同动物疫病病种及其流行特点和危害程度，分别制订实施方案，报国务院备案。

（2）地方重大动物疫情应急预案及实施方案制定制度。县级以上地方人民政府根据本地区的实际情况，制定本行政区域的重大动物疫情应急预案，报上一级人民政府兽医主管部门备案。县级以上地方人民政府兽医主管部门，应当按照不同动物疫病病种及其流行特点和危害程度，分别制订应急预案的实施方案。

（3）应急预案及其实施方案完善制度。重大动物疫情应急预案及其实施方案应当根据疫情的发展变化和实施情况，及时修改、完善。

（二）应急预案的内容

重大动物疫情应急预案主要包括六方面内容：①应急指挥部的职责、组成以及成员单位的分工；②重大动物疫情的监测、信息收集、报告和通报；③动物疫病的确认、重大动物疫情的分级和相应的应急处理工作方案；④重大动物疫情疫源的追踪和流行病学调查分析；⑤预防、控制、扑灭重大动物疫情所需资金的来源、物资和技术的储备与调度；⑥重大动物疫情应急处理设施和专业队伍建设。

二、应急物资储备制度

国务院有关部门和县级以上地方人民政府及其有关部门，应当按照重大动物疫情应急预案的要求，做好疫苗、药品、设施设备和防护用品等应急处理所需物资的储备。

三、监测网络与防控体系制度

县级以上人民政府应当建立和完善重大动物疫情监测网络和预防控制体系，加强动物防疫基础设施和乡镇动物防疫组织建设，并保证其正常运行，提高对重大动物疫情的应急处理能力。

四、应急预备队制度

应急预备队是控制和扑灭重大动物疫情的重要力量，《应急条例》明确规定了应急预备队的成立、任务和人员组成。

（一）应急预备队的成立及任务

县级以上地方人民政府根据重大动物疫情应急需要，可以成立应急预备队，在重大动物疫情应急指挥部的指挥下，具体承担疫情的控制和扑灭任务。

（二）应急预备队的组成

应急预备队由当地兽医行政管理人员、动物防疫工作人员、有关专家、执业兽医等组成；必要时，可以组织动员社会上有一定专业知识的人员参加。公安机关、中国人民武装警察部队应当依法协助其执行任务。

（三）应急预备部的训练和演练

应急演练是检验应急管理体系适应性、有效性和完备性，提高应急预备队素质和快速反应能力的重要手段。《应急条例》规定，应急预备队应当定期进行技术培训和应急演练。

《应急预案》规定，各级兽医主管部门要对重大动物疫情处理预备队成员进行系统培训。在没有发生突发重大动物疫情状态下，农业部每年要有计划地选择部分地区举行演练，确保预备队扑灭疫情的应急能力。地方政府可根据资金和实际需要的情况，组织训练。

五、宣传教育制度

重大动物疫情应急、防控不能离开社会和群众的理解、支持和配合，要面向社会、依靠群众，实现群防群控。《应急条例》规定，县级以上人民政府及其兽医主管部门应当加强对重大动物疫情应急知识和重大动物疫病科普知识的宣传，增强全社会的重大动物疫情防范意识。

第三节　重大动物疫情监测、报告和公布法律制度

重大动物疫情的监测、报告和公布，对于启动应急机制，迅速控制和扑灭重大动物疫情具有重要意义。建立和完善疫情监测、报告制度，是发现和迅速控制重大动物疫情的重要途径与手段；健全疫情公布制度，体现对重大动物疫情处置的公开、透明和对公众身体健康与生命安全的高度负责。《应急条例》第 3 章阐述了重大动物疫情监测制度，重大动物疫情报告制度，重大动物疫情确认程序、权限和公布制度，重大动物疫情通报制度等制度。

一、重大动物疫情监测制度

重大动物疫情监测是对某种重大动物疫病的发生、流行、分布及相关因素进行系统的长时间的观察与检测，以把握该疫病的发生发展趋势。科学、准确、全面地监测疫情，是做好重大动物疫情防控工作的基础。

（一）重大动物疫情监测主体

动物防疫监督机构负责重大动物疫情的监测。根据此项规定，动物防疫监督机构应当加强动物疫情监测，坚持紧急监测与日常监测相结合、点上监测和面上监测相结合，认真分析、评估疫情发生风险，预测疫情流行态势，把握疫情流行状况及流行规律，及时掌握重大动物疫情，及时发布疫情预警信息。

（二）行政相对人在重大动物疫情监测中的义务

饲养、经营动物和生产、经营动物产品的单位和个人应当配合动物防疫监督机构的监测，不得拒绝和阻碍；对拒绝、阻碍动物防疫监督机构进行重大动物疫情监测的，追究法律责任。

二、重大动物疫情报告制度

疫情报告是按照政府规定，兽医和有关人员及时向上级领导机关所作的关于疫病发生、流行情况的报告。疫情报告是快速扑灭重大动物疫情的关键，为了最大限度地保证动物疫情信息传递渠道畅通，保证重大动物疫情信息报告的及时性、准确性和严肃性，《应急条例》规定了疫情报告的义务人和报告时机、接受报告的主体以及重大动物疫情报告的内容、程序和时限，为及时准确地报告疫情，切实做到早发现、早报告提供了法律依据。

（一）重大动物疫情报告义务人和接受报告的主体

（1）报告义务人和报告时机。《应急条例》明确了公民、法人和组织负有向有关部门报告动物疫情的义务，规定从事动物隔离、疫情监测、疫病研究与诊疗、检验检疫以及动物饲养、屠宰加工、运输、经营等活动的有关单位和个人，发现动物出现群体发病或者死亡时，应当立即向所在地的县（市）动物防疫监督机构报告。

（2）接受重大动物疫情报告的主体。疫情所在地的县（市）动物防疫监督机构是接受动物疫情报告的主体。

（二）重大动物疫情逐级报告制度

《应急条例》构建了重大动物疫情报告的组织网络与职能架构，规定了重大动物疫情报告的程序、时限和逐级报告制度。

（1）县（市）动物防疫监督机构接到报告后，应当立即赶赴现场调查核实。初步认为属于重大动物疫情的，应当在2小时内将情况逐级报省、自治区、直辖市动物防疫监督机构，并同时报所在地人民政府兽医主管部门；兽医主管部门应当及时通报同级卫生主管部门。

（2）省、自治区、直辖市动物防疫监督机构应当在接到报告后1小时内，向省、自治区、直辖市人民政府兽医主管部门和国务院兽医主管部门所属的动物防疫监督机构报告。

（3）省、自治区、直辖市人民政府兽医主管部门应当在接到报告后1小时内报本级人民政府和国务院兽医主管部门。

（4）重大动物疫情发生后，省、自治区、直辖市人民政府和国务院兽医主管部门应当在4小时内向国务院报告。

（三）报告内容

重大动物疫情报告内容包括：①疫情发生的时间、地点；②染疫、疑似染疫动物种类和数量、同群动物数量、免疫情况、死亡数量、临床症状、病理变化、诊断情况；③流行病学和疫源追踪情况；④已采取的控制措施；⑤疫情报告的单位、负责人、报告人及联系方式。

（四）临时隔离控制措施

由于重大动物疫情具有传播迅速、病死率高的特点，为了及时采取相关应急措施，防止疫情蔓延，《应急条例》规定：在重大动物疫情报告期间，有关动物防疫监督机构应当立即采取临时隔离控制措施；必要时，当地县级以上地方人民政府可以作出封锁决定并采取扑杀、销毁等措施。有关单位和个人应当执行。该规定为在最短时间和最小范围内扑灭疫情、最大限度地减少疫情损失提供了法律依据。

（五）禁止性规定

《应急条例》明确规定，有关单位和个人不得瞒报、谎报、迟报动物疫情，不得授意他人瞒报、谎报、迟报动物疫情，不得阻碍他人报告动物疫情。

三、重大动物疫情认定制度

重大动物疫情由省、自治区、直辖市人民政府兽医主管部门认定；必要时，由国务院兽医主管部门认定。

四、重大动物疫情公布制度

重大动物疫情事关重大，甚至会影响社会的安定和团结，公布结果会对社会产生十分强烈的影响。因此，公布要慎重，要有章可循。为了从程序上保证疫情公布的及时性和准确性，《应急条例》规定：重大动物疫情由国务院兽医主管部门按照国家规定的程序，及时准确公布；其他任何单位和个人不得公布重大动物疫情。

五、重大动物疫情通报制度

为了加强领导、密切配合，及时发现，快速反应，严格处理，减少损失，兽医主管部门应当向有关部门及时通报疫情发生和处理情况。《应急条例》规定：①国务院兽医主管部门应当及时向国务院有关部门和军队有关部门以及各省、自治区、直辖市人民政府兽医主管部门通报重大动物疫情的发生和处理情况；②发生重大动物疫情可能感染人群时，卫生主管部门和兽医主管部门应当及时相互通报情况；③兽医主管部门要及时向出入境检验检疫机关通报国内重大动物疫情。

六、重大动物疫病病原管理制度

随意采集病料和分离病原，极易造成病原逃逸和扩散，引起疫病扩大传播和流行，给公共卫生安全带来极大隐患。为此，《应急条例》规定重大动物疫病应当由动物防疫监督机构采集病料，未经国务院兽医主管部门或者省、自治区、直辖市人民政府兽医主管部门批准，其他单位和个人不得擅自采集病料。从事重大动物疫病病原分离工作的，应当遵守国家有关生物安全管理规定，防止病原扩散。

七、重大动物疫情感染人群时采取的措施

发生重大动物疫情可能感染人群时，卫生主管部门应当对疫区内易受感染的人群进行监测，并采取相应的预防、控制措施。卫生主管部门和兽医主管部门应当及时相互通报情况。

第四节　重大动物疫情应急处理法律制度

做好重大动物疫情的应急处理，是快速扑灭疫情的根本要求。为了实现控制、扑灭重大动物疫情的目标，要处置迅速、措施果断、规范科学。《应急条例》第 4 章规定了应急处理法律制度，主要内容包括：应急指挥系统制度，应急预案启动制度，政府有关部门的职责制度，疫点、疫区、受威胁区的划定制度，应急处理措施，应急经费管理，对工作人员的防护和技术指导规定，解除封锁和撤销疫区的法律制度。

一、应急指挥系统制度

重大动物疫情应急工作是一项系统工程，必须在各级政府的统一领导、指挥下才能顺利完成。《应急条例》规定，重大动物疫情发生后，国务院和有关地方人民政府设立的重大动物疫情应急指挥部统一领导、指挥重大动物疫情应急工作。

重大动物疫情应急指挥部根据应急处理需要，有权紧急调集人员、物资、运输工具以及相关设施、设备。

重大动物疫情应急处理中设置临时动物检疫消毒站以及采取隔离、扑杀、销毁、消毒、紧急免疫接种等控制、扑灭措施的，由有关重大动物疫情应急指挥部决定，有关单位和个人必须服从；拒不服从的，由公安机关协助执行。

二、应急系统启动制度

重大动物疫情发生后，县级以上地方人民政府兽医主管部门提出启动重大动物疫情应急指挥系统、应急预案和疫区进行封锁的建议；由本级人民政府决定启用重大动物疫情应急指挥系统、应急预案和对疫区进行封锁。

三、应急处理分级管理制度

《应急条例》规定，国家对重大动物疫情应急处理实行分级管理，按照应急预案确定的疫情等级，由有关人民政府采取相应的应急控制措施。根据突发重大动物疫情的性质、危害程度、涉及范围，《预案》将突发重大动物疫情划分为特别重大（Ⅰ级）、重大（Ⅱ级）、较大（Ⅲ级）和一般（Ⅳ级）四级。

四、政府及有关单位和个人的责任制度

防控重大动物疫情是政府及有关部门和个人的重要职责。重大动物疫情应急工作按照属地管理的原则，实行政府统一领导，部门分工负责，逐级建立责任制，各部门要团结协作，互相配合。

（一）县级以上人民政府的职责

重大动物疫情发生后，地方人民政府应当根据兽医主管部门的建议，立即启动重大动物疫情应急指挥系统和应急预案，统一指挥重大动物疫情的应急处置工作，并对疫区实施封锁。

重大动物疫情发生地的人民政府和毗邻地区的人民政府应当通力合作，相互配合，做好重大动物疫情的控制、扑灭工作。

（二）县级以上地方人民政府兽医主管部门的职责

（1）重大动物疫情发生时的职责。重大动物疫情发生后，县级以上地方人民政府兽医主管部门应当立即划定疫点、疫区和受威胁区，调查疫源，向本级人民政府提出启动重大动物疫情应急指挥系统、应急预案和对疫区实行封锁的建议。疫点、疫区和受威胁

区的范围应当按照不同动物疫病病种及其流行特点和危害程度划定，具体划定标准由国务院兽医主管部门制定。

(2) 重大动物疫情应急处理中的职责。重大动物疫情发生后，县级以上人民政府兽医主管部门应当及时提出疫点、疫区、受威胁区的处理方案，加强疫情监测、流行病学调查、疫源追踪工作，对染疫和疑似染疫动物及其同群动物和其他易感染动物的扑杀、销毁进行技术指导，并组织实施检验检疫、消毒、无害化处理和紧急免疫接种。

（三）其他有关部门的职责

重大动物疫情应急处理中，县级以上人民政府有关部门应当在各自的职责范围内，做好重大动物疫情应急所需的物资紧急调度和运输、应急经费安排、疫区群众救济、人的疫病防治、肉食品供应、动物及其产品市场监管、出入境检验检疫和社会治安维护等工作。

中国人民解放军、中国人民武装警察部队应当支持配合驻地人民政府做好重大动物疫情的应急工作。

公安机关要协助执行应急指挥部作出的应急处理的各项决定。

（四）乡镇人民政府、村民委员会、居民委员会的职责

重大动物疫情的控制和扑灭离不开基层政府和群众性自治组织的协助和配合，需要充分发挥基层组织的力量，调动社会各方面的积极性和广大人民群众自发的社会力量，做好疫情控制与扑灭工作。《应急条例》规定，重大动物疫情应急处理中，乡镇人民政府、村民委员会、居民委员会应当组织力量，向村民、居民宣传动物疫病防治的相关知识，协助做好疫情信息的收集、报告和各项应急处理措施的落实工作。

（五）行政相对人的义务

饲养、经营、运输、管理、诊疗动物和动物产品等的有关单位和个人，必须服从有关重大动物疫情应急指挥部作出的采取重大动物疫情应急处理中设置临时动物检疫消毒站，以及采取隔离、扑杀、销毁、消毒、紧急免疫接种等控制、扑灭措施的决定；拒不服从的，由公安机关协助执行。

（六）个人防护规定

有关人民政府及其有关部门对参加重大动物疫情应急处理的人员，应当进行必要的卫生防护和技术指导等。

五、应急处理措施

（一）对疫点采取的措施

发生重大动物疫情，对疫点应当采取下列措施：①扑杀并销毁染疫动物和易感染的动物及其产品；②对病死的动物、动物排泄物、被污染饲料、垫料、污水进行无害化处理；③对被污染的物品、用具、动物圈舍、场地进行严格消毒。

（二）对疫区采取的措施

发生重大动物疫情，对疫区应当采取下列措施：①在疫区周围设置警示标志，在出入疫区的交通路口设置临时动物检疫消毒站，对出入的人员和车辆进行消毒；②扑杀并销毁染疫和疑似染疫动物及其同群动物，销毁染疫和疑似染疫的动物产品，对其他易感染的动物实行圈养或者在指定地点放养，役用动物限制在疫区内使役；③对易感染的动物进行监测，并按照国务院兽医主管部门的规定实施紧急免疫接种，必要时对易感染的动物进行扑杀；④关闭动物及动物产品交易市场，禁止动物进出疫区和动物产品运出疫区；⑤对动物圈舍、动物排泄物、垫料、污水和其他可能受污染的物品、场地，进行消毒或者无害化处理。

（三）对受威胁区采取的措施

发生重大动物疫情，对受威胁区应当采取下列措施：①对易感染的动物进行监测；②对易感染的动物根据需要实施紧急免疫接种。

六、疫区解除封锁制度

自对疫区内最后一头（只）发病动物及其同群动物处理完毕起，经过该疫病一个潜伏期以上的监测，未出现新的病例的，彻底消毒后，经上一级动物防疫监督机构验收合格，由原发布封锁令的人民政府宣布解除封锁，撤销疫区；由原批准机关撤销在该疫区设立的临时动物检疫消毒站。

七、经费保障和补偿制度

为了保护人民群众利益，减少群众经济损失和帮助受灾群众恢复生产问题，促进重大动物疫情应急措施的落实，《应急条例》对重大动物疫情应急处置工作经费的来源和补偿提出了法律的财政保障依据。

（一）经费保障制度

国家对疫区、受威胁区内易感染的动物免费实施紧急免疫接种；紧急免疫接种和补偿所需费用，由中央财政和地方财政分担。县级以上人民政府应当将重大动物疫情确认、疫区封锁、扑杀及其补偿、消毒、无害化处理、疫源追踪、疫情监测以及应急物资储备等应急经费列入本级财政预算。

（二）补偿制度

《应急条例》规定，国家对因采取扑杀、销毁等措施给当事人造成的已经证实的损失，给予合理补偿。在重大动物疫情应急中，相关政策单位和个人的物资、运输工具以及相关设施、设备被征集使用的，有关人民政府应当及时归还并给予合理补偿。

八、应急措施执行强制力保障制度

《应急条例》规定，重大动物疫情应急处理中设置临时动物检疫消毒站以及采取隔离、扑杀、销毁、消毒、紧急免疫接种等控制、扑灭措施的，由有关重大动物疫情应急指挥部决定，有关单位和个人必须服从；拒不服从的，由公安机关协助执行。中国人民解放军、中国人民武装警察部队应当支持配合驻地人民政府做好重大动物疫情的应急工作。

第五节　重大动物疫情应急法律责任制度

《应急条例》第五章为法律责任，是对前四章违法责任的相关追究。《应急条例》加大了对应急防控违法行为的惩处力度，特别是对兽医主管部门及其所属的动物防疫监督机构、地方人民政府及有关部门的主要负责人、负有责任的主管人员和其他责任人员不履行应急处理职责的规定了行政处分，并明确规定构成犯罪的，依法追究刑事责任。使不履行法定义务的机关和人员在处理上有法可依，可有效防止疫情的发生和蔓延。

一、管理机关违法行为的法律责任

（一）兽医主管部门及其所属的动物防疫监督机构的法律责任

违反《应急条例》规定，兽医主管部门及其所属的动物防疫监督机构有下列行为之一的，由本级人民政府或者上级人民政府有关部门责令立即改正、通报批评、给予警告；对主要负责人、负有责任的主管人员和其他责任人员，依法给予记大过、降级、撤职直至开除的行政处分；构成犯罪的，依法追究刑事责任：①不履行疫情报告职责，瞒报、谎报、迟报或者授意他人瞒报、谎报、迟报，阻碍他人报告重大动物疫情的；②在重大动物疫情报告期间，不采取临时隔离控制措施，导致动物疫情扩散的；③不及时划定疫点、疫区和受威胁区，不及时向本级人民政府提出应急处理建议，或者不按照规定对疫点、疫区和受威胁区采取预防、控制、扑灭措施的；④不向本级人民政府提出启动应急指挥系统、应急预案和对疫区的封锁建议的；⑤对动物扑杀、销毁不进行技术指导或者指导不力，或者不组织实施检验检疫、消毒、无害化处理和紧急免疫接种的；⑥其他不履行本条例规定的职责，导致动物疫病传播、流行，或者对养殖业生产安全和公众身体健康与生命安全造成严重危害的。

（二）地方人民政府的法律责任

违反《应急条例》规定，有关地方人民政府阻碍报告重大动物疫情，不履行应急处理职责，不按照规定对疫点、疫区和受威胁区采取预防、控制、扑灭措施，或者对上级人民政府有关部门的疫情调查不予配合或者阻碍、拒绝的，由上级人民政府责令立即改正、通报批评、给予警告；对政府主要领导人依法给予记大过、降级、撤职直至开除的行政处分；构成犯罪的，依法追究刑事责任。

（三）地方人民政府其他有关部门的法律责任

违反《应急条例》规定，县级以上人民政府有关部门不履行应急处理职责，不执行对疫点、疫区和受威胁区采取的措施，或者对上级人民政府有关部门的疫情调查不予配合或者阻碍、拒绝的，由本级人民政府或者上级人民政府有关部门责令立即改正、通报批评、给予警告；对主要负责人、负有责任的主管人员和其他责任人员，依法给予记大过、降级、撤职直至开除的行政处分；构成犯罪的，依法追究刑事责任。

（四）截留、挪用重大动物疫情应急经费或侵占、挪用应急储备物资违法行为的法律责任

地方各级人民政府及相关部门截留、挪用重大动物疫情应急经费，或者侵占、挪用应急储备物资的，按照《财政违法行为处罚处分条例》的规定处理；构成犯罪的，依法追究刑事责任。

二、行政相对人违法行为的法律责任

（一）拒绝、阻碍重大动物疫情监测或不报告疫情违法行为的法律责任

违反《应急条例》规定，拒绝、阻碍动物防疫监督机构进行重大动物疫情监测，或者发现动物出现群体发病或者死亡，不向当地动物防疫监督机构报告的，由动物防疫监督机构给予警告，并处2000元以上5000元以下罚款；构成犯罪的，依法追究刑事责任。

（二）不按规定采集重大动物疫病病料和分离病原违法行为的法律责任

违反《应急条例》规定，擅自采集重大动物疫病病料，或者在重大动物疫病病原分离时不遵守国家有关生物安全管理规定的，由动物防疫监督机构给予警告，并处5000元以下罚款；构成犯罪的，依法追究刑事责任。

（三）其他相关法律责任

在重大动物疫情发生期间，哄抬物价、欺骗消费者，散布谣言、扰乱社会秩序和市场秩序的，由价格主管部门、工商行政管理部门或者公安机关依法给予行政处罚；构成犯罪的，依法追究刑事责任。

思 考 题

1. 简述重大动物疫情应急工作的指导方针和工作原则。
2. 简述应急预案的主要内容。
3. 简述重大动物疫情报告的程序和内容。
4. 简述应急组织体系及主要职责。
5. 简述发生重大动物疫情后，对疫点、疫区和受威胁区采取的措施。
6. 简述重大动物疫情监测、认定、公布的部门。
7. 简述有关单位和个人在重大动物疫情防控中承担的责任和义务。

第九章 动物及其产品质量安全保障法律制度

动物及其产品质量安全保障是一项复杂的工程，不仅涉及动物生产全过程的质量安全管理法律制度，还涉及兽药、饲料、动物防疫、出入境检验检疫、食品安全等相关的法律法规。因此本章结合当前我国畜牧业、食品卫生相关的法律法规对动物及其产品质量安全保障的法律制度加以阐述。

第一节 动物和动物产品质量安全管理法律制度

一、动物和动物产品质量安全管理概述

（一）概 念

（1）动物产品是指未经加工的肉、蛋、乳、油脂、脏器、毛皮、血液、骨、脚蹄等产品，是畜牧业生产的目的，也是人类的食品和工业原料。可分为食用动物产品包括肉、蛋、乳等和非食用动物产品包括毛、绒、皮革等。

（2）动物产品质量是指动物产品满足社会和人类需要所具备的特性和特征的总称。食用动物产品的特性和特征包括营养性、安全性和符合一定的规格要求。非食用动物产品的特性和特征包括安全性和符合一定的规格要求。

（3）动物产品质量安全是指动物产品以及其加工制品等整个生产过程到终端产品，经严格检验，各项技术指标与卫生指标符合国家标准或行业相关标准，不会对人体造成危害。

（二）动物和动物产品质量安全的分类

根据安全要求的不同，可将农产品（食品）分为无公害农产品、绿色食品、有机食品三类。与此对应的动物产品可分为无公害动物产品、绿色动物产品、有机动物产品。

（1）无公害动物产品。无公害农产品是指产地环境、生产过程和产品质量符合国家有关标准和规范要求，经认证合格获得认证证书并允许使用无公害农产品标识的未经加工或者初加工的食用农产品。无公害动物产品是指有害物质残留不超过规定标准、对人体健康无损害的畜禽产品。

（2）绿色动物产品。绿色动物产品是指遵循可持续发展原则，按特定生产方式生产，经专门机构认证，许可使用绿色食品标志的无污染的安全、优质、营养类动物产品。其中无污染是指绿色动物产品在生产、加工过程中，通过严密的监测、控制，防治兽药残留、放射性物质、重金属、有害细菌等对动物产品各个环节的污染，以确保绿色动物产品的安全。

（3）有机动物产品。有机食品是指在原料生产和加工过程中不使用农药、化肥、生

长激素、化学添加剂、化学色素和防腐剂等化学物质，不使用基因工程技术；通过有机食品认证机构认证并使用有机食品标志的食品。有机动物产品即按国际有机食品协会标准执行的，并通过有机食品认证机构认证并使用有机食品标志的动物产品。

（三）动物和动物产品质量安全的标准

1. 标准的定义 标准是对重复性事物和概念所做的统一规定。它以科学、技术和实践经验的综合成果为基础，经有关方面协商一致，由主管机构批准，以特定形式发布，作为共同遵守的准则和依据。动物和动物产品质量标准是为了保证产品的适用性，对动物和动物产品必须达到的某些或全部要求所指定的标准，范围包括：品种、规格、试验方法、检验规则、包装、储藏、运输等。

2. 标准的分类 动物产品质量标准可分为规格标准、卫生标准、安全标准三个方面。

（1）规格标准。规格是指一定的大小、轻重、精密度和性能等。对于动物产品主要包括肉的胴体分级、规格，乳类理化指标，蛋类、毛皮等的分级指标。

（2）卫生标准。卫生标准是指为了保护人的健康，对食品、医药及其他方面的卫生制定的标准。动物产品卫生标准是为了保护人的健康，针对动物产品卫生要求制定的标准。

（3）安全标准。安全标准是以保护人身安全为目的而制定的标准。动物产品安全标准主要是指与无公害动物产品、绿色动物产品、有机动物产品相关的标准。

非食用动物产品一般只涉及规格标准，而食用动物产品则以上三种标准均涉及。故在本节动物和动物产品质量安全管理的论述中只涉及肉、蛋、乳等食用动物产品的内容，而毛皮等非食用动物产品将不作赘述。

（四）动物和动物产品质量安全管理的法规

目前，我国还没有为动物和动物产品质量安全管理制定专门的法律，但是出台了《中华人民共和国农产品质量安全法》（以下简称《农产品质量安全法》）、《中华人民共和国食品安全法》（以下简称《食品安全法》）、《生猪屠宰管理条例》、《无公害农产品管理办法》等相关法律。另外还有一些地方法律法规及国家标准，可作为动物和动物产品质量安全管理的法律依据。

二、动物和动物产品质量安全生产的管理

动物产品质量管理是指动物产品生产企业为确保产品的质量所实施的管理。动物产品全程生产质量管理包括动物生产环境条件，生产、屠宰加工及销售过程的质量管理。

（一）动物和动物产品质量安全标准

《农产品质量安全法》第 11 条规定：国家建立健全动物和动物产品质量安全标准体系。动物和动物产品质量安全标准是强制性的技术规范。质量安全标准的制定和发布，依照有关法律、行政法规的规定执行。

(1) 肉类动物产品的质量安全标准。肉类是畜禽的主要产品，包括猪肉、牛羊肉、禽肉等。为了保证肉类动物产品的质量安全，我国相继发布了猪肉标准（NY5029-2001）、鸡肉标准（NY5034-2001）、牛肉标准（NY5044-2001）、兔肉标准（NY5129-2002）、羊肉标准（NY5147-2002）等无公害标准。这些标准详细规定了无公害肉类的定义、技术要求、检验方法、标志、包装、储存和运输等内容。

(2) 禽蛋产品的质量安全标准。禽蛋包括鸡、鸭、鹅、鹌鹑蛋，其中产量最多的是鸡蛋。禽蛋产品的质量安全标准执行农业部公布的《无公害食品 鸡蛋标准》（NY5039-2001），该标准规定了无公害鸡蛋产品的定义、技术要求、试验方法、产品检验和标志、包装、运输、储存等适用于鲜鸡蛋及冷藏蛋的质量安全评定内容。

(3) 乳类产品的质量安全标准。乳中除含有丰富的蛋白质和脂肪外，还含有幼儿生长所必需的各种营养成分，因此营养极高。同时因为易腐败变质，所以质量安全管理的要求也极高。《无公害食品 生鲜牛乳标准》规定了无公害食品生鲜牛乳的术语、技术要求、试验方法、检验规则、储存和运输等，并对新鲜牛乳的感官指标、理化和卫生要求做出了严格规定。

（二）动物生产环境的管理

《无公害农产品管理办法》中要求无公害农产品产地环境应符合产地环境的标准要求。具体要求如下：

1. 选址与设施

(1) 畜禽养殖地、屠宰和畜禽类产品加工厂选择在生态环境良好、无或不直接受工业“三废”及农业、城镇生活、医疗废弃物污染的生产区域。

(2) 养殖区周围500米范围内、水源上游没有对产地环境构成威胁的污染源，包括工业“三废”、农业废弃物、医院污水及废弃物、城市垃圾和生活污水等污物。

(3) 与水源有关的地方病高发区不能作为无公害畜禽肉类产品生产、加工地。

(4) 养殖地应设置防止渗漏、径流、飞扬且具一定容量的专用储存设施和场所。

(5) 饲养和加工场地应设有与生产相适应的消毒设施、更衣室、兽医室等，并配备工作所需的仪器设备。

2. 畜禽饮用水、大气环境 畜禽饮用水和畜禽场空气质量环境如表9-1和表9-2所示。

表9-1 畜禽饮用水水质标准（GB/T 1840）

项目	指标
砷/(mg/L)	≤0.05
汞/(mg/L)	≤0.001
铅/(mg/L)	≤0.05
铜/(mg/L)	≤1.0
铬（六价）/(mg/L)	≤0.05
镉/(mg/L)	≤0.01

从事动物和动物产品质量安全检测的机构，必须具备相应的检测条件和能力，由省级以上人民政府农业行政主管部门或者其授权的部门考核合格。

（2）动物和动物产品批发市场、销售企业的质量安全检测。动物和动物产品批发市场应当设立或者委托动物和动物产品质量安全检测机构，对进场销售的动物和动物产品质量安全状况进行抽查检测；发现不符合动物和动物产品质量安全标准的，应当要求销售者立即停止销售，并向农业行政主管部门报告。动物和动物产品销售企业对其销售的动物和动物产品，应当建立健全进货检查验收制度；经查验不符合动物和动物产品质量安全标准的，不得销售。

2. 监督

（1）单位和个人的监督。国家鼓励单位和个人对动物和动物产品质量安全进行社会监督。任何单位和个人都有权对违反本法的行为进行检举、揭发和控告。有关部门收到相关的检举、揭发和控告后，应当及时处理。

（2）农业行政主管部门的监督职责。县级以上人民政府农业行政主管部门在动物和动物产品质量安全监督检查中，可以对生产、销售的动物和动物产品进行现场检查，调查了解动物和动物产品质量安全的有关情况，查阅、复制与动物和动物产品质量安全有关的记录和其他资料；对经检测不符合动物和动物产品质量安全标准的产品，有权查封、扣押。发生动物和动物产品质量安全事故时，有关单位和个人应当采取控制措施，及时向所在地乡级人民政府和县级人民政府农业行政主管部门报告；收到报告的机关应当及时处理并报上一级人民政府和有关部门。发生动物和动物产品质量安全事故时，农业行政主管部门应当及时通报同级食品药品监督管理部门。

（二）动物和动物产品质量安全的法律责任

1. 食品检验机构、食品安全监督管理部门的法律责任　《食品安全法》第 93 条、95 条规定：违反本法规定，食品检验机构、食品检验人员出具虚假检验报告的，由授予其资质的主管部门或者机构撤销该检验机构的检验资格；依法对检验机构直接负责的主管人员和食品检验人员给予撤职或者开除的处分。违反本法规定，受到刑事处罚或者开除处分的食品检验机构人员，自刑罚执行完毕或者处分决定做出之日起十年内不得从事食品检验工作。食品检验机构聘用不得从事食品检验工作的人员的，由授予其资质的主管部门或者机构撤销该检验机构的检验资格。

违反本法规定，县级以上地方人民政府在食品安全监督管理中未履行职责，本行政区域出现重大食品安全事故、造成严重社会影响的，依法对直接负责的主管人员和其他直接责任人员给予记大过、降级、撤职或者开除的处分。违反本法规定，县级以上卫生行政、农业行政、质量监督、工商行政管理、食品药品监督管理部门或者其他有关行政部门不履行本法规定的职责或者滥用职权、玩忽职守、徇私舞弊的，依法对直接负责的主管人员和其他直接责任人员给予记大过或者降级的处分；造成严重后果的，给予撤职或者开除的处分；其主要负责人应当引咎辞职。

2. 动物和动物产品生产基地的保护　《农产品质量安全法》第 45 条规定：违反法律、法规规定，向动物和动物产品产地排放或者倾倒废水、废气、固体废物或者其他有毒有害物质的，依照有关环境保护法律、法规的规定处罚；造成损害的，依法承担赔偿责任。

3. 动物和动物产品生产记录违规的法律责任　动物和动物产品生产企业、农民专业合作经济组织未建立或者未按照规定保存动物和动物产品生产记录的，或者伪造动物和动物产品生产记录的，责令限期改正；逾期不改正的，可以处2000元以下罚款。

4. 违反食品卫生和动物防疫规定的　《食品安全法》第28条规定禁止生产经营下列食品：致病性微生物、农药残留、兽药残留、重金属、污染物质以及其他危害人体健康的物质含量超过食品安全标准限量的食品；腐败变质、油脂酸败、霉变生虫、污秽不洁、混有异物、掺假掺杂或者感官性状异常的食品；病死、毒死或者死因不明的禽、畜、兽、水产动物肉类及其制品；未经动物卫生监督机构检疫或者检疫不合格的肉类，或者未经检验或者检验不合格的肉类制品。《动物防疫法》第25条规定：禁止屠宰、经营、运输封锁疫区内与所发生动物疫病有关的、疫区内易感染的、依法应当检疫而未经检疫或者检疫不合格的、染疫或者疑似染疫的、病死或者死因不明的和其他不符合国务院兽医主管部门有关动物防疫规定的动物和动物产品。如有违反将按照《食品安全法》和《动物防疫法》的相关规定处理。

5. 违反兽药、饲料添加剂规定的　《农产品质量安全法》第46条规定：使用农业投入品违反法律、行政法规和国务院农业行政主管部门的规定的，依照有关法律、行政法规的规定处罚。违反兽药饲料添加剂管理规定的，按照《兽药管理条例》和《饲料和饲料添加剂管理条例》有关规定处理。

6. 动物产品中掺假的　《生猪屠宰管理条例》第27条规定：生猪定点屠宰厂（场）、其他单位或者个人对生猪、生猪产品注水或者注入其他物质的，由商务主管部门没收注水或者注入其他物质的生猪、生猪产品、注水工具和设备以及违法所得，并处货值金额3倍以上5倍以下罚款，对生猪定点屠宰厂（场）或者其他单位的主要负责人处1万元以上2万元以下罚款；货值金额难以确定的，对生猪定点屠宰厂（场）或者其他单位并处5万元以上10万元以下罚款，对个人并处1万元以上2万元以下罚款；构成犯罪的，依法追究刑事责任。生猪定点屠宰厂（场）对生猪、生猪产品注水或者注入其他物质的，除依照前款的规定处罚外，还应当由商务主管部门责令停业整顿；造成严重后果，或者两次以上对生猪、生猪产品注水或者注入其他物质的，由设区的市级人民政府取消其生猪定点屠宰厂（场）资格。

7. 违反包装、标识管理规定的　《农产品质量安全法》规定：销售的动物和动物产品未按照规定进行包装、标识的，责令限期改正；逾期不改正的，可以处2000元以下罚款。冒用动物和动物产品质量标志的，责令改正，没收违法所得，并处2000元以上2万元以下罚款。

第二节　兽药管理法律制度

兽药是指用于预防、治疗、诊断动物疾病或者有目的地调节动物生理机能的物质（含药物饲料添加剂），主要包括：血清制品、疫苗、诊断制品、微生态制品、中药材、中成药、化学药品、抗生素、生化药品、放射性药品及外用杀虫剂、消毒剂等。兽药管理是指我国各级兽医行政管理部门代表国家依法对全社会的兽药工作进行组织和管理的活动。兽药管理包括兽药的生产、经营和使用，兽药残留监控，新兽药管理三个方面。

对兽药实施科学管理的依据是我国已经颁布的相应的法律法规。1987 年 5 月 21 日，我国制定发布了《兽药管理条例》，标志着我国的兽药管理进入法制管理阶段。2004 年 4 月 9 日国务院公布了新修订的《兽药管理条例》（本节中简称《条例》）。《条例》共 9 章 75 条，分别为总则，新兽药研制，兽药生产，兽药经营，兽药进出口，兽药使用，兽药监督管理，法律责任和附则。新《条例》对原《条例》规定的行之有效的基本法律制度作了保留，对原《条例》规定的一些具体制度进行了完善，并根据实际需要增设了一些新的法律制度，依法对兽药实行全过程的监管。配套法规包括，《兽药管理条例实施细则》（1998 年），《核发〈兽药生产许可证〉、〈兽药经营许可证〉、〈兽药制剂许可证〉管理办法》（简称《核发〈三证〉管理办法》）（1989 年农业部 2 号令），《进口兽药管理办法》（1989 年农业部 3 号令），《新兽药及兽药制剂管理办法》（1989 年农业部 4 号令），《兽用新生物制品管理办法》（1989 年农业部 4 号令），《兽药药政药监工作管理办法》（1989 年农业部 5 号令），《兽药生产质量管理规范（试行）》（1989 年农业部 6 号令）。1994 年农业部发布了《兽药生产质量管理规范实施细则（试行）》、《兽药监督工作细则》、《兽药违法案件处理办法》。1995 年农业部和国家工商行政管理局发布了《兽药广告审查办法》。2001 年农业部重新修订和发布了《兽用生物制品管理办法》。2002 年农业部发布了《兽药生产质量管理规范》。这些法律法规的颁布，使我国的兽药法制化管理更加完善和系统化。

一、兽药生产、经营、使用法律制度

（一）兽 药 生 产

兽药生产是指将原料加工制作成供临床应用的兽药制剂的活动。《条例》第 72 条规定：兽药生产企业，是指专门生产兽药的企业和兼产兽药的企业，包括从事兽药分装的企业。兽药生产的管理包括兽药生产企业须具备的准入条件、兽药生产企业的审批、兽药生产的质量管理等。

1. 兽药生产企业必须具备的条件　《兽药管理条例》和《兽药生产质量管理规范》对兽药生产企业必须具备的基本条件作出了明确的规定。主要包括以下几个方面：

（1）人员素质。《条例》第 11 条规定了设立兽药生产企业的条件，其中有："与所生产的兽药相适应的兽医学、药学或者相关专业的技术人员"。《兽药生产质量管理规范》也对兽药生产管理负责人、质量管理负责人、直接从事兽药生产和质量检验人员作出了明确的要求。

（2）厂房、设施。必须具备与所生产的兽药相适应的厂房、设施。

（3）卫生环境。必须具备与所生产的兽药相适应的符合安全、卫生要求的生产环境。

（4）质量检验机构。必须具备能对所生产的兽药进行质量检验的机构和人员，并有相应的仪器和设备。

（5）管理制度。应有完善的企业管理制度，包括完整的生产管理文件、质量管理文件以及各类管理制度和记录。

2. 兽药生产企业的审批制度 我国对兽药生产企业的审批包括《兽药生产许可证》的审批和《兽药产品批准文号》的审批。

（1）《兽药生产许可证》的审批。符合兽药生产企业必备条件的，申请人可向省、自治区、直辖市人民政府兽医行政管理部门提出申请，并附具规定条件的证明材料；省、自治区、直辖市人民政府兽医行政管理部门应当自收到申请之日起20个工作日内，将审核意见和有关材料报送国务院兽医行政管理部门。国务院兽医行政管理部门应当自收到审核意见和有关材料之日起40个工作日内完成审查。经审查合格的，发给兽药生产许可证；不合格的，应当书面通知申请人。申请人凭兽药生产许可证办理工商登记手续。

兽药生产许可证应当载明生产范围、生产地点、有效期和法定代表人姓名、住址等事项。兽药生产许可证有效期为5年。有效期届满，需要继续生产兽药的，应当在许可证有效期届满前6个月到原发证机关申请换发兽药生产许可证。

兽药生产企业变更生产范围、生产地点的，应当依照条例规定重新申请换发兽药生产许可证，申请人凭换发的兽药生产许可证办理工商变更登记手续；变更企业名称、法定代表人的，应当在办理工商变更登记手续后15个工作日内，到原发证机关申请换发兽药生产许可证。

（2）《兽药产品批准文号》的审批。兽药产品批准文号的审批是指农业部对兽药生产企业将生产的兽药产品进行审核，并对合格的发给批准文号准予生产的审批制度。《条例》第15条规定：兽药生产企业生产兽药，应当取得国务院兽医行政管理部门核发的产品批准文号，产品批准文号的有效期为5年。兽药产品批准文号的核发办法由国务院兽医行政管理部门制定。按照实施《兽药GMP规范》的有关要求（农业部公告第202号）：新开办的兽药生产企业必须取得兽药GMP合格证后方可按规定程序办理兽药产品批准文号；自2002年6月19日起，不再向未取得兽药GMP合格证的企业核发新增和接受技术转让的新兽药的产品批准文号；自2004年1月1日起，不再向未取得兽药GMP合格证的企业换发任何产品的批准文号；未取得兽药GMP合格证的兽药生产企业和兽用生物生物制品生产车间的产品批准文号的有效期一律不超过2005年12月31日。

3. 兽药生产质量管理 兽药生产企业应当按照国务院兽医行政管理部门制定的兽药生产质量管理规范组织生产。国务院兽医行政管理部门应当对兽药生产企业是否符合兽药生产质量管理规范的要求进行监督检查，并公布检查结果。兽药生产的质量管理包括原材料管理、生产工艺的管理、兽药的包装及标签管理、出厂检验以及兽药监测期制度。

（1）原材料管理。生产兽药所需的原料、辅料，应当符合国家标准或者所生产兽药的质量要求。直接接触兽药的包装材料和容器应当符合药用要求。

（2）生产工艺的管理及生产记录制度。兽药生产企业应当按照兽药国家标准和国务院兽医行政管理部门批准的生产工艺进行生产。兽药生产企业改变影响兽药质量的生产工艺的，应当报原批准部门审核批准。兽药生产企业应当建立生产记录，生产记录应当完整、准确。

（3）兽药的包装及标签管理。兽药包装应当按照规定印有或者贴有标签，附具说明书，并在显著位置注明“兽用”字样。兽药的标签和说明书经国务院兽医行政管理部门批准并公布后，方可使用。兽药的标签或者说明书，应当以中文注明兽药的通用名称、成分及其含量、规格、生产企业、产品批准文号（进口兽药注册证号）、产品批号、生产日期、有效期、适应症或者功能主治、用法、用量、休药期、禁忌、不良反应、注意事项、运输储存保管条件及其他应当说明的内容。有商品名称的，还应当注明商品名称。

兽用处方药的标签或者说明书还应当印有国务院兽医行政管理部门规定的警示内容，其中兽用麻醉药品、精神药品、毒性药品和放射性药品还应当印有国务院兽医行政管理部门规定的特殊标志；兽用非处方药的标签或者说明书还应当印有国务院兽医行政管理部门规定的非处方药标志。

（4）出厂检验。兽药出厂前应当经过质量检验，不符合质量标准的不得出厂。兽药出厂应当附有产品质量合格证。禁止生产假、劣兽药。

（5）兽药监测期制度。国务院兽医行政管理部门根据保证动物产品质量安全和人体健康的需要，可以对新兽药设立不超过5年的监测期；在监测期内，不得批准其他企业生产或者进口该新兽药。生产企业应当在监测期内收集该新兽药的疗效、不良反应等资料，并及时报送国务院兽医行政管理部门。

（6）兽用生物制品生产质量的管理。兽药生产企业生产的每批兽用生物制品，在出厂前应当由国务院兽医行政管理部门指定的检验机构审查核对，并在必要时进行抽查检验；未经审查核对或者抽查检验不合格的，不得销售。强制免疫所需兽用生物制品，由国务院兽医行政管理部门指定的企业生产。

（二）兽药经营

兽药经营企业是指经营兽药的专营企业或者兼营企业。兽药质量除与生产企业密切相关外，也与经营企业密切相关。兽药经营的管理包括兽药经营企业须具备的准入条件、兽药经营企业的审批、兽药经营的质量管理等。

1. 兽药经营企业必须具备的条件

（1）与所经营的兽药相适应的兽药技术人员。兽药经营企业内直接从事兽药采购、保管、销售、调剂、检验业务的，应是药剂师、兽医技术员以上的技术人员。非药学、兽医学技术人员必须经核发兽药经营许可证的行政管理机关或其指定的单位进行兽药经营知识考核合格后，方准从事兽药经营业务活动。

（2）与所经营的兽药相适应的营业场所、设备、仓库设施。兽药经营企业必须有与经营业务相适应的营业室、库房、货架、货位、柜台等，不准在露天存放药品；营业场所和库房应整洁卫生，并有消防安全设施。药品的堆码、存放和陈列要整齐；兽药的存放和保管场所，必须符合各类药品的理化性质要求。应有防污染、防虫蛀、防鼠、防尘、防潮、防霉变等设施。需特殊管理的药品应按有关规定执行。

（3）与所经营的兽药相适应的质量管理机构或者人员。

（4）兽药经营质量管理规范规定的其他经营条件。

2. 兽药经营企业的审批

（1）申请。符合兽药经营企业基本条件的，申请人可向市、县人民政府兽医行政管理部门提出申请，并附具符合规定条件的证明材料；经营兽用生物制品的，应当向省、自治区、直辖市人民政府兽医行政管理部门提出申请，并附具符合规定条件的证明材料。

（2）审批。县级以上地方人民政府兽医行政管理部门，应当自收到申请之日起 30 个工作日内完成审查。

（3）发证。审查合格的发给兽药经营许可证，不合格的应当书面通知申请人。申请人凭兽药经营许可证办理工商登记手续。兽药经营许可证应当载明经营范围、经营地点、有效期和法定代表人姓名、住址等事项，有效期为 5 年。有效期届满需要继续经营兽药的，应当在许可证有效期届满前 6 个月到原发证机关申请换发兽药经营许可证。兽药经营企业变更经营范围、经营地点的，应当申请换发兽药经营许可证，申请人凭换发的兽药经营许可证办理工商变更登记手续；变更企业名称、法定代表人的应当在办理工商变更登记手续后 15 个工作日内，到原发证机关申请换发兽药经营许可证。兽药生产企业如果经营非本厂生产的兽药产品，必须申请办理兽药经营许可证。

3. 兽药经营企业的质量管理　兽药经营企业应当遵守国务院兽医行政管理部门制定的兽药经营质量管理规范。县级以上地方人民政府兽医行政管理部门应当对兽药经营企业是否符合兽药经营质量管理规范的要求进行监督检查，并公布检查结果。

（1）兽药采购的管理。兽药经营企业购进兽药，应当将兽药产品与产品标签或者说明书、产品质量合格证核对无误。

（2）兽药的保管。兽药经营企业应当建立兽药保管制度，采取必要的冷藏、防冻、防潮、防虫、防鼠等措施，保持所经营兽药的质量。兽药入库、出库，应当执行检查验收制度，并有准确记录。

（3）兽药的销售。兽药经营企业应当向购买者说明兽药的功能主治、用法、用量和注意事项。销售兽用处方药的，应当遵守兽用处方药管理办法。兽药经营企业销售兽用中药材的，应当注明产地。禁止兽药经营企业经营人用药品和假、劣兽药。

（4）兽药广告的管理。兽药广告的内容应当与兽药说明书的内容一致，在全国重点媒体发布兽药广告的，应当经国务院兽医行政管理部门审查批准，取得兽药广告审查批准文号。在地方媒体发布兽药广告的，应当经省、自治区、直辖市人民政府兽医行政管理部门审查批准，取得兽药广告审查批准文号；未经批准的，不得发布。

（5）购销记录的管理。兽药经营企业购销兽药应当建立购销记录。购销记录应当载明兽药的商品名称、通用名称、剂型、规格、批号、有效期、生产厂商、购销单位、购销数量、购销日期和国务院兽医行政管理部门规定的其他事项。

强制免疫所需兽用生物制品的经营应当符合国务院兽医行政管理部门的规定。

（三）兽药使用

1. 兽药的选购和使用

（1）兽药的采购。兽药必须从正规厂家或合法兽药店（具有兽药经营许可证和工商营业执照）采购。所用兽药必须符合《中华人民共和国兽药典》、《中华人民共和国兽药规范》、《兽药质量标准》、《兽药生物制品质量标准》、《饲料药物添加剂使用规范》等相关规定。

（2）用药记录。兽药使用单位应当遵守国务院兽医行政管理部门制定的兽药安全使用规定，并建立用药记录。

（3）休药期制度。有休药期规定的兽药用于食用动物时，饲养者应当向购买者或者屠宰者提供准确、真实的用药记录；购买者或者屠宰者应当确保动物及其产品在用药期、休药期内不被用于食品消费。

（4）药物饲料添加剂的管理。部分兽药可用作饲料添加剂，药物饲料添加剂品种目录由国务院兽医行政管理部门负责制定公布。经批准可以在饲料中添加的兽药，应当由兽药生产企业制成药物饲料添加剂后方可添加。

2. 禁止使用的兽药　依据《兽药管理条例》规定，下列兽药禁止使用：

（1）禁止使用假、劣兽药以及国务院兽医行政管理部门规定禁止使用的药品和其他化合物。

（2）禁止在饲料和动物饮用水中添加激素类药品和国务院兽医行政管理部门规定的其他禁用药品。禁止将原料药直接添加到饲料及动物饮用水中或者直接饲喂动物。

（3）禁止将人用药品用于动物。

（4）国务院兽医行政管理部门实行处方药管理的兽药，未经兽医开具处方禁止使用。

禁止使用的药品和其他化合物目录由国务院兽医行政管理部门制定公布。

二、兽药残留监控法律制度

根据联合国粮农组织和世界卫生组织（FAO/WHO）食品中兽药残留联合立法委员会的定义，兽药残留是指动物产品的任何可食部分所含兽药的母体化合物及（或）其代谢物，以及与兽药有关的杂质。兽药残留既包括原药，也包括药物在动物体内的代谢产物和兽药生产中伴生的杂质。兽药残留与动物性食品安全息息相关，是动物性食品中最重要的污染源之一，不仅对人体健康造成直接危害，而且对畜牧业的发展和生态环境造成极大危害。我国依法对兽药残留实时监控和监测制度。

（一）建立兽药生产准入制度

从源头抓起，从兽药生产、经营、使用环节入手，狠抓兽药质量，建立兽药市场秩序，严格兽药使用管理，对残留超标的违法行为实施监督、处罚。《兽药管理条例》将残留指标、检测一并纳入兽药管理范畴，为实施残留监控计划奠定了法律基础。农业部通过兽药GMP制度推行工作，采取措施引导企业进行改造，制定兽药GMP认证工作标准和工作程序，组织兽药 GMP 认证工作，使国内从事兽药生产的企业全部取得兽药 GMP 证书，提升了行业的整体水平，提高了兽药质量。

（二）监控体系建设

(1) 国家兽药残留监控体系建设。包括相关法律法规体系建设，也包括残留检测所需的硬件工程和软件工程建设。在法律体系建设方面，《兽药管理条例》为实施动物及动物产品兽药残留监控计划奠定了基础。1999 年 3 月，农业部与国家质检总局共同制定了《动物及动物源食品中残留物质监控计划》。

(2) 兽药残留标准体系建设。农业部自 1997 年起，先后 4 次制定发布动物性产品中兽药残留最高限量标准。现行 2002 年版《动物性食品中兽药最高残留限量》收载了 250 余种药物限量标准。目前，农业部共制定发布了 140 个兽药残留检测方法标准，对 29 种残留快速检测试剂盒实施审议、备案。农业部还积极建立国家残留基准实验室和省级兽药残留实验室，完成了残留检测实验室改造、仪器设备和设施更新；发布《兽药残留试验技术规范》、《兽药监察所实验室管理规范》，规范残留试验和兽药检验检测活动。

（三）兽药使用监管制度

强化兽药使用监管是做好动物性产品中兽药残留监控工作的关键。

(1) 完善禁用兽药清单。农业部于 2002 年、2005 年分别公布了氯霉素、硝基呋喃等 35 种（类）禁用兽药，及时注销禁用兽药产品批准文号，严厉处罚违反规定的行为。

(2) 建立停药期制度。2003 年 5 月，农业部发布《兽药停药期规定》，对临床常用的 202 种（类）兽药和饲料药物添加剂规定了停药期，要求兽药厂生产的所有产品的标签上须按要求标明停药期，养殖场须遵守停药期规定。

(3) 规范药物添加剂管理。农业部 2002 年制定发布了饲料药物添加剂使用规定，将 57 种药物添加剂划分为两类：防治动物疫病类的，实行兽医处方管理，饲料厂不得擅自将其添加到饲料产品中；促进动物生长类的，允许添加到饲料中，但必须在饲料标签上标明药物成分、含量、休药期等信息。

(4) 兽药市场专项整治。自 2002 年起，农业部每年组织兽药市场专项整治，重点查处禁用药、假劣兽药，将养殖场用药列为检查重点，对其不规范行为进行指导，对非法行为依法实施处罚。

三、新兽药管理法律制度

新兽药是指未曾在中国境内上市销售的兽用药品。国家鼓励研制新兽药，依法保护研制者的合法权益。研制新兽药，应当具有与研制相适应的场所、仪器设备、专业技术人员、安全管理规范和措施。凡有条件的科研单位、高等院校、兽药生产企业、医疗单位和个人，都可以从事新兽药研制。新兽药的管理包括新兽药的审批要求、新兽药的审批、新兽药研制的保护和新兽药的监测等几个方面。

（一）新兽药审批的要求

新兽药审批前需先进行安全性评价和临床试验，具体要求如下：

(1) 新兽药的安全性评价。研制新兽药应当进行安全性评价。从事兽药安全性评价的单位，应当经国务院兽医行政管理部门认定，并遵守兽药非临床研究质量管理规范和兽药临床试验质量管理规范。

(2) 新兽药的临床试验。研制新兽药在临床试验前应当向省、自治区、直辖市人民政府兽医行政管理部门提出申请，并附具该新兽药实验室阶段安全性评价报告及其他临床前研究资料；省、自治区、直辖市人民政府兽医行政管理部门应当自收到申请之日起60个工作日内将审查结果书面通知申请人。

研制的新兽药属于生物制品的，应当在临床试验前向国务院兽医行政管理部门提出申请，国务院兽医行政管理部门应当自收到申请之日起60个工作日内将审查结果书面通知申请人。研制新兽药需要使用一类病原微生物的，还应当具备国务院兽医行政管理部门规定的条件，并在实验室阶段前报国务院兽医行政管理部门批准。

（二）新兽药的审批

新兽药的审批是指国务院兽医行政管理部门组织有关单位和人员对新兽药进行全面的技术评审，并对通过评审的发给《新兽药证书》的行政行为。安全性评价和临床试验完成后，新兽药研制者可向国务院兽医行政管理部门提出新兽药的注册申请，新兽药的审批程序如下：

(1) 申请。新兽药研制者向国务院兽医行政管理部门提出新兽药注册申请时，应当提交该新兽药的样品和下列资料：①名称、主要成分、理化性质；②研制方法、生产工艺、质量标准和检测方法；③药理和毒理试验结果、临床试验报告和稳定性试验报告；④环境影响报告和污染防治措施。研制的新兽药属于生物制品的，还应当提供菌（毒、虫）种、细胞等有关材料和资料。菌（毒、虫）种、细胞由国务院兽医行政管理部门指定的机构保藏。研制用于食用动物的新兽药，还应当按照国务院兽医行政管理部门的规定进行兽药残留试验并提供休药期、最高残留限量标准、残留检测方法及其制定依据等资料。

(2) 受理。国务院兽医行政管理部门应当自收到申请之日起10个工作日内，对研制单位报送的申请进行初审。

(3) 评审。符合规定的，将受理的新兽药资料送国务院兽医行政管理部门设立的兽药评审机构进行评审，并将新兽药样品送其指定的检验机构复核检验，自收到评审和复核检验结论之日起60个工作日内完成审查。

(4) 发证。审查合格的发给新兽药注册证书，并发布该兽药的质量标准；不合格的应当书面通知申请人。

（三）新兽药研制的保护措施

为了保护科研、生产单位研制新兽药的积极性，保护研制者的合法权益，国家对依法获得注册的、含有新化合物的兽药的申请人提交的其自己所取得且未披露的试验数据和其他数据实施保护。自注册之日起 6 年内，对其他申请人未经已获得注册兽药的申请人同意，使用前款规定的数据申请兽药注册的，兽药注册机关不予注册；但是，其他申请人提交其自己所取得的数据的除外。

（四）新兽药的安全监测

由于新兽药的毒副作用可能会在使用后的较长时间才能表现出来，所以应对新兽药的使用实行安全监测制度。《兽药管理条例》第 21 条规定：国务院兽医行政管理部门，根据保证动物产品质量安全和人体健康的需要，可以对新兽药设立不超过 5 年的监测期；在监测期内，不得批准其他企业生产或者进口该新兽药。生产企业应当在监测期内收集该新兽药的疗效、不良反应等资料，并及时报送国务院兽医行政管理部门。

四、法律责任

（一）兽医行政管理部门及其工作人员的法律责任

兽医行政管理部门及其工作人员利用职务上的便利收取他人财物或者谋取其他利益，对不符合法定条件的单位和个人核发许可证、签署审查同意意见，不履行监督职责，或者发现违法行为不予查处，造成严重后果，构成犯罪的，依法追究刑事责任；尚不构成犯罪的，依法给予行政处分。

（二）兽药生产、经营单位的法律责任

(1) 无兽药生产许可证、兽药经营许可证生产、经营兽药的，或者虽有兽药生产许可证、兽药经营许可证，生产、经营假、劣兽药的，或者兽药经营企业经营人用药品的，责令其停止生产、经营，没收用于违法生产的原料、辅料、包装材料及生产、经营的兽药和违法所得，并处违法生产、经营的兽药（包括已出售的和未出售的兽药，下同）货值金额 2 倍以上 5 倍以下罚款，货值金额无法查证核实的，处 10 万元以上 20 万元以下罚款；无兽药生产许可证生产兽药，情节严重的，没收其生产设备；生产、经营假、劣兽药，情节严重的，吊销兽药生产许可证、兽药经营许可证；构成犯罪的，依法追究刑事责任；给他人造成损失的，依法承担赔偿责任。生产、经营企业的主要负责人和直接负责的主管人员终身不得从事兽药的生产、经营活动。擅自生产强制免疫所需兽用生物制品的，按照无兽药生产许可证生产兽药处罚。

(2) 提供虚假的资料、样品或者采取其他欺骗手段取得兽药生产许可证、兽药经营许可证或者兽药批准证明文件的，吊销兽药生产许可证、兽药经营许可证或者撤销兽药批准证明文件，并处 5 万元以上 10 万元以下罚款；给他人造成损失的，依法承担赔偿责任。其主要负责人和直接负责的主管人员终身不得从事兽药的生产、经营和进出口活动。

(3) 买卖、出租、出借兽药生产许可证、兽药经营许可证和兽药批准证明文件的，没收违法所得，并处 1 万元以上 10 万元以下罚款；情节严重的，吊销兽药生产许可证、

兽药经营许可证或者撤销兽药批准证明文件；构成犯罪的，依法追究刑事责任；给他人造成损失的，依法承担赔偿责任。

(4) 兽药安全性评价单位、临床试验单位、生产和经营企业未按照规定实施兽药研究试验、生产、经营质量管理规范的，给予警告，责令其限期改正；逾期不改正的，责令停止兽药研究试验、生产、经营活动，并处5万元以下罚款；情节严重的，吊销兽药生产许可证、兽药经营许可证；给他人造成损失的，依法承担赔偿责任。

(5) 兽药的标签和说明书未经批准的，责令其限期改正；逾期不改正的，按照生产、经营假兽药处罚；有兽药产品批准文号的，撤销兽药产品批准文号；给他人造成损失的，依法承担赔偿责任。

兽药包装上未附有标签和说明书，或者标签和说明书与批准的内容不一致的，责令其限期改正；情节严重的，依照前款规定处罚。

(6) 兽药生产、经营企业把原料药销售给兽药生产企业以外的单位和个人的，或者兽药经营企业拆零销售原料药的，责令其立即改正，给予警告，没收违法所得，并处2万元以上5万元以下罚款；情节严重的，吊销兽药生产许可证、兽药经营许可证；给他人造成损失的，依法承担赔偿责任。

(7) 撤销产品批准文号的情形。有下列情形之一的，撤销兽药的产品批准文号或者吊销进口兽药注册证书：①抽查检验连续2次不合格的；②药效不确定、不良反应大以及可能对养殖业、人体健康造成危害或者存在潜在风险的；③国务院兽医行政管理部门禁止生产、经营和使用的兽药。

被撤销产品批准文号或者被吊销进口兽药注册证书的兽药，不得继续生产、进口、经营和使用。已经生产、进口的，由所在地兽医行政管理部门监督销毁，所需费用由违法行为人承担；给他人造成损失的，依法承担赔偿责任。

（三）兽药使用单位的法律责任

(1) 未按照国家有关兽药安全使用规定使用兽药的、未建立用药记录或者记录不完整真实的，或者使用禁止使用的药品和其他化合物的，或者将人用药品用于动物的，责令其立即改正，并对饲喂了违禁药物及其他化合物的动物及其产品进行无害化处理；对违法单位处1万元以上5万元以下罚款；给他人造成损失的，依法承担赔偿责任。

(2) 违反处方药、原料药管理规定的行政责任。①兽药生产企业、经营企业、兽药使用单位和开具处方的兽医人员发现可能与兽药使用有关的严重不良反应，不向所在地人民政府兽医行政管理部门报告的，给予警告，并处5000元以上1万元以下罚款。②未经兽医开具处方销售、购买、使用兽用处方药的，责令其限期改正，没收违法所得，并处5万元以下罚款；给他人造成损失的，依法承担赔偿责任。

(3) 在饲料和动物饮用水中添加激素类药品和国务院兽医行政管理部门规定的其他禁用药品，依照《饲料和饲料添加剂管理条例》的有关规定处罚；直接将原料药添加到饲料及动物饮用水中，或者饲喂动物的，责令其立即改正，并处1万元以上3万元以下罚款；给他人造成损失的，依法承担赔偿责任。

（四）兽药残留的法律责任

（1）销售尚在用药期、休药期内的动物及其产品用于食品消费的，或者销售含有违禁药物和兽药残留超标的动物产品用于食品消费的，责令其对含有违禁药物和兽药残留超标的动物产品进行无害化处理，没收违法所得，并处 3 万元以上 10 万元以下罚款；构成犯罪的，依法追究刑事责任；给他人造成损失的，依法承担赔偿责任。

（2）擅自转移、使用、销毁、销售被查封或者扣押的兽药及有关材料的，责令其停止违法行为，给予警告，并处 5 万元以上 10 万元以下罚款。

（五）新兽药研制的法律责任

（1）研制新兽药不具备规定的条件擅自使用一类病原微生物或者在实验室阶段前未经批准的，责令其停止实验，并处 5 万元以上 10 万元以下罚款；构成犯罪的，依法追究刑事责任；给他人造成损失的，依法承担赔偿责任。

（2）生产企业在新兽药监测期内不收集或者不及时报送该新兽药的疗效、不良反应等资料的，责令其限期改正，并处 1 万元以上 5 万元以下罚款；情节严重的，撤销该新兽药的产品批准文号。

第三节　饲料和饲料添加剂管理法律制度

一、概　　述

饲料和饲料添加剂管理是指我国各级饲料行政管理部门代表国家依法对全社会的工业化生产的饲料和饲料添加剂工作进行组织和管理的活动。

（一）管理的对象

《饲料和饲料添加剂管理条例》（本节中简称《条例》）第 2 条规定："本条例所称饲料，是指经工业化加工、制作的供动物食用的饲料，包括单一饲料、添加剂预混合饲料、浓缩饲料、配合饲料和精料补充料。本条例所称饲料添加剂，是指在饲料加工、制作、使用过程中添加的少量或者微量物质，包括营养性饲料添加剂和一般饲料添加剂。"在我国，只要是工业化生产的饲料和饲料添加剂，包括与之相关的单位、产品都必须遵守饲料和饲料添加剂管理法规，必须接受饲料行政管理部门的管理，共同维护饲料和饲料添加剂相关工作的秩序。

（二）管理目的

《条例》第 1 条规定"为了加强对饲料、饲料添加剂的管理，提高饲料、饲料添加剂的质量，促进饲料工业和养殖业的发展，维护人民身体健康，制定本条例。"在我国，有关饲料和饲料添加剂的一切法律管理活动都是为了确保、提高工业化生产的饲料和饲料添加剂的质量，只有在确保和提高饲料和饲料添加剂的质量的前提下，才能促进饲料工业和养殖业持续、快速、健康发展，维护人民身体健康。

（三）管理机构

《条例》第3条规定："国务院农业行政主管部门负责全国饲料、饲料添加剂的管理工作。县级以上地方人民政府负责饲料、饲料添加剂管理的部门（以下简称饲料管理部门）负责本行政区域内的饲料、饲料添加剂的管理工作。"

（1）农业部及下设机构。全国饲料工作办公室是农业部直属机构，主要任务是研究拟定饲料的行业发展战略及政策；起草行业法律法规，经批准后组织实施；负责饲料资源的保护及合理开发利用工作；负责饲料、饲料添加剂产品登记及进出口审批；组织拟定饲料的标准和技术规范；负责饲料产品标准的审批和质量监督；审核发放饲料生产许可证等工作。

除行政管理机构外，农业部还设立了全国饲料评审委员会、国家饲料质量检测中心和全国饲料工业标准化技术委员会。全国饲料评审委员会由养殖、饲料加工、动物营养、毒理、药理、代谢、卫生、化工合成、生物技术、质量标准和环境保护等方面的专家组成，负责饲料和饲料添加剂的评审工作；国家饲料质量检测中心从事饲料和饲料添加剂的质量检验；全国饲料工业标准化技术委员会在主管部门领导下，负责编写饲料和饲料添加剂的标准和技术规范。

（2）地方管理机构。省级畜牧兽医主管部门为畜牧兽医局，下设有饲料工作办公室等，县级畜牧兽医主管部门为农业局，下设有负责饲料和饲料添加剂的专门管理机构。

（四）管理法规

在国外，许多发达国家都有饲料管理方面的法律法规：德国、加拿大有《饲料法》，美国FDA依照《联邦食品、药物及化妆品法令》对饲料及饲料添加剂进行管理，日本也有《饲料安全法》。

1999年5月29日我国发布了《饲料和饲料添加剂管理条例》，包括总则，审定与进口管理，生产、经营管理，罚则，附则等5章共32条，设立了新饲料和新饲料添加剂的审定制度、进口饲料和饲料添加剂的等级制度、生产许可证和产品批准文号制度、饲料包装和标签制度、生产企业留样和观察制度、饲料质量监督检验和法律责任制度等八项制度。2001年11月29日国务院发布了《国务院关于修改〈饲料和饲料添加剂管理条例〉的决定》，并于公布之日起施行。2011年10月26日国务院第177次常务会议修订通过了新的《饲料和饲料添加剂管理条例》，包括总则，审定和登记，生产、经营和使用，法律责任，附则等5章共51条。

配套法规包括《饲料添加剂和饲料添加剂预混饲料生产许可证管理办法》、《饲料添加剂和饲料添加剂预混饲料产品批准文号管理办法》、《允许使用的饲料添加剂品种目录》、《新饲料和新饲料添加剂管理办法》、《进口饲料和饲料添加剂管理办法》、《饲料药物添加剂使用规范》、《禁止在饲料和动物饮用水中使用的药物品种目录》、《关于修改〈饲料添加剂和饲料添加剂预混饲料生产许可证管理办法〉的决定》等。

二、新饲料和新饲料添加剂管理的法律制度

新饲料是指我国尚未批准使用的新研制开发饲料。新饲料添加剂是指我国境内研究、创制的未经农业部审定公布的饲料添加剂品种。《条例》第 7 条规定，国家鼓励研究、创制新饲料、新饲料添加剂。新饲料和新饲料添加剂的管理包括新饲料和新饲料添加剂的审定和保护制度。

（一）新饲料和新饲料添加剂审定程序

研究、创制新产品遵循的原则是安全、有效、不污染环境。《条例》第 8、9 条规定：新研制的饲料和饲料添加剂，只有在对其安全性、有效性及其对环境的影响进行全面、科学的检测实验和评价，确认符合国家规定的质量标准后，才能允许投入生产、进入流通和消费。

农业部 2012 年颁布的《新饲料和新饲料添加剂管理办法》，对新饲料和新饲料添加剂的审定制订了详细的审定程序。

1. 新饲料和新饲料添加剂审定申请　研制者、生产者在新产品投入生产前，必须向农业部提出新产品审定申请。申请提供的具体资料和样品如下：

（1）提交新饲料、新饲料添加剂审定申请表。

（2）提交下列申请资料：①产品名称及命名依据、产品研制目的。②有效组分、化学结构的鉴定报告及理化性质，或者动物、植物、微生物的分类鉴定报告；微生物产品或发酵制品，还应当提供农业部指定的国家级菌种保藏机构出具的菌株保藏编号。③适用范围、使用方法、在配合饲料或全混合日粮中的推荐用量。④生产工艺、制造方法及产品稳定性试验报告。⑤质量标准草案及其编制说明和产品检测报告。⑥农业部指定的试验机构出具的产品有效性评价试验报告、安全性评价试验报告（包括靶动物耐受性评价报告、毒理学安全评价报告、代谢和残留评价报告等）；申请新饲料添加剂审定的，还应当提供该新饲料添加剂在养殖产品中的残留可能对人体健康造成影响的分析评价报告。⑦标签式样、包装要求、贮存条件、保质期和注意事项。⑧中试生产总结和" 三废" 处理报告。⑨对他人的专利不构成侵权的声明。

（3）提交产品样品：每个品种需连续 3 个批号的样品及其检验报告；每个批号 4 份样品；每份为检验需要量的 5 倍；必要时提供标准品或对照品。

2. 产品评审和质量复核检验　农业部自受理申请之日起 5 日内，将申请资料和样品交评审委进行评审。评审会议原则通过的，将样品交指定的饲料质量检验机构进行质量复核。质量复核机构应当自收到样品之日起 3 个月内完成质量复核，并将质量复核报告和复核意见报评审委，同时送达申请人。申请人对质量复核结果有异议的，可以在收到质量复核报告后 15 日内申请复检。评审过程中，农业部可以组织对申请人的试验或生产条件进行现场核查，或者对试验数据进行核查或验证。

评审委应当自收到申请资料和样品之日起 9 个月内提交评审结果；但是，评审委决定由申请人进行相关试验的，经农业部同意，评审时间可以延长 3 个月。农业部自收到评审结果之日起 10 日内作出是否核发新饲料、新饲料添加剂证书的决定。决定核发新

饲料、新饲料添加剂证书的，由农业部予以公告，同时发布该产品的质量标准。决定不予核发的，书面通知申请人并说明理由。

（二）新饲料和新饲料添加剂监测期与保护制度

1. 监测期申请及相关程序 为进一步检验新饲料和新饲料添加剂的质量和安全性，国家对已取得新饲料和新饲料添加剂生产证书的新饲料和新饲料添加剂规定了5年的监测期。《新饲料和新饲料添加剂管理办法》第19条规定："新饲料、新饲料添加剂生产企业应当收集处于监测期内的产品质量、靶动物安全和养殖动物产品质量安全等相关信息，并向农业部报告。农业部对新饲料、新饲料添加剂的质量安全状况组织跟踪监测，必要时进行再评价，证实其存在安全问题的，撤销新饲料、新饲料添加剂证书并予以公告。"

2. 保护制度 对取得新饲料和新饲料添加剂证书的产品实行试产期保护制度。《条例》第11条规定："新饲料、新饲料添加剂处于监测期的，不受理其他就该新饲料、新饲料添加剂的生产申请和进口登记申请，但超过3年不投入生产的除外。"

三、进口饲料、饲料添加剂管理的法律制度

（一）进口饲料、饲料添加剂产品的登记

进口饲料和饲料添加剂产品登记是指对首次进口的饲料和饲料添加剂进行审查、质量复核并对合格产品发给登记证，准予在国内销售的行政管理制度。《条例》第12条规定："首次进口饲料、饲料添加剂的，应当向国务院农业行政主管部门申请登记。"《进口饲料和饲料添加剂登记管理办法》第3条规定："外国企业生产的饲料和饲料添加剂首次在中华人民共和国境内销售的，应当向中华人民共和国农业部申请登记，取得产品登记证；未取得产品登记证的饲料、饲料添加剂不得在中国境内销售、使用。"

1. 申请 外国厂商或其代理人申请进口饲料和饲料添加剂产品登记证，应当向中华人民共和国农业部提交下列资料和产品样品：

（1）进口饲料或饲料添加剂登记申请表（一式二份，中英文填写）。

（2）代理人需提交生产企业委托登记授权书。

（3）申请资料（中英文一式二份）包括下列内容：①产品名称（通用名称、商品名称）；②生产国（地区）批准在本国允许生产、销售的证明和在其他国家的登记资料；③产品来源、组成成分和制造方法；④质量标准和检验方法；⑤标签式样、使用说明书和商标；⑥适用范围和使用方法或添加量；⑦包装规格、储存注意事项及保质期；⑧必要时提供安全性评价试验报告和稳定性试验报告；⑨饲喂试验资料及推广应用情况；⑩其他相关资料。

（4）产品样品。每个品种需3个不同批号，每个批号3份样品，每份为检验需要量的3～5倍。同时附同批号样品的质检报告单，必要时提供该产品相对应的标准品或对照品。

2. 受理及检验 农业部在收到相关申请资料和产品样品后15个工作日内做出是否受理的决定。决定受理的交农业部指定的饲料质量检验机构进行产品质量复核检验。

3个月内完成产品质量复核检验，并将检验结果报送农业部全国饲料工作办公室。申请人应当协助饲料质量检验机构进行复核质量检验。

3. 饲喂实验和安全性评价试验　未获得生产国（地区）注册登记许可的饲料和饲料添加剂在中国境内登记时或进口中华人民共和国尚未允许使用但出口国已批准生产和使用的饲料和饲料添加剂，必须进行饲喂试验和安全性评价试验。试验费用由申请人承担。试验过程中因产品样品应用造成不良后果的，由申请人承担责任。

4. 审批和发证　申请资料完整，质量复核检验合格的产品，经农业部审核合格后，发给进口饲料、饲料添加剂产品登记证。已登记并在中华人民共和国使用的饲料和饲料添加剂，一旦证实对人体、养殖动物和环境有危害，立即宣布限用或撤销登记。外国厂商应当赔偿全部经济损失。

5. 产品登记证有效期与续展登记　进口饲料和饲料添加剂产品登记证的有效期为5年。期满后仍需继续在中国境内销售的，应当在产品登记证期满前6个月内申请续展登记。办理续展登记需提供以下资料和产品样品：①续展登记申请表；②原产品登记证复印件；③ 生产国（地区）最新批准文件、质量标准和产品说明书等其他必要资料。

（二）知识产权保护的规定

《条例》第13条规定："国家对已经取得新饲料、新饲料添加剂证书或者饲料、饲料添加剂进口登记证的、含有新化合物的饲料、饲料添加剂的申请人提交的其自己所取得且未披露的试验数据和其他数据实施保护。自核发证书之日起6年内，对其他申请人未经已取得新饲料、新饲料添加剂证书或者饲料、饲料添加剂进口登记证的申请人同意，使用前款规定的数据申请新饲料、新饲料添加剂审定或者饲料、饲料添加剂进口登记的，国务院农业行政主管部门不予审定或者登记；但是，其他申请人提交其自己所取得的数据的除外。"《进口饲料和饲料添加剂登记管理办法》第13条规定："从事进口饲料和饲料添加剂登记、评审、复核试验等工作的有关单位和人员，应当为申请人提供的需要保密的技术资料保密。"

四、饲料和饲料添加剂生产企业管理的法律制度

饲料和饲料添加剂生产企业的管理包括饲料和饲料添加剂生产企业的准入条件、饲料和饲料添加剂生产企业的行政管理、饲料和饲料添加剂生产企业的生产质量管理等。

（一）饲料和饲料添加剂生产企业应具备的基本条件

《条例》第14条规定："设立饲料、饲料添加剂生产企业，应当符合饲料工业发展规划和产业政策，并具备下列条件：①有与生产饲料、饲料添加剂相适应的厂房、设备和仓储设施；②有与生产饲料、饲料添加剂相适应的专职技术人员；③有必要的产品质量检验机构、人员、设施和质量管理制度；④有符合国家规定的安全、卫生要求的生产环境；⑤有符合国家环境保护要求的污染防治措施；⑥国务院农业行政主管部门制定的饲料、饲料添加剂质量安全管理规范规定的其他条件。"《饲料添加剂和添加剂预混合饲料生产许可证管理办法》为饲料和饲料添加剂生产企业规定了更加详尽的准入条件：

(1) 人员要求。企业主要负责人必须具备一定的专业知识、生产经验及组织能力;技术负责人应当具有大专以上文化程度或中级以上技术职称,熟悉动物营养、所生产产品技术及生产工艺,从事相应专业工作2年以上;质量管理及检验部门的负责人,应当具有大专以上文化程度,从事相应专业工作3年以上;生产企业特有工种从业人员应当取得相应的职业资格证书。

(2) 生产场地要求。厂房建筑布局合理,生产区、办公区、仓储区、生活区应当分开;生产车间布局应符合生产工艺流程的要求,工序衔接合理;要有适宜的操作间和场地,能合理放置设备和物料,防止不同物料混放和交叉污染;应有适当的除尘、通风、照明及消防设施,以保证安全生产;仓储与生产能力相适应,应当符合防水、防潮、防火、防鼠害的要求。

(3) 生产设备要求。应具有与生产产品相适应的生产设备;生产设备应符合生产工艺流程,便于维护和保养;生产设备完好;生产环境有洁净要求的,须有空气净化设施和设备。

(4) 质量检验要求。设立直属企业负责人领导的质检部门,设立仪器室(区)、检验操作室(区)和留样观察室(区);具有相应的检验仪器,能对产品质量进行监控,对需使用大型精密仪器检验的项目,可以委托有能力的检验机构代检;有严格的质量检验操作规程;质检部门必须有完整的检验记录和检验报告,并保存两年以上。

(5) 管理制度要求。包括岗位责任制度;生产管理制度;检验化验制度;质量管理制度;安全卫生制度;产品留样观察制度;计量管理制度等。

(6) 生产环境要求。生产环境应符合国家规定的环境卫生、劳动保护等要求。

(二) 饲料和饲料添加剂生产企业的行政管理

1. 企业登记和生产许可证制度 《条例》第15条规定:申请设立饲料添加剂、添加剂预混合饲料生产企业,申请人应当向省、自治区、直辖市人民政府饲料管理部门提出申请。省、自治区、直辖市人民政府饲料管理部门应当自受理申请之日起20个工作日内进行书面审查和现场审核,并将相关资料和审查、审核意见上报国务院农业行政主管部门。国务院农业行政主管部门收到资料和审查、审核意见后应当组织评审,根据评审结果在10个工作日内作出是否核发生产许可证的决定,并将决定抄送省、自治区、直辖市人民政府饲料管理部门。

申请设立其他饲料生产企业,申请人应当向省、自治区、直辖市人民政府饲料管理部门提出申请。省、自治区、直辖市人民政府饲料管理部门应当自受理申请之日起10个工作日内进行书面审查;审查合格的,组织进行现场审核,并根据审核结果在10个工作日内作出是否核发生产许可证的决定。

申请人凭生产许可证办理工商登记手续。

生产许可证有效期为5年。生产许可证有效期满需要继续生产饲料、饲料添加剂的,应当在有效期届满6个月前申请续证。

2. 批准文号制度 生产饲料和饲料添加剂的企业取得生产许可证后,由省、自治区、直辖市人民政府饲料管理部门核发饲料添加剂、添加剂预混合饲料产品批准文号。没有批准文号的饲料和饲料添加剂产品不得销售。

3. 允许使用的饲料添加剂品种目录　《条例》第 2 条规定："饲料原料目录和饲料添加剂品种目录由国务院农业行政主管部门制定并公布。" 1999 年农业部 105 号公告公布了《允许使用的饲料添加剂品种目录》，包括饲料级氨基酸、饲料及维生素等共 173 种（类）。

（三）饲料和饲料添加剂生产质量的管理

1. 产品质量标准管理和生产记录和产品留样观察制度　《条例》第 18 条规定："饲料、饲料添加剂生产企业，应当按照产品质量标准以及国务院农业行政主管部门制定的饲料、饲料添加剂质量安全管理规范和饲料添加剂安全使用规范组织生产，对生产过程实施有效控制并实行生产记录和产品留样观察制度。"

2. 生产企业的自检制度　生产者对其生产的产品质量负责。企业内部的质量检验是保证饲料产品质量的前提，《条例》第 19 条规定："饲料、饲料添加剂生产企业应当对生产的饲料、饲料添加剂进行产品质量检验；检验合格的，应当附具产品质量检验合格证。未经产品质量检验、检验不合格或者未附具产品质量检验合格证的，不得出厂销售。"

3. 包装和标签的管理

（1）包装。饲料和饲料添加剂的包装分为袋装、桶装、瓶装和散装等几种。《条例》第 14 条规定：饲料、饲料添加剂的包装，应当符合国家有关安全、卫生的规定。易燃或者其他有特殊要求的饲料、饲料添加剂的包装应当有警示标志或者说明，并注明储运注意事项。饲料、饲料添加剂的包装物不得重复使用，但是生产方和使用方另有约定的除外。

（2）标签。饲料、饲料添加剂的标签是指以文字、图形、符号说明饲料、饲料添加剂产品质量、数量、特性、使用方法以及生产者名称地址等内容的一种信息载体。《条例》第 20 条规定：饲料、饲料添加剂的包装上应当附具标签。标签应当以中文或者适用符号标明产品名称、原料组成、产品成分分析保证值、净重或者净含量、贮存条件、使用说明、注意事项、生产日期、保质期、生产企业名称以及地址、许可证明文件编号和产品质量标准等。加入药物饲料添加剂的，还应当标明"加入药物饲料添加剂"字样，并标明其通用名称、含量和休药期。乳和乳制品以外的动物源性饲料，还应当标明"本产品不得饲喂反刍动物"字样。

五、饲料、饲料添加剂经营企业管理的法律制度

（一）饲料、饲料添加剂经营企业应具备的条件

经营饲料和饲料添加剂的企业应具备与其经营的产品相适应的条件，具体包括：有与经营饲料、饲料添加剂相适应的仓储设施；有具备饲料、饲料添加剂使用、储存、分装等知识的技术人员；有必要的产品质量管理制度。

（二）经营企业的管理

经营饲料、饲料添加剂的企业，进货时必须核对产品标签、产品质量合格证。禁止经营无产品质量标准、无产品质量合格证、无生产许可证和产品批准文号的饲料、饲料

添加剂；禁止经营、禁用或者淘汰的饲料、饲料添加剂以及未经审定公布的饲料、饲料添加剂；禁止经营未经国务院农业行政主管部门登记的进口饲料、进口饲料添加剂；禁止对饲料、饲料添加剂作预防或者治疗动物疾病的说明或者宣传；但是，饲料中加入药物饲料添加剂的，可以对所加入的药物饲料添加剂的作用加以说明。

六、饲料、饲料添加剂使用管理的法律制度

饲料、饲料添加剂的使用是指养殖场或用户利用饲料、饲料添加剂饲喂动物的生产过程。饲料、饲料添加剂使用的管理是饲料及饲料添加剂全程管理的最后一个环节，包括饲料、饲料添加剂的选购与使用，禁用规定等几个方面。

（一）饲料、饲料添加剂的选购与使用

(1) 选购饲料、饲料添加剂时要仔细查看产品标签、质量合格证、生产许可证、批准文号等，查证饲料、饲料添加剂是否属于我国停用、禁用、淘汰或者未经审定公布的饲料、饲料添加剂。

(2) 使用饲料添加剂应当遵守国务院农业行政主管部门制定的安全使用规范。使用饲料药物添加剂必须按照规范执行，不得超范围、超剂量使用；必须遵守休药期、配伍禁忌等有关规定。

(3) 饲料、饲料添加剂在使用过程中，证实对饲养动物、人体健康和环境有害的，由国务院农业行政主管部门决定限用、停用或者禁用，并予以公布。

（二）饲料、饲料添加剂禁用的管理

(1) 禁止使用停用、禁用或者淘汰的饲料、饲料添加剂以及未经审定公布的饲料、饲料添加剂。

(2) 禁止使用未经国务院农业行政主管部门登记的进口饲料、进口饲料添加剂。

(3) 禁止在饲料和动物饮用水中添加激素类药品和国务院农业行政主管部门规定的其他禁用药品。

七、监督管理及法律责任

（一）监督管理

饲料、饲料添加剂的监督管理是指各级饲料行政主管部门依法对管理相对人遵守饲料法规和对所属机构及其工作人员实施行政管理活动的监视、督促、检查与指导，保护合法行为，制止并对违法行为依法予以制裁的行政活动。目的是为饲料、饲料添加剂法规的顺利实施提供保证。包括行政监督检查和质量监督检查两个方面。

1. 行政监督检查　行政监督检查的对象是饲料、饲料添加剂生产、经营、使用单位和个人及所属的行政管理机构及其工作人员。

(1) 对饲料、饲料添加剂生产、经营、使用单位和个人监督检查的内容为检查是否有违法生产、经营、使用行为。

（2）对所属的行政管理机构及其工作人员监督检查的内容为检查是否正确实施了行政管理，是否有滥用职权、徇私舞弊、玩忽职守的行为。

2. 质量监督检查　对饲料、饲料添加剂进行质量监督检查是指由有关行政管理部门认可的机构，按照规定的检验方法和程序，确认饲料、饲料添加剂是否符合法定质量标准。

（1）质量监督机构。从事饲料、饲料添加剂质量检验的机构，经国务院产品质量监督管理部门或者农业行政主管部门考核合格，或者经省、自治区、直辖市人民政府产品质量监督管理部门或者饲料管理部门考核合格，方可承担饲料、饲料添加剂的质量检验工作。

（2）产品质量监督抽查。国务院农业行政主管部门根据国务院产品质量监督管理部门制定的全国产品质量监督抽查工作规划，可以进行饲料、饲料添加剂质量监督抽查，但是不得重复抽查。县级以上地方人民政府饲料管理部门根据饲料、饲料添加剂质量监督抽查工作规划，可以组织对饲料、饲料添加剂进行监督抽查，并会同同级产品质量监督管理部门公布抽查结果。

（二）法律责任

1. 饲料、饲料添加剂生产企业的法律责任

（1）未取得生产许可证，生产饲料、饲料添加剂的，由县级以上地方人民政府饲料管理部门责令停止生产，没收违法生产的产品和违法所得，并处违法所得 1 倍以上 10 倍以下罚款；对已取得生产许可证，但未取得产品批准文号的，责令停止生产，并限期补办产品批准文号。

（2）饲料、饲料添加剂的包装不符合本条例第 20 条的规定，或者附具的标签不符合本条例第 21 条的规定的，由县级以上地方人民政府饲料管理部门责令限期改正；逾期不改正的，责令停止销售，可以处违法所得 1 倍以下罚款。

（3）生产、经营已经停用、禁用或者淘汰以及未经审定公布的饲料、饲料添加剂的，依照刑法关于非法经营罪的规定，依法追究刑事责任；尚不够刑事处罚的，由县级以上地方人民政府饲料管理部门责令停止生产、经营，没收违法生产、经营的产品和违法所得，并处违法所得 1 倍以上 5 倍以下罚款。

（4）在生产过程中，以非饲料、非饲料添加剂冒充饲料、饲料添加剂或者以此种饲料、饲料添加剂冒充他种饲料、饲料添加剂的；生产的饲料、饲料添加剂所含成分的种类、名称与产品标签上注明的成分的种类、名称不符的；不符合饲料、饲料添加剂产品质量标准的；依照刑法关于生产、销售伪劣产品罪的规定，依法追究刑事责任；尚不够刑事处罚的，由县级以上地方人民政府饲料管理部门责令停止生产、经营，没收违法生产、经营的产品和违法所得，并处违法所得 1 倍以上 5 倍以下罚款；情节严重的，由国务院农业行政主管部门吊销生产许可证。

2. 饲料、饲料添加剂经营企业的有关法律责任

（1）不具备本条例第 22 条规定的条件，经营饲料、饲料添加剂的，由县级以上地方人民政府饲料管理部门责令限期改正；逾期不改正的，责令停止经营，没收违法所得和违法经营的产品，违法经营的产品货值金额不足 1 万元的，并处 2000 元以上 2 万元以下罚款，货值金额 1 万元以上的，并处货值金额 2 倍以上 5 倍以下罚款；情节严重的，需通知工商行政管理部门予以吊销营业执照。

（2）经营未附产品质量合格证、标签、生产许可证及批准文号的饲料、饲料添加剂的，由县级人民政府饲料管理部门责令改正，没收违法所得和违法经营的产品，违法经营的产品货值金额不足 1 万元的，并处 2000 元以上 2 万元以下罚款，货值金额 1 万元以上的，并处货值金额 2 倍以上 5 倍以下罚款；情节严重的，需通知工商行政管理部门予以吊销营业执照；构成犯罪的，依法追究刑事责任。

（3）经营已经停用、禁用或者淘汰及未经审定公布的饲料、饲料添加剂的，与生产已经停用、禁用或者淘汰及未经审定公布的饲料、饲料添加剂的法律责任相同。

（4）经营伪劣饲料和饲料添加剂的，与生产伪劣饲料和饲料添加剂的法律责任相同。

（5）经营未经国务院农业行政主管部门登记的进口饲料、进口饲料添加剂的，依照刑法关于非法经营罪的规定，依法追究刑事责任；尚不够刑事处罚的，由县级以上地方人民政府饲料管理部门责令立即停止经营，没收未售出的产品和违法所得，并处违法所得 1 倍以上 5 倍以下罚款。

3. 饲料、饲料添加剂使用单位和个人的法律责任

《条例》第 47 条规定，养殖者有下列行为之一的，由县级人民政府饲料管理部门没收违法使用的产品和非法添加物质，对单位处 1 万元以上 5 万元以下罚款，对个人处 5000 元以下罚款；构成犯罪的，依法追究刑事责任：①使用未取得证书的新饲料、新饲料添加剂或者未取得进口登记证的进口饲料、进口饲料添加剂的；②使用无产品标签、无生产许可证、无产品质量标准、无产品质量检验合格证的饲料、饲料添加剂的；③使用无产品批准文号的饲料添加剂、添加剂预混合饲料的；④在饲料或者动物饮用水中添加饲料添加剂，不遵守国务院农业行政主管部门制定的饲料添加剂安全使用规范的；⑤使用自行配制的饲料，不遵守国务院农业行政主管部门制定的自行配制饲料使用规范的；⑥使用限制使用的物质养殖动物，不遵守国务院农业行政主管部门的限制性规定的；⑦在反刍动物饲料中添加乳和乳制品以外的动物源性成分的。

在饲料或者动物饮用水中添加国务院农业行政主管部门公布禁用的物质以及对人体具有直接或者潜在危害的其他物质，或者直接使用上述物质养殖动物的，由县级以上地方人民政府饲料管理部门责令其对饲喂了违禁物质的动物进行无害化处理，处 3 万元以上 10 万元以下罚款；构成犯罪的，依法追究刑事责任。

4.《条例》第 37 条的规定 假冒、伪造或者买卖许可证明文件的，由国务院农业行政主管部门或者县级以上地方人民政府饲料管理部门按照职责权限收缴或者吊销、撤销相关许可证明文件；构成犯罪的，依法追究刑事责任。

思 考 题

1. 试述我国关于动物产品安全的质量标准？
2. 试述我国新兽药生产、经营、使用的法律制度？
3. 试述我国饲料管理的监督制度？

第十章　病原微生物实验室生物安全管理法律制度

我国生物安全实验室建设起步较晚，相关的法规和标准制定也较晚。2003年SARS和高致病性禽流感的爆发，以及2003年年底至2004年上半年相继发生的实验室SARS病毒泄漏事件，使我国认识到了生物安全实验室在高致病性传染病防控中的重要作用，引起了我国政府对实验室生物安全管理的高度重视，也促进了我国病原微生物实验室生物安全管理的立法进程。本章主要介绍病原微生物实验室生物安全管理的主要法律制度，病原微生物的分类和管理，尤其是高致病性动物病原微生物菌（毒）种和样本的运输、保藏与管理，病原微生物实验室的设立和管理，实验室感染的控制，监督管理等相关法律制度。

第一节　病原微生物实验室生物安全管理法律制度概述

一、病原微生物实验室生物安全的概念及任务

（一）生物安全的概念

生物安全是指对病原微生物、转基因生物及其产品、外来有害生物等生物体对人类、动植物、微生物和生态环境可能产生的潜在风险或现实危害的防范和控制。

“生物安全”是随着生物技术发展而出现的概念，最早提出“生物安全”概念是在20世纪40年代。目前对生物安全概念有不同的理解，有狭义与广义之分。狭义的生物安全主要是指实验室生物安全，包括病原微生物实验室的生物安全和重组DNA分子的实验室生物安全。广义的生物安全主要是指免遭生物攻击和侵害的管理与控制过程，既包括意外事故，又包括蓄意行为。广义的生物安全概念广泛应用于农业、食品、环境、卫生等各个领域，也适用于从实验室直至国家、国际社会各个层次，尤其关注对生物武器扩散、生物恐怖威胁、重大传染病危害、异常突发疫情，以及非法获取病原微生物、非和平目的应用生物技术或蓄意施放有害生物等非法行为的防范与控制。

（二）病原微生物实验室生物安全

病原微生物实验室生物安全是指用以防止发生病原微生物无意中暴露及意外释放的防护原则、技术以及实践。

病原微生物实验室生物安全的重点任务是实验室感染的控制、实验室对周围环境影响的控制以及对实验室和感染性实验材料的管理控制。

（三）兽医工作中生物安全的含义

对于兽医工作者而言，生物安全就是防止动物病原体进入动物体内或留存在动物所

在的地方，防止动物病原体的传播和扩散。通过多项措施，来防止动物病原体的感染、传播和流行，防止对人类造成危害。

二、病原微生物实验室生物安全发展概况

（一）国际上病原微生物实验室生物安全的发展

病原微生物实验室生物安全起源于20世纪50年代，美国出现了世界上最早的生物安全实验室，随后法国、德国、澳大利亚、瑞典等国家也相继建造了不同级别的生物安全实验室。与此同时，有关生物安全实验室的手册、标准和法规也逐渐出现，使得生物安全实验室的建设和管理有章可循。特别是1983年世界卫生组织（WHO）出版了《实验室生物安全手册》（第一版）（*Laboratory Biosafety Manual*），使生物安全实验室在世界范围内有了一个统一的标准和基本原则。

（二）我国病原微生物实验室生物安全的发展

我国生物安全实验室建设起步较晚，相关的法规和标准制定也较晚，直到20世纪末才建设了一些标准较低的生物安全三级实验室。2003年SARS和高致病性禽流感的爆发，使我国认识到了生物安全实验室在新发生的高致病性传染病防控中的重要作用。2003年年底至2004年上半年，新加坡、我国台湾以及北京相继发生了实验室SARS病毒泄漏造成人员感染事件，导致了北京和安徽两地的SARS疫情，这一事件引起了我国政府对实验室生物安全管理的高度重视，也促进了我国病原微生物实验室生物安全管理的立法进程。2004年11月12日，国务院颁布了《病原微生物实验室安全管理条例》，这是我国第一部有关病原微生物实验室生物安全管理的行政法规。它的颁布标志着我国病原微生物实验室生物安全管理工作走上了法制化的轨道。

三、病原微生物实验室生物安全管理法律法规和标准

近年来，我国加强了生物安全管理法规和标准体系建设。为加强动物病原微生物实验室安全管理，规范实验室活动，农业部先后发布实施了一系列法律法规，使动物病原微生物实验室生物安全管理工作逐渐走向法制化、科学化、规范化。

（一）主要法律法规

我国与动物病原微生物实验室生物安全管理有关的法律法规主要包括：《中华人民共和国动物防疫法》（2008年1月1日起施行）；《病原微生物实验室生物安全管理条例》（国务院第424号令，2004年11月12日起施行）；《高致病性动物病原微生物实验室生物安全管理审批办法》（农业部第52号令，2005年5月20日起施行）；《动物病原微生物分类名录》（农业部第53号令，2005年5月24日起施行）；《高致病性动物病原微生物菌（毒）种或者样本运输包装规范》（农业部第503号公告，2005年5月24日起施行）；《动物病原微生物菌（毒）种保藏管理办法》（农业部第17号令，2009年1月1日起施行）；《重大动物疫病应急条例》（国务院第450号令，2005年11月18日起

施行)；《病原微生物实验室生物安全环境管理办法》(国家环境保护总局 32 号令，2006 年 5 月 1 日起施行)；《关于运输动物菌毒种、样本、病料等有关事宜的通知》(中国民用航空局明电［2008］4487 号，2008 年 11 月 28 日起实施)；《动物病原微生物实验活动生物安全要求细则》(农医发［2008］27 号) 等。

(二) 相关法律法规

《中华人民共和国进出境动植物检疫法》(1992 年 4 月 1 日起施行)；《中华人民共和国国境卫生检疫法》(2007 年 12 月 29 日起施行)；《中华人民共和国兽药管理条例》(国务院第 404 号令，2004 年 11 月 1 日起施行)；《实验室生物安全认可准则》(CNAS-CL05，2009 年 7 月 1 日起施行)；《国家兽医参考实验室管理办法》(农业部 2005 年 2 月 25 日公布)。

(三) 相关标准

《兽医实验室生物安全管理规范》(农业部 302 号公告，2003 年 10 月 15 日发布)；《生物安全实验室建筑技术规范》(GB 50346-2004，2004 年 9 月 1 日起施行)；《实验室生物安全通用要求》(GB 19489-2008，2009 年 7 月 1 日起施行)；《微生物和生物医学实验室生物安全通用准则》(WS233-2002，2003 年 8 月 10 日起施行)。

第二节　病原微生物的分类和管理法律制度

一、病原微生物的管理原则与分类

(一) 病原微生物的管理原则与分类

我国对病原微生物实行分类管理的原则。根据病原微生物的传染性、感染后对个体或者群体的危害程度，将病原微生物分为四类，第一类危险程度最高，第四类危险程度最低。第一类、第二类病原微生物统称为高致病性病原微生物。

(1) 第一类病原微生物是指能够引起人类或者动物非常严重疾病的微生物，以及我国尚未发现或者已经宣布消灭的微生物。

(2) 第二类病原微生物是指能够引起人类或者动物严重疾病，比较容易直接或者间接在人与人、动物与人、动物与动物间传播的微生物。

(3) 第三类病原微生物是指能够引起人类或者动物疾病，但一般情况下对人、动物或者环境不构成严重危害，传播风险有限，实验室感染后很少引起严重疾病，并且具备有效治疗和预防措施的微生物。

(4) 第四类病原微生物是指在通常情况下不会引起人类或者动物疾病的微生物。

(二) 病原微生物名录

人间传染的病原微生物名录由国务院卫生主管部门商国务院有关部门后制定、调整并予以公布；动物间传染的病原微生物名录由国务院兽医主管部门商国务院有关部门后制定、调整并予以公布。为此，农业部于2005年公布了《动物病原微生物分类名录》，对动物病原微生物分类如下：

（1）一类动物病原微生物。口蹄疫病毒、高致病性禽流感病毒、猪水泡病病毒、非洲猪瘟病毒、非洲马瘟病毒、牛瘟病毒、小反刍兽疫病毒、牛传染性胸膜肺炎丝状支原体、牛海绵状脑病病原、痒病病原。

（2）二类动物病原微生物。猪瘟病毒、鸡新城疫病毒、狂犬病病毒、绵羊痘/山羊痘病毒、蓝舌病病毒、兔病毒性出血症病毒、炭疽芽孢杆菌、布氏杆菌。

（3）三类动物病原微生物。①多种动物共患病病原微生物：低致病性流感病毒、伪狂犬病病毒、破伤风梭菌、气肿疽梭菌、结核分枝杆菌、副结核分枝杆菌、致病性大肠杆菌、沙门氏菌、巴氏杆菌、致病性链球菌、李氏杆菌、产气荚膜梭菌、嗜水气单胞菌、肉毒梭状芽孢杆菌、腐败梭菌和其他致病性梭菌、鹦鹉热衣原体、放线菌、钩端螺旋体。②牛病病原微生物：牛恶性卡他热病毒、牛白血病病毒、牛流行热病毒、牛传染性鼻气管炎病毒、牛病毒腹泻/黏膜病病毒、牛生殖器弯曲杆菌、日本血吸虫。③绵羊和山羊病病原微生物：山羊关节炎/脑脊髓炎病毒、梅迪/维斯纳病病毒、传染性脓疱皮炎病毒。④猪病病原微生物：日本脑炎病毒、猪繁殖与呼吸综合征病毒、猪细小病毒、猪圆环病毒、猪流行性腹泻病毒、猪传染性胃肠炎病毒、猪丹毒杆菌、猪支气管败血波氏杆菌、猪胸膜肺炎放线杆菌、副猪嗜血杆菌、猪肺炎支原体、猪密螺旋体。⑤马病病原微生物：马传染性贫血病毒、马动脉炎病毒、马病毒性流产病毒、马鼻炎病毒、鼻疽假单胞菌、类鼻疽假单胞菌、假皮疽组织胞浆菌、溃疡性淋巴管炎假结核棒状杆菌。⑥禽病病原微生物：鸭瘟病毒、鸭病毒性肝炎病毒、小鹅瘟病毒、鸡传染性法氏囊病病毒、鸡马立克氏病病毒、禽白血病/肉瘤病毒、禽网状内皮组织增殖病病毒、鸡传染性贫血病毒、鸡传染性喉气管炎病毒、鸡传染性支气管炎病毒、鸡减蛋综合征病毒、禽痘病毒、鸡病毒性关节炎病毒、禽传染性脑脊髓炎病毒、副鸡嗜血杆菌、鸡毒支原体、鸡球虫。⑦兔病病原微生物：兔黏液瘤病病毒、野兔热土拉杆菌、兔支气管败血波氏杆菌、兔球虫。⑧水生动物病病原微生物：流行性造血器官坏死病毒、传染性造血器官坏死病毒、马苏大麻哈鱼病毒、病毒性出血性败血症病毒、锦鲤疱疹病毒、斑点叉尾鮰病毒、病毒性脑病和视网膜病毒、传染性胰脏坏死病毒、真鲷虹彩病毒、白鲟虹彩病毒、中肠腺坏死杆状病毒、传染性皮下和造血器官坏死病毒、核多角体杆状病毒、虾产卵死亡综合征病毒、鳖鳃腺炎病毒、Taura综合征病毒、对虾白斑综合征病毒、黄头病病毒、草鱼出血病毒、鲤春病毒血症病毒、鲍球形病毒、鲑鱼传染性贫血病毒。⑨蜜蜂病病原微生物：美洲幼虫腐臭病幼虫杆菌、欧洲幼虫腐臭病蜂房蜜蜂球菌、白垩病蜂球囊菌、蜜蜂微孢子虫、跗腺螨、雅氏大蜂螨。⑩其他动物病病原微生物：犬瘟热病毒、犬细小病毒、犬腺病毒、犬冠状病毒、犬副流感病毒、猫泛白细胞减少综合征病毒、水貂阿留申病病毒、水貂病毒性肠炎病毒。

（4）四类动物病原微生物。指危险性小、低致病力、实验室感染机会少的兽用生物制品、疫苗生产用的各种弱毒病原微生物以及不属于第一、二、三类的各种低毒力的病原微生物。

二、病原微生物样本采集与管理

由于病原微生物样本采集、处理等环节有可能造成实验室感染或泄露及环境污染事故，甚至导致疫病爆发流行，所以必须在具有与采集的病原微生物样本所需要的生物安全防护水平相适应的器材、实验条件以及个人装备条件下，由掌握相关技术和知识的专业人员严格执行相关规定和操作规范，进行病原微生物样本的采集等工作。

（一）采集样本的原则

采集样本时，既要做到早、快、近（离病变部位近）、多、净（避免交叉污染），又要注意遵守包装要求。

（二）采集样本的一般要求

(1) 采集设备与器材。具有与采集病原微生物样本所需要的生物安全防护水平相适应的设备与器材，如个人防护用品（隔离衣、帽、口罩、鞋套、手套、防护眼镜等）、防护材料、器材和防护设施和实验条件等。

(2) 采集人员与操作规范。采集人员必须掌握相关专业知识和操作技能；遵循生物安全操作规范，严格做好个人防护和实验室生物安全工作；样本采集人员应加强与实验室检测人员的沟通，提高样本采集的针对性。

(3) 应急措施与预案。具有有效地防止病原微生物扩散和感染的措施与应急预案。

(4) 采集技术与手段。具有保证病原微生物样本质量的技术、方法和手段。如采集样本应无菌操作，避免杂菌污染；选择最能反映疫病特征的部位采样；盛放样本的容器预先应做无菌处理；样本采集后应立即送检并在合适的环境和装置中保存等。

(5) 样本采集记录。采集过程应对样本的来源、采集过程和方法等作详细记录。

(6) 采集高致病性病原微生物样本的要求。采集高致病性（或疑似高致病性）病原微生物样本，在采集过程中应注意防止病原微生物扩散和污染。

三、高致病性动物病原微生物菌（毒）种或样本运输与管理

（一）一般要求

运输目的、高致病性病原微生物的用途和接受单位符合规定；运输容器符合规定：密封，防水、防破损、防外泄，耐高（低）温，耐高压；容器或者包装材料上应当印有生物危险标识、警告用语和提示用语；原则上通过陆路运输，水路也可；紧急情况下，可以通过民用航空运输；经过省级以上兽医主管部门批准：省内的由省级批准；跨省或运往国外的，省级初审后，由农业部批准（出入境检验检疫部门由国务院出入境检验检疫部门批准，同时向农业部通报）；应当有不少于 2 人的专人护送，并采取防护措施；发生被盗、被抢、丢失、泄露的，立即采取控制措施，在 2 小时内向有关部门报告。

（二）运输包装要求

高致病性动物病原微生物菌（毒）种或者样本属于联合国《关于危险货物运输的建

议书——规章范本》和国际民航组织《危险物品航空安全运输技术细则》中规定的 A 类感染性物质，根据上述国际规范和农业部制定的《高致病性动物病原微生物菌（毒）种或者样本运输包装规范》，在其运输过程中必须使用三层包装系统，由内包装（包括防水的主容器和辅助包装两层）以及强度满足其容积、质量及使用要求的刚性外包装组成（图 10-1）。

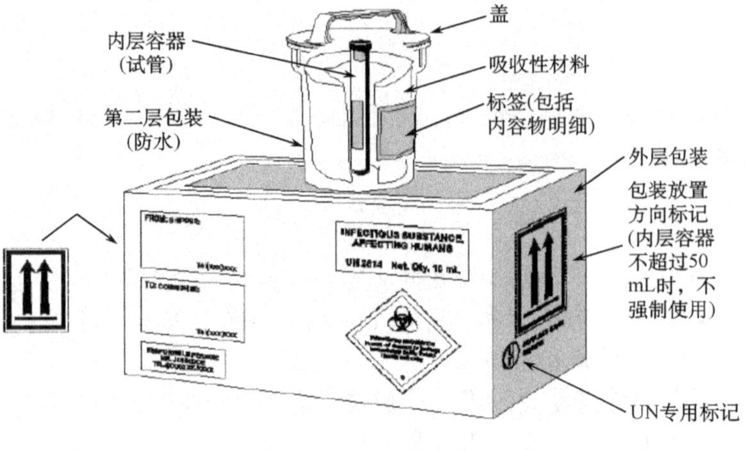

图 10-1　A 类感染性物质三层包装系统示意图（联合国）

具体要求包括：主容器必须不透水、防泄漏，保证完全密封；辅助包装必须结实、不透水和防泄漏；主容器和辅助包装之间必须填充充足的吸附材料，能够吸收所有内装物。多个主容器装入一个辅助包装时，必须将它们分别包装；主容器的表面贴上标签，表明菌（毒）种或样本类别、编号、名称、数量等信息；应当把相关文件，如菌（毒）种或样本数量表格、危险性声明、信件、菌（毒）种或样本鉴定资料、发送者和接收者的信息等放入一个防水的袋中，并贴在辅助包装的外面；外包装的强度应当充分满足对于其容器、重量及预期使用方式的要求；外包装应当印上生物危险标识并标注“高致病性动物病原微生物，非专业人员严禁拆开”的警告语（图 10-2）。冻干样本包装的主容器必须是火焰封口的玻璃安瓿或者是用金属封口的胶塞玻璃瓶；向主容器中灌装液体样本时须保留足够的剩余空间，同时采用可靠的防漏封口，如热封、带缘的塞子或者金属卷边封口。如果使用旋盖，必须用胶带加固。冰、干冰或者其他冷冻剂必须放在辅助包装周围，或者按照规定放在由一个或者多个完整包装件组成的合成包装件中。内部要有支撑物，当冰或者干冰消耗掉以后，仍可以把辅助包装固定在原位置上。如果使用冰，包装必须不透水；如果使用干冰，外包装必须能排出二氧化碳气体；如果使用冷冻剂，主容器和辅助包装必须保持良好的性能，在冷冻剂消耗完以后，应仍能承受运输中的温度和压力。

图 10-2　生物危险标识图

（三）民航运输的特殊要求

（1）菌（毒）种和样本及动物病料必须作为货物进行航空运输时，禁止随身携带或作为托运行李或邮件进行运输。菌（毒）种和样本及动物病料的航空运输需符合《中国民用航空危险品运输管理规定》（CCAR-276 部）和国际民航组织《危险物品航空安全运输技术细则》（ICAO DOC 9284 AN/905，以下简称《技术细则》）的要求。

（2）菌（毒）种和样本及动物病料的托运人或其代理人必须接受符合 CCAR-276 部和《技术细则》要求的危险品航空运输训练，并持有有效证书。

（3）菌（毒）种和样本及动物病料的托运手续必须符合国务院、农业部的有关规定。跨省、自治区、直辖市或向境外运输动物病原微生物菌（毒）种或者样本时，托运人需持有农业部颁发的“动物病原微生物菌（毒）种或样本及动物病料准运证书”。运输动物病料或在省、自治区、直辖市人民政府行政区域内运输动物病原微生物菌（毒）种或者样本时，托运人需持有出发地省、自治区、直辖市人民政府兽医行政管理部门颁发的“动物病原微生物菌（毒）种或样本及动物病料准运证书”。出入境菌毒种和样本及动物病料的运输，需由出入境检验检疫机构进行检疫。

（4）菌（毒）种和样本及动物病料必须由已获得中国民用航空局颁发的“危险品航空运输许可”的航空公司运输。

（5）菌（毒）种和样本及动物病料的包装需符合国际民航组织《技术细则》以及农业部的相关要求，同时必须符合国家质量监督检验检疫部门的要求或附有进口包装材料符合国际标准的有关证明文件。

（四）农业部对运输审批的要求

（1）审批类型：即时即办。

（2）审批内容：①运输高致病性动物病原微生物菌（毒）种或样本的活动是否合法；②从事运输高致病性动物病原微生物菌（毒）种、样本的单位是否取得农业部颁发的“高致病性动物病原微生物实验室资格证书”，并取得农业部或省级兽医行政管理部门颁发的从事高致病性动物病原微生物或者疑似高致病性动物病原微生物实验活动的批准文件，或农业部颁发的生物制品批准文件，或农业部颁发的指定菌（毒）种保藏文件；③盛装高致病性动物病原微生物菌（毒）种或样本的容器或者包装材料是否符合农业部制定的《高致病性动物病原微生物菌（毒）种或者样本运输包装规范》的规定。

（3）办事条件：①受理范围：需要跨省、自治区、直辖市运输或者运往国外的；②需递交以下材料：A. 省级兽医行政管理部门的初审意见。B. “运输高致病性动物病原微生物菌（毒）种或者样本申请表”（一式二份）。C. 接受单位资格证明文件。接受单位是研究、检测、诊断机构的，需提供“高致病性动物病原微生物实验室资格证书”和从事高致病性动物病原微生物或者疑似高致病性动物病原微生物实验活动批准文件（均为复印件）；接受单位是兽用生物制品研制和生产单位的，需提供生物制品批准文件（复印件）；接受单位是菌（毒）种保藏机构的，需提供指定菌（毒）种保藏批准文件（复印件）。D. 接受单位同意接受的证明材料［送交菌（毒）种保藏的除外］。

（4）办理程序：①材料受理。农业部行政审批综合办公室受理省级兽医行政管理部门递交的对申请人运输高致病性动物病原微生物菌（毒）种或样本申请的初审意见及相关材料，并进行初审。②组织评审。中国动物疫病预防控制中心组织评审，提出评审意见。③办理批件。农业部兽医局根据专家评审意见，提出审批方案，报经部长审批后办理批件。

（5）承诺时限：即时审批。

四、动物病原微生物菌（毒）种和样本保藏与管理

（一）保藏机构

（1）保藏机构的概念。保藏机构是指承担菌（毒）种和样本保藏任务，并向合法从事动物病原微生物相关活动的实验室或者兽用生物制品企业提供菌（毒）种或者样本的单位。

（2）保藏机构的分类。保藏机构分为国家级保藏中心和省级保藏中心。我国指定的主要保藏机构为中国兽医药品监察所，国家禽流感参考实验室，国家口蹄疫参考实验室。

（3）保藏机构应当具备的条件：①符合国家关于保藏机构设立的整体布局和实际需要；②有满足菌（毒）种和样本保藏需要的设施设备；保藏高致病性动物病原微生物菌（毒）种或者样本的，应当具有相应级别的高等级生物安全实验室，并依法取得“高致病性动物病原微生物实验室资格证书”；③有满足保藏工作要求的工作人员；④有完善的菌（毒）种和样本保管制度、安全保卫制度。

（4）保藏机构的职责：①负责菌（毒）种和样本的收集、筛选、分析、鉴定和保藏；②开展菌（毒）种和样本的分类与保藏新方法、新技术研究；③建立菌（毒）种和样本数据库；④合法从事动物病原微生物实验活动的实验室或者兽用生物制品生产企业提供菌（毒）种或者样本。

（二）保藏与管理

（1）保藏原则：对菌（毒）种和样本实行集中保藏，保藏机构以外的任何单位和个人不得保藏菌（毒）种或者样本。

（2）菌（毒）种和样本的收集：从事动物疫情监测、疫病诊断、检验检疫和疫病研究等活动的单位和个人，应当及时将研究、教学、检测、诊断等实验活动中获得的具有保藏价值的菌（毒）种和样本，送交保藏机构鉴定和保藏，并提交菌（毒）种和样本的背景资料。保藏机构可以向国内有关单位和个人索取需要保藏的菌（毒）种和样本。

（3）菌（毒）种和样本的保藏与管理：①设专库保藏一、二类菌（毒）种和样本，设专柜保藏三、四类菌（毒）种和样本；②分类存放，实行双人双锁管理；③应建立完善的技术资料档案，详细记录所保藏的菌（毒）种和样本的名称、编号、数量、来源、病原微生物类别、主要特性、保存方法等情况；④对保藏的菌（毒）种按时鉴定、复壮，妥善保藏，避免失活；⑤应制定实验室安全事故处理应急预案。发生保藏的菌

（毒）种或者样本被盗、被抢、丢失、泄漏和实验室人员感染的，应当按规定及时报告、启动预案，并采取相应的处理措施。

（三）供应和使用

(1) 保藏机构根据申请向实验室和兽用生物制品生产企业提供菌（毒）种或者样本。

(2) 提供高致病性动物病原微生物菌（毒）种或者样本时，应查验申请机构的从事高致病性动物病原微生物相关实验活动的批准文件；提供兽用生物制品生产和检验用菌（毒）种或者样本的，查验兽药生产批准文号文件；提供三、四类菌（毒）种或者样本的，查验实验室所在单位出具的证明。

(3) 保藏机构提供菌（毒）种或者样本时，应当进行登记，详细记录所提供的菌（毒）种或者样本的名称、数量、时间以及发放人、领取人、使用单位名称等。

（四）销　　毁

销毁无保存价值的菌（毒）种和样本须提出申请并经批准方可销毁，并在账上注销，写明销毁原因、销毁时间、方法、品种和数量。菌（毒）种的销毁应采用与预销毁的菌（毒）种相适应的并经验证的可靠方法进行销毁，一般采用高压蒸汽灭菌和焚烧法。实验室在相关实验结束后，应按规定就地销毁病原微生物菌（毒）种或样本，或将菌（毒）种送交菌（毒）种保藏机构保存。

（五）国 际 交 流

(1) 菌（毒）种和样本对外交流实行认定审批制度。

(2) 从国外引进和向国外提供菌（毒）种或者样本的，应当经所在地省、自治区、直辖市人民政府兽医主管部门审核后，报农业部批准。

(3) 从国外引进菌（毒）种或者样本的单位，应当在引进菌（毒）种或者样本后 6 个月内，将备份及其背景资料，送交保藏机构。引进单位应当在相关活动结束后，及时将菌（毒）种和样本就地销毁。

(4) 出口《生物两用品及相关设备和技术出口管制清单》所列的菌（毒）种或者样本的，还应当按照《生物两用品及相关设备和技术出口管制条例》的规定取得生物两用品及相关设备和技术出口许可证件。

第三节　实验室的设立与管理法律制度

一、实验室的设立与管理

（一）实验室管理原则

我国对病原微生物实验室实行分级管理。按照统一的生物安全标准和要求分为生物安全一级、二级、三级和四级。

（二）实验室设立要求

（1）一级和二级实验室。新建、改建、扩建，向地（市）级兽医主管部门备案，地（市）级兽医主管部门每年将备案情况汇总后报省级兽医主管部门。

（2）三级和四级实验室。新建、改建、扩建或生产、进口移动式三级和四级实验室，实行许可制度。规定如下：①应由农业部和国家发改委批准立项（列入国家生物安全实验室体系建设规划）；②经科技部审查同意；③环境影响评价合格并经国家环保局审查批准；④建设部门验收合格，符合国家生物安全实验室建筑技术规范；⑤通过中国实验室认证认可委员会（CNAL）认证，并颁发相应级别生物安全实验室证书（有效期为5年）；⑥通过农业部审查并批准使用，颁发“高致病性动物病原微生物实验室资格证书”。

（三）农业部对高致病性动物病原微生物实验室资格审批的要求

（1）审批类型：前审后批。

（2）审批内容：①是否符合《兽医实验室生物安全管理规范》、《实验室生物安全通用要求》和《生物安全实验室建筑技术规范》的要求；②是否取得国家生物安全三级或四级实验室认可证书；③从事实验活动的工作人员的技术职称及接受生物安全知识培训的情况；④实验室工程质量是否经建筑主管部门依法检测验收合格。

（3）办事条件。需递交以下材料：①省级兽医行政管理部门的初审意见；②高致病性动物病原微生物实验室资格申请表（一式两份）；③国家实验室认可证书（复印件）；④实验室管理手册；⑤实验室设立单位的法人资格证书（复印件）；⑥实验室工作人员学历证书或技术职称证明（复印件）；⑦实验室工作人员生物安全知识培训情况证明材料；⑧实验室工程质量检测验收报告（复印件）。

（4）办理程序：①材料受理。农业部行政审批综合办公室受理省级兽医行政管理部门递交的对申请人的高致病性动物病原微生物实验室资格申请的初审意见及相关材料，并进行预审；②组织评审。中国动物疫病预防控制中心组织评审，必要时到现场核实和评估，提出评审意见；③办理批件。农业部兽医局根据评审意见，提出审批方案，报经部长审批后办理批件。

（5）承诺时限：①省级兽医行政管理部门自收到申请之日起10日内，将初审意见和有关材料报送农业部；②中国动物疫病预防控制中心组织专家进行评审，时间不超过3个月；③农业部自收到评审意见之日起10日内作出决定。

（四）实验室的生物安全管理要求

（1）实验室从事实验活动应当严格遵守有关国家标准和实验室技术规范、操作规程，并指定专人监督检查实验室技术规范和操作规程的落实情况。

（2）每年定期对工作人员进行培训，保证其掌握实验室技术规范、操作规程、生物安全防护知识和实际操作技能，并进行考核。工作人员经考核合格的，方可上岗。

（3）从事高致病性病原微生物相关实验活动的实验室，应当每半年将培训、考核其工作人员的情况和实验室运行情况向省、自治区、直辖市人民政府卫生主管部门或者兽医主管部门报告。

(4) 从事高致病性病原微生物相关实验活动的实验室，应当建立健全安全保卫制度，采取安全保卫措施，严防高致病性病原微生物被盗、被抢、丢失、泄漏，保障实验室及其病原微生物的安全。

(5) 进入从事高致病性病原微生物相关实验活动的实验室的工作人员或者其他有关人员，应当经实验室负责人批准。实验室应当为其提供符合防护要求的防护用品并采取其他职业防护措施。

(6) 从事高致病性病原微生物相关实验活动的实验室，应对实验室工作人员进行健康监测，每年组织对其进行体检，并建立健康档案；必要时，应当对实验室工作人员进行预防接种。

(7) 实验室应当建立实验档案，记录实验室使用情况和安全监督情况。从事高致病性病原微生物相关实验活动的实验档案保存期不得少于20年。

(8) 实验室应当依照环境保护的有关法律、行政法规和国务院有关部门的规定，对废水、废气以及其他废物进行处置，并制定相应的环境保护措施，防止环境污染。

(9) 三级、四级实验室应当在明显位置标示国务院卫生主管部门和兽医主管部门规定的生物危险标识和生物安全实验室级别标志。

二、病原微生物实验活动的要求与管理

（一）动物病原微生物实验活动分类

动物病原微生物实验活动分为病原分离培养、动物感染实验、未经培养的感染性材料的实验、灭活材料的实验。不同的动物病原微生物实验活动危害性也不相同。《动物病原微生物实验活动生物安全要求细则》对动物病原微生物的不同实验活动规定了实验活动所需实验室生物安全级别。

（二）病原微生物实验活动的要求

(1) 一级、二级实验室不得从事高致病性动物病原微生物实验活动。

(2) 三级、四级实验室需要从事某种高致病性动物病原微生物或者疑似高致病性动物病原微生物实验活动的，应当经农业部或者省级兽医行政管理部门批准。①从事我国尚未发现或者已经宣布消灭的动物病原微生物有关实验活动的，或者从事国家规定的特定高致病性动物病原微生物（主要指新发病、已消灭的病、口蹄疫和高致病性禽流感）病原分离和鉴定、活病毒培养、感染材料核酸提取、动物接种试验等有关实验活动的，由农业部批准；②从事前款规定以外的其他高致病性动物病原微生物或者疑似高致病性动物病原微生物实验活动的，由省级兽医行政管理部门批准，省级兽医行政管理部门应当自收到申请之日起15日内作出是否批准的决定，并自批准之日起10日内报农业部备案。

（三）高致病性动物病原微生物实验活动的要求

(1) 严格遵守有关国家标准、实验室技术规范、操作规程，并由专人监督检查实验

室技术规范、操作规程的落实情况。

(2) 实验活动应当由 2 名以上的工作人员共同进行，进入从事高致病性病原微生物相关活动的实验室的工作人员或者其他有关人员，应经实验室负责人批准。

(3) 在同一个实验室的同一个独立区域内，只能同时从事一种高致病性病原微生物的相关实验活动。

（四）农业部对从事高致病性动物病原微生物实验活动审批的要求

(1) 审批类型：前审后批。

(2) 审批内容：①从事该实验活动的实验室是否取得农业部颁发的“高致病性动物病原微生物实验室资格证书”，并在有效期内；②实验活动是否限于与动物病原微生物菌（毒）种、样本有关的研究、检测、诊断和菌（毒）种保藏等；③是否为农业部对实验单位有明确规定的特种动物病原微生物或疑似高致病性动物病原微生物的实验活动。

(3) 办事条件：①受理范围：从事我国尚未发现或已经宣布消灭的动物病原微生物有关实验活动的，或者从事国家规定的特定高致病性动物病原微生物病原分离和鉴定、活病毒培养、感染材料核酸提取、动物接种试验等实验活动的；②需递交以下材料：A. 省级兽医行政管理部门的初审意见；B. 高致病性动物病原微生物实验活动申请表（一式两份）；C. 高致病性动物病原微生物实验室资格证书（复印件）；D. 从事与高致病性动物病原微生物有关科研项目实验活动的，还应当提供科研项目立项证明材料。

(4) 办理程序：①材料受理。农业部行政审批综合办公室受理省级兽医行政管理部门递交的对申请人的从事高致病性动物病原微生物实验活动申请的初审意见及相关材料，并进行预审。②组织评审。中国动物疫病预防控制中心组织评审，提出评审意见。③办理批件。农业部兽医局根据评审意见，提出审批方案，报经部长审批后办理批件。

(5) 承诺时限：①省级兽医行政管理部门自收到申请之日起 7 日内，将初审意见和有关材料报送农业部；②中国动物疫病预防控制中心组织专家进行评审，时间不超过 1 个月；③农业部自收到评审意见之日起 8 个工作日内作出决定。

三、从事高致病性动物病原微生物科研项目的生物安全审查要求

实验室申报或接受与高致病性动物病原微生物有关的科研项目前，应当向农业部申请审查。

(1) 审批类型：前审后批。

(2) 审批内容：①实验室是否取得农业部颁发的“高致病性动物病原微生物实验室资格证书”，并在有效期内；②科研项目立项情况；③拟研究的动物病原微生物是否为农业部规定的只能在规定实验室进行的特定高致病性动物病原微生物或疑似高致病性动物病原微生物；④科研中拟采取的生物安全措施情况。

(3) 办事条件：需递交以下材料：①高致病性动物病原微生物科研项目生物安全审查表（一式两份）；②科研项目建议书；③拟使用实验室的“高致病性动物病原微生物实验室资格证书”复印件及同意使用证明材料；④科研项目研究中拟采取的生物安全措施。

（4）办理程序：①材料受理。农业部行政审批综合办公室受理申请人递交的“高致病性动物病原微生物科研项目生物安全审查表”及相关材料，并进行初审；②组织评审。中国动物疫病预防控制中心组织评审，提出评审意见；③办理批件。农业部兽医局根据评审意见，提出审批方案，报经部长审批后办理批件。

（5）承诺时限：自收到申请材料之日起20个工作日。

第四节　实验室感染控制法律制度

一、感染控制中对实验室的要求

（一）制订应急预案

从事高致病性病原微生物相关实验活动的实验室应当制定实验室感染应急处置预案，并向该实验室所在地的省级兽医主管部门备案。

（二）实行专人负责制

指定专门的机构或者人员承担实验室感染控制工作，定期检查实验室的生物安全防护、病原微生物菌（毒）种和样本保存与使用、安全操作、实验室排放的废水和废气以及其他废物处置等规章制度的实施情况。

（三）及时履行报告义务

实验室发现工作人员出现与本实验室从事的高致病性病原微生物相关实验活动有关的感染临床症状或者体征，或者发生泄漏时，应当及时报告。

报告的程序为：应在2小时内报告所在地的县级人民兽医主管部门；接到报告的兽医主管部门应当在2小时内通报实验室所在地的县级人民政府兽医主管部门。

（四）立即启动实验室感染应急处置预案

组织人员对实验室生物安全状况等情况进行调查，同时采取控制措施，对有关人员进行医学观察或者隔离治疗，封闭实验室，防止病原微生物扩散。

二、感染控制中对兽医主管部门的要求

兽医主管部门接到关于实验室发生工作人员感染事故或者病原微生物泄漏事件的报告，或者发现实验室从事病原微生物相关实验活动造成实验室感染事故，应当立即组织动物防疫监督机构以及其他有关机构依法采取下列预防、控制措施：①封闭被病原微生物污染的实验室或者可能造成病原微生物扩散的场所；②开展流行病学调查；③对病人进行隔离治疗，对相关人员进行医学检查；④对密切接触者进行医学观察；⑤进行现场消毒；⑥对染疫或者疑似染疫的动物采取隔离、扑杀等措施；⑦其他需要采取的预防、控制措施；⑧在规定的时间内逐级上报；⑨发生病原微生物扩散，有可能造成传染病暴发、流行时，县级以上人民政府卫生主管部门或者兽医主管部门应当依照有关法律、行

政法规的规定以及实验室感染应急处置预案进行处理。

第五节　监督管理法律制度

一、兽医主管部门的监督职责

在病原微生物实验室生物安全监督管理中，县级以上地方人民政府兽医主管部门负有以下职责：①对病原微生物菌（毒）种、样本的采集、运输、储存进行监督检查；②对从事高致病性病原微生物相关活动的实验室是否符合规定的条件进行监督检查；③对实验室或者实验室的设立单位培训、考核其工作人员以及上岗人员的情况进行监督检查；④对实验室是否按照有关国家标准、规程从事病原微生物相关实验活动进行监督检查。

二、兽医主管部门的监督管理方式和要求

（一）监督管理方式

县级以上地方人民政府兽医主管部门，主要通过检查反映实验室执行国家有关法律、行政法规以及国家标准和要求的记录、档案、报告履行监督管理职责。

（二）监督管理要求

（1）依据法定的职权和程序履行职责，做到公开、文明、高效；

（2）执法人员执行职务时，应当有 2 名以上执法人员参加，出示执法证件，并依照规定填写执法文书。现场检查笔录、采样记录等文书经核对无误后，应当由执法人员和被检查人、被采样人签名。被检查人、被采样人拒绝签名的，执法人员应当在自己签名后注明情况。

三、兽医主管部门的监督管理权限

有权进入被检查单位和病原微生物泄漏或者扩散现场调查取证、采集样品，查阅复制有关资料。需要进入从事高致病性病原微生物相关实验活动的实验室调查取证、采集样品的，应当指定或者委托专业机构实施。被检查单位应当予以配合，不得拒绝、阻挠。

思　考　题

1. 简述我国病原微生物实验室生物安全的主要法律法规和标准。
2. 简述我国病原微生物的管理原则和动物病原微生物的分类。
3. 简述高致病性动物病原微生物菌（毒）种或样本运输与管理的要求。
4. 简述动物病原微生物菌（毒）种或样本保藏与管理的有关规定。
5. 简述动物病原微生物实验室资格审批、生物安全管理、实验活动的有关规定。
6. 简述我国病原微生物实验室感染控制的相关法律制度。
7. 简述我国病原微生物实验室监督管理的相关法律制度。

第三篇

动物卫生行政执法与救济

二、动物卫生行政执法的内容和分类

在现代畜牧业中，与动物卫生相关的活动包括品种繁育、品种审定、动物饲养、动物疾病防控、饲料和兽药的生产经营、动物的屠宰、动物产品经营、运输、储存等活动。因此，为推动畜牧业健康可持续发展，保护动物和人类的健康，动物卫生执法的内容就涉及品种繁育审定管理、动物饲养管理、动物防疫管理、饲料兽药管理、动物屠宰管理、动物与动物产品经营、加工、储藏、运输管理等方面的执法管理，按照我国行政法学的规定，动物卫生行政执法可以分为动物卫生行政处理、行政检查、行政许可、行政处罚、行政强制等。

三、动物卫生行政执法的原则

（一）法制原则

法制原则是行政的基本原则之一，因而也是行政执法的基本原则之一。动物卫生行政执法主体的职权来源于动物卫生法律法规的规定，没有法律法规的授予，行政执法主体不可能享有并行使行政职权；对行政执法机关来说，凡法律没有授予的权力，不得主动为之，否则就是超越职权。强调行政执法的法制原则，目的在于使行政执法主体树立依法行政、依法执法的法律意识和违法必究的责任感。要让动物卫生行政执法主体明白其创设、存在和活动范围等皆源于动物卫生法律的规定，动物卫生的法律法规是动物卫生执法主体的生命线。同时，对相对人设定义务的事项，均应该有法律的明确授权，那种认为自己是合法存在的机关，就可以在自己权限范围内对管理相对人采取任何手段的做法是错误的。

（二）公正、公开原则

公正、公开原则集中体现在行政执法程序中，因而是行政执法的两项程序性原则，体现的是行政执法的公平性。

公正，即行政机关和执法人员应严格依法办事、实事求是、公平正直、没有偏私。行政执法中的公正原则主要体现在：作出执法决定前必须查明违法事实，且证据确凿；所作出的执法决定应与违法事实、情节及对社会的危害程度相当，不得因人而异，厚此薄彼，确保在法律面前人人平等。

公开，是指行政执法的有关内容应让群众知道。行政执法中的公开原则体现在：行政处罚、行政强制的有关法律规定应公开，应事先让群众知道；执法人员的身份应公开；告知当事人，即违法的或怀疑违法的管理相对人将进行行政处罚或行政强制的事实依据、法律依据及告知当事人；行政处罚和行政强制决定公开；公开处理违禁物品及公开执法决定等。公开原则有利于群众对执法行为的监督，也有利于教育群众自觉守法。

（三）处罚与教育相结合的原则

《行政处罚法》第 5 条规定：“实施行政处罚，纠正违法行为，应坚持处罚与教育相结合，教育公民、法人和其他组织自觉守法。”因此，动物卫生行政执法工作中，行政机关和执法人员应经常向管理相对人进行法制宣传教育，使他们清楚地认识到自己的权利和义务，知道自己可以做什么、应该做什么和不能做什么，以及知道违反了有关规定会有什么法律后果，其目的是教育人们自觉守法、自觉履行义务，预防和减少违法事件的发生。在具体的行政案件中，处罚与教育相结合要求行政机关和执法人员不但要严肃执法，也要善于对违法者进行法制教育及恰当利用执法机会警示和教育他人。处罚与教育相结合体现在可自由裁量的执法决定上，要求对那些自觉守法的人偶然造成的过失违法、情节较轻、态度较好的，一般可只对其进行批评教育或从轻处罚。相反，对那些故意违法、屡教不改、情节严重又态度恶劣的则必须从严惩处，使这些人感受到法律的威严，迫使和教育这些人自觉守法。

（四）保障当事人合法权利的原则

行政执法工作中，法律规定了管理相对人有接受行政处罚、承担法律责任的义务。管理相对人若不自觉履行法定义务，行政机关有权采取强制措施，迫使其履行义务。同时法律也赋予了管理相对人一些权利，行政机关应保障管理相对人的合法权利得以实现。根据《行政处罚法》的规定，当事人的主要权利有：

（1）陈述权和申辩权。陈述权是指当事人有权为自己的行为作出客观的说明，提出自己的主张和提供证据。当事人的陈述主要在行政案件的调查阶段进行。申辩权是指当事人有权为自己的行为申述理由、辩解及反驳对自己不利的意见和证据。陈述和申辩是执法程序中的重要内容之一，是确保执法公正的重要措施，没有这一程序，其处罚决定不能成立。因此，行政机关和执法人员在案件调查中必须听取和尊重当事人的陈述。在作出执法决定前，应听取当事人的申辩，而且应保证当事人不因申辩而受到不公正的处罚。《行政处罚法》中规定了申辩不加罚的原则。为确保当事人的申辩权，我国法律还规定了听证制度，当事人有权要求听证。《行政处罚法》第 42 条规定：“行政机关作出责令停产停业、吊销许可证或者执照、较大数额罚款等行政处罚决定前，应告知当事人有要求听证的权利；当事人要求听证的，行政机关应当组织听证。”

（2）申请行政复议与行政诉讼权。行政执法是行政机关单方面的行政行为，其执法决定无需征得当事人的同意。这种不对等的行政法律关系很可能会由于执法人员的业务水平和思想意识等因素的影响造成对当事人合法权益的损害。为了保障当事人的合法权益，我国法律明确规定，当事人不服执法主体的执法决定，可依法申请行政复议或提起行政诉讼。

（3）索赔权。《宪法》第 41 条规定：“由于国家机关和国家工作人员侵犯公民权利而受到损失的人，有依照法律规定取得赔偿的权利。”为此我国颁布了《中华人民共和国国家赔偿法》（以下简称《国家赔偿法》）。因此，在动物卫生行政执法中，由于行政主体和执法人员侵犯了公民的合法权益而受到损害的人，有依法索赔的权利，行政主体应依法承担赔偿责任。在行政复议和行政诉讼期内，按照规定，其行政执法决定原则上不停止执行，若执法决定最终被复议机关或人民法院撤销的，当事人对已造成的人身和财产损失可依法要求赔偿。这样既确保行政执法的严肃性，有利于行政管理秩序的稳定，又维护了公民的合法权益。

（五）效率原则

动物卫生行政执法的效率原则，实际上体现了行政执法程序的正当。将行政执法程序法律化，可以减少无故拖延、重复，从而有利于行政效率的提高。效率是行政权的生命，没有效率的行政权是僵化的、无生命力的。对于所有行政执法机关来说，强调效率就是要提高工作效率，降低执法成本，及时完成工作指标，达到预期执法目的。

四、动物卫生行政执法的生效要件与效力

（一）动物卫生行政执法的生效要件

动物卫生行政执法行为的生效要件是指使动物卫生行政执法行为产生法律效力的必要条件。这些要件又分为实体要件和程序要件两大类。

1. 实体要件

（1）执法行为的主体合法。动物卫生执法主体必须是法律法规授权、依法成立并能独立承担法律责任的执法机构。我国动物卫生行政执法机构即为动物卫生监督机构。

（2）执法必须依法进行。动物卫生行政执法行为应当符合动物卫生行政法律规范的规定。

（3）必须是动物卫生监督机构的真实意思表示。所谓真实意思表示是指动物卫生行政执法人员不是在被胁迫、被欺诈及其他不正常的情况下作出行为的。

（4）管理相对人须有权利能力和行为能力。对未成年人或者限制行为能力人，就不能要求他们承担违反动物卫生行政法的行政责任。

2. 程序要件

（1）执法行为必须符合法定程序。动物卫生监督机构在实施行政处罚时，必须按照《动物防疫法》及其配套法规等有关规定的程序进行。

（2）执法行为必须符合法定形式。动物卫生行政执法行为均属要式行为，因此必须符合法律规范的要求。例如，证照的发放，必须按法律规范的要求进行制作、发放、管理，对违反动物卫生行政法律规范的当事人实施处理、处罚，也必须按法定程序进行，否则将视为程序违法。

（二）动物卫生行政执法的效力

行政执法行为的效力，即行政执法行为生效后所产生的法律效果。其内容表现在以下几个方面：

（1）确定力。确定力就是具有不得再行更改的效力。一是动物卫生行政主体所作出的行政执法决定事项，未经法律允许，管理相对人不得要求更改。即使法律允许其更改，管理相对人依法提出申诉或起诉，也受一定时间等条件限制。如当事人不服动物卫生行政主体作出的行政处理，可在接到通知后 60 日内提出申请复议，否则将按人民来信处理。二是动物卫生行政主体作出的行政执法决定，其自身也不能随意更改其内容。

（2）拘束力。拘束力是指行政执法决定对动物卫生行政主体和管理相对人的约束

力。一是对管理相对人的拘束力。当动物卫生行政主体采取的行政决定对特定人发生拘束力时，以不能转移为原则，如发给甲某的动物诊疗许可证，甲某就不能转移给乙某使用，否则就是违法。二是对动物卫生行政主体的拘束力。在动物卫生行政决定未经废止撤销以前，动物卫生行政主体也有遵守的义务。

（3）执行力。执行力是指执法决定生效后，行政机关有权对执法对象采取强制手段使执法决定得以完全实现。管理相对人的法定义务之一是承担行政法律责任，接受行政主体作出的、产生了法律效力的执法决定，并完全执行。行政机关应督促、监督管理相对人执行决定。对于拒不执行决定的，行政机关可在权限范围内依法强制执行；无强制执行权的，可申请人民法院强制执行。

五、动物卫生行政执法的意义和作用

行政执法是行政机关依法行使行政职能的主要手段，是实现行政管理目标的重要途径。1999 年修订的《宪法》明确规定“中华人民共和国实行依法治国，建设社会主义法治国家”，这标志着中国已将依法治国定位为基本治国方略。依法行政是依法治国的核心，依法行政的水平直接影响法治国家目标的实现，而行政执法则是依法行政的中心所在。动物卫生行政执法就是对全社会动物卫生工作依法进行管理的活动，而实施动物卫生行政执法则是保障动物卫生行政管理的重要手段。

我国法制建设的基本内容包括立法、执法和守法，而“有法可依、有法必依、执法必严、违法必究”则是我国社会主义法制建设的基本要求。我国动物卫生法同其他任何法律法规一样，规定了人们在动物卫生工作中的行为准则，对于维护我国动物卫生管理秩序，促进畜牧业发展和保护人体健康具有重要作用。但是长期以来我国畜牧业是以农村散养、自繁自养的养殖方式发展起来的，人们对养殖业在社会公共安全中的重要性认识不足，因而对动物卫生法中的行为准则，并不是每个人都能自愿接受和遵守，尤其是少数人为了个人利益，甚至会实施与动物卫生法规定相违背的行为。因而加强动物卫生执法是十分必要的，执法机构及执法人员要通过行政执法这个强制性手段使人们自觉依法约束自己的行为，这样才能使动物卫生法得到贯彻执行。可见，行政执法是所立之法得以贯彻实施的保证。

从执法与守法的关系看，执法是促成管理相对人守法的最有效的措施。行政执法机关及执法人员的工作内容之一是进行法制宣传，这是极为必要的。但在现实社会中，仅靠宣传教育、传统的道德规范希望所有人都自觉守法是完全不可能的。社会上总是有少数的人为了一己私利而目无法纪，妄图铤而走险。对这些人只能是绳之以法，通过执法运用国家强制力来惩处其违法行为，强制这些违法者守法，达到惩前毖后的作用，而且通过执法还能警示他人，教育公民自觉守法。因此，执法是教育人们守法最有效的措施之一。

第二节 动物卫生行政许可

一、动物卫生行政许可的概念和特征

行政许可是行政机关依法对社会、经济事务实行事前监督管理的一种有效手段，多

年来在行政管理工作中发挥了重要作用。但是，行政许可是一把“双刃剑”，运用不当也会产生消极的作用。为了规范行政许可的设定和实施，保护公民、法人和其他组织的合法权益，维护公共利益和社会秩序，保障和监督行政机关有效实施行政管理，2003年8月27日，第十届全国人大常委会第4次会议审议并通过了我国首部行政许可法，至此我国行政许可走上了依法管理的轨道。

动物卫生行政许可是我国行政许可的重要组成部分，是指动物卫生行政机关根据公民、法人或者其他组织的申请，经依法审查，准予其从事与动物卫生活动有关的行为。实践证明，动物卫生行政许可是动物卫生行政管理的一种重要手段，是维护动物卫生行政管理秩序强有力的措施。实行这一制度不仅能确保生产、经营单位和个人符合国家规定的动物卫生要求，也有利于规范其行为，促使其守法经营。

按照行政许可法的界定，动物卫生行政许可具有以下三个特征：

第一，动物卫生行政许可是依申请的行政行为。动物卫生行政主体针对行政相对人的申请，依法采取相应的行政行为。行政主体不因行政相对人准备从事某项活动而主动颁发许可证或者执照。行政相对人提出申请是颁发行政许可的前提条件。但这并不是说申请使行政许可具有双方行为的性质，行政许可是行政机关基于行政权而为的单方行为，申请并不意味着必定得到行政机关的认可。行政相对人提出申请是其从事某种法律行为之前必须履行的法定义务。

第二，动物卫生行政许可是一种经依法审查的行为。行政许可并不是一经申请即可取得，而要经过行政机关的依法审查。审查的结果是给予或者不给予行政许可。行政机关接到行政许可申请之后，首先审查决定是否受理。属于本机关职责范围，材料齐全，符合法定形式的，予以受理。受理之后，根据法定条件和标准，按照法定程序进行审查，决定是否准予当事人的申请。审查应当公开、公平和公正，依照法定的权限、条件和程序，以保证行政许可决定的准确性。

第三，动物卫生行政许可是一种授益性行政行为。行政行为按对相对人权益的影响为标准，可分为授益性行政行为和非利益性行政行为。授予行政相对人权利或使相对人取得利益的行政行为是授益性行政行为。剥夺与限制行政相对人权益或要求行政相对人履行义务的行为是非利益行政行为。行政许可与行政处罚和行政征收等行政行为不同，后者是基于法律对行政相对人权益的一种剥夺和限制，而前者是赋予行政相对人某种权利和资格，是一种准予当事人从事某种活动的行为，因此是授益性行政行为。

此外，行政许可还具有区别于其他行政行为的一些特点：第一，它是一种外部行政行为。行政许可法律关系的主体是对外行使行政管理职权的行政机关和受行政机关管理权限约束的相对人，即公民、法人或者其他组织。这一点使它区别于行政机关内部的审批行为和行政机关之间以及上下级行政机关的审批行为。这也就是说，行政许可是一种外部行政行为，而不是一种内部行政行为。所谓内部行政行为，是指作用于行政机关内部、行政机关之间或与其有隶属关系的行政工作人员的行政行为。而外部行政行为直接作用于行政机关之外的公民、法人或者组织。第二，行政许可是一种要式行政行为。行政行为以是否具有法定形式要求为标准，可以分为要式行政行为和非要式行政行为。行政许可除了要遵循一定的法定程序，还应以正规的文书、格式、日期、印章等形式予以批准。行政机关作出准予行政许可的决定，需要颁发行政许可证件的，应当向申请人颁发加盖印章的许可证、执照或者其他许可证书，资格证、资质证或者其他合格证书，批准文件或者证明文件等。因此，行政许可是一种要式行政行为。第三，行政许可的功能在于抑制公益上的危险或影响社会秩序的因素，是一种事前控制手段，因而它不同于行政处罚、行政强制等事后或事中所采取的手段。

二、动物卫生行政许可的实施机关

行政许可法除规定行政许可由行政机关实施外，还规定了授权具有管理公共事务职能的组织实施行政许可和委托其他行政机关实施行政许可的内容。为了保证行政许可的正确实施，行政许可法把由行政机关实施行政许可作为一项原则加以规定。但是仅有行政机关实施行政许可还不够，目前许多行政许可是由管理公共事务职能的组织实施，今后这种情况还将长期存在。例如，中国银监会、中国证监会、中国保监会等作为国务院直属事业单位，是许多行政许可的实施主体。还有一些专业性、技术性比较强的行政许可，如果由行政机关实施可能成本更高，效率更低，如对设备、设施、产品、物品的检验、检疫、检测等，由专业技术组织实施可能是今后的一个发展方向。

动物卫生活动属于直接关系人身健康、生命财产安全等的特定活动，动物卫生活动中涉及的饲料、兽药（含疫苗）、品种又属于直接关系公共安全、人身健康的物品，需要按照技术标准、技术规范，通过检验、检测、检疫等方式进行审定。因此，对动物卫生活动及所涉及的物品实施许可符合行政许可法的规定。但是动物卫生行政许可的专业性、技术性强，如果由行政机关实施会导致成本增高，根据《动物防疫法》和《国务院关于推进兽医管理体制改革的若干意见》（国发〔2005〕15 号）的规定，我国的动物卫生工作由各级兽医行政主管部门主管，各级兽医行政管理机构对动物防疫、检疫工作负有指导和监督职责。省、市、县三级人民政府可根据本地的实际情况，对现有动物防疫、检疫、监督等各类机构及其行政执法职能进行整合，组建动物卫生监督机构作为行政执法机构，依法负责动物防疫、检疫与动物产品安全监管的行政执法工作。我国《动物防疫法》也规定，县级以上地方人民政府设立的动物卫生监督机构依法负责动物、动物产品的检疫工作和其他有关动物防疫的监督管理执法工作。因此，作为动物卫生行政执法重要内容之一的动物卫生行政许可，其主管部门应是各级兽医行政管理部门，其实施机构应为动物卫生监督机构这种专业技术组织，这种体制符合我国行政许可法对一些专业性技术性较强的行政许可由法律、法规授权具有管理社会公共职能的组织在法定职权范围内以自己的名义实施的规定。

动物卫生监督机构作为动物卫生行政许可的实施机关，是由动物防疫法授权的，符合行政许可法的规定。首先，动物卫生监督机构是具有管理动物卫生公共事务职能的组织。根据法律规定，经过授权，被授权的组织就成为行政主体，能以自己的名义实施行政许可，并承担相应的责任。因此，授权的对象必须严格。法律要求被授权的对象必须是具有管理公共事务职能的组织。其次，动物卫生监督机构的执法权是由动物防疫法授予的。根据依法行政的原则，行政权的来源必须是法律、法规，无论行政机关还是社会组织都不能自己给自己赋予权力。社会组织要享有行政许可权，必须有法律、法规的授

(2) 资格证、资质证或者其他合格证书。资格证、资质证是指经过考试、考核等审查程序合格，颁发给申请人的证明其能力、资格的许可证件。证件持有人可以从事某一职业或进行某种活动，如执业兽医资格证、动物防疫合格证。

(3) 法律、法规规定的其他行政许可证件。对于行政机关实施行政许可，采取对动物产品、运输工具进行检验、检测、检疫的，行政机关经检验、检测、检疫合格的，可以直接在产品、工具上加贴表示其合格的标签或者加盖印章。例如，《动物防疫法》规定，经检疫合格的动物、动物产品，由动物卫生监督机构出具检疫证明，加施检疫标志。

动物卫生行政机关作出行政许可应在规定期限内完成。除可以当场决定的外，行政机关应当自受理行政许可申请之日起20日内作出是否准予行政许可的决定。20日内不能作出决定的，经本行政机关负责人批准，可以延长10日，并应当将延长期限的理由告知申请人。法律、法规对作出是否准予行政许可的决定另有规定的，依照其规定。例如，“兽药管理条例”规定，设立兽药生产企业申请办理《兽药生产许可证》，省、自治区、直辖市人民政府兽医行政管理部门应当自收到申请之日起20个工作日内，将审核意见及有关材料报送国务院兽行政管理部门。国务院兽医行政管理部门应当自收到审核意见和有关材料之日起40个工作日内完成审查。经审查合格的，发给兽药生产许可征。

行政机关作出准予行政许可的决定，应当自作出决定之日起10日内向申请人颁发、送达行政许可证件，或者加贴标签、加盖检验、检测、检疫印章。

四、动物卫生行政许可的监督管理

根据《中华人民共和国行政许可法》的规定，行政机关应当通过以下方式对被许可人实施行政许可事项的活动进行监督：一是核查有关材料（如经营记录等）；二是依法抽样检查、检验、检测；三是依法实地检查；四是依据法律、行政法规的规定进行定期检验；五是核实有关行政机关的通报和群众的举报并及时处理。

在动物卫生行政许可的监督检查中，经常会碰到行政许可证的无效和失效问题，应注意区分。行政许可证的无效是指由于某种法定事由的存在，使许可证从一开始就没有法律效力的情况。许可证无效的特点在于：第一，非自动发生，须经行政机关或司法机关确认无效后才产生无效后果；第二，向前向后均不具有效力，即对许可证的无效确认具有溯及力。引起许可证无效的原因通常有以下两种：一是颁发许可证的机构超越职权或滥用职权而构成违法行政行为；二是基于相对人以欺骗等违法手段取得许可的情况。行政许可证的失效是指由于某些法定事实而使许可证向后失去效力的情况，即许可证的效力存续一段时间后终止。行政许可证失效的情况有以下几种：第一，许可证有效期限届满。行政许可证都有期限的限制，到期持证人如不再申请审验，许可证便自期限届满之日起自动失效。第二，未进行年检、验证、注册。

对于在监督检查中发现的问题，行政机关可以通过撤销、撤回和吊销行政许可的方式进行处理。关于“撤销”、“撤回”和“吊销”的区别，目前还没有权威的说法，但比较合理的解释是：“撤销”是由于被许可人在获得许可时就不具备许可条件，本不应获得许可而获得许可，事后被行政机关发现而“撤销”。“撤销”的效力一般溯及至许可决定作出的当时。“撤回”是被许可人合法获得许可，但其后条件发生变化，不再具备获得许可的条件而由许可机关收回许可，“撤回”的效力向后发生，不溯及既往。“吊销”是由于被许可人违法实施活动，许可机关依据法律、法规的特别规定而吊销其许可证件，“吊销”属于行政处罚的一种，其效力也是向后发生。

第三节　动物卫生行政处罚

一、动物卫生行政处罚的概念和特征

（一）动物卫生行政处罚的概念

动物卫生行政处罚是国家动物卫生行政主体根据《行政处罚法》、《动物防疫法》及其他相关法律、法规和规章的规定，对违反动物卫生行政相关法律、法规和规章但尚未构成刑事犯罪的公民、法人或者其他组织予以追究行政法律责任的一种行政执法行为。

动物卫生行政处罚是一种行政制裁，是动物卫生行政违法行为引起的法律后果。动物卫生行政违法行为是指动物卫生行政管理相对人违反国家动物卫生行政管理秩序，由动物卫生行政主体依照有关法律、法规和规章给予其行政处罚的危害社会行为。

（二）动物卫生行政处罚与相关概念的区别

1. 动物卫生行政处罚与执行罚的区别　执行罚是行政强制执行的一种方法，它是以处罚的形式促使当事人履行义务。虽然动物卫生行政处罚与执行罚都有着处罚的外在形式，但二者之间又有明显不同。

（1）实施目的不同。动物卫生行政处罚的目的是制裁动物卫生行政违法行为，恢复动物卫生行政管理秩序；而执行罚的目的是促使行政决定的义务人尽早履行义务，不是对违法行为的制裁。

（2）行为的性质不同。动物卫生行政处罚具有行政制裁的内容属性；而执行罚不具有制裁属性，只是一种督促惩戒措施，它所针对的引起执行罚的行为也不具有严格意义上的违法性。

（3）适用次数不同。动物卫生行政处罚只能实施一次，应遵循“一事不再罚原则”；而执行罚可以反复多次运用，直到义务人履行义务为止。

2. 动物卫生行政处罚与刑罚的区别　刑罚是指国家司法机关对违反刑事法律法规、严重危害社会的犯罪行为人根据其应负的刑事责任所实施的一种制裁。动物卫生行政处罚与刑罚虽然都是国家专门机关对违法行为实施的制裁，但二者存在本质区别。

（1）处罚的主体不同。动物卫生行政处罚的实施主体包括有外部管理权限的动物卫生行政机关，法律、法规授权的组织和受相关行政机关委托的组织等；而刑罚的实施主体是人民法院。

（2）处罚的种类不同。动物卫生行政处罚由动物卫生行政相关法律、法规和规章规定，罚则较多；而刑罚的种类由刑法规定，主要有五种主刑和三种附加刑。

（3）权力的归属不同。动物卫生行政处罚根据动物卫生行政相关法律、法规和规章作出，属于行政权的一部分；而刑罚判决则根据刑法和刑事诉讼法的有关规定作出，其权力属于审判权的范畴。

（4）处罚的程序不同。动物卫生行政处罚是按照《行政处罚法》，动物卫生行政相关法律、法规和规章所规定的程序作出的；而刑罚必须根据刑事诉讼法的程序作出，这是由刑罚在法律制裁中具有最严厉的性质所决定的。

3. 动物卫生行政处罚与行政处分的区别 行政处分是行政主体对所属的行政公务员因违法、违纪所给予的一种行政制裁。动物卫生行政处罚与行政处分都是因违法引起的法律责任，都属于行政制裁，但二者既不应相互代替，也不能混淆。

（1）主体不同。动物卫生行政处罚是由享有行政处罚权的动物卫生行政主体作出的，其行政处罚权力已为法律、法规明确规定。而行政处分是由受处分的相关行政机关工作人员或公务员所在机关，或上级机关，或行政监察机关作出的。

（2）对象不同。动物卫生行政处罚适用的对象是违反动物卫生行政相关法律、法规和规章的管理相对人；而行政处分适用的对象仅限于行政系统内部的行政公务员。同时，动物卫生行政处罚既适用于个人，也适用于组织；而行政处分则只适用于个人。

（3）形式不同。动物卫生行政处罚的形式主要有警告、罚款、没收、责令停产停业、暂扣或吊销证照等；而行政处分的形式则主要有警告、记过、记大过、降级、撤职和开除等。

（4）依据不同。动物卫生行政处罚所依据的是动物卫生行政相关法律法规，如《动物防疫法》、《兽药管理条例》等；而行政处分所依据的是与行政机关工作人员相关的法律法规，如《中华人民共和国公务员法》、《中华人民共和国行政监察法》等。

（5）救济途径不同。对动物卫生行政处罚不服的，除法律、法规和规章另有规定的外，动物卫生行政相对人可申请行政复议或提起行政诉讼，通过行政复议或行政诉讼获得救济；而对行政处分不服的，被处分的有关行政机关工作人员只能向作为处分机关的上一级机关或行政监察机关申诉。

（三）动物卫生行政处罚的特征

（1）双方法律地位不平等。动物卫生行政执法主体同动物卫生行政管理相对人之间的法律地位是不平等的。动物卫生行政执法主体在这种法律关系中是行使权力的一方，而动物卫生行政管理相对人是承担义务的一方。动物卫生行政执法主体的权力是国家赋予的，它对违反动物卫生行政相关法律、法规和规章的管理相对人所作的处罚，是基于人民和国家利益而进行的。

（2）单方面的意思表示。动物卫生行政处罚是动物卫生行政执法主体的单方面意思表示。动物卫生行政执法主体依法对违反动物卫生相关法律、法规和规章的管理相对人进行处罚，无需征得其同意，只要其有违法行为就可对其依法作出处罚决定。

（3）拥有自由裁量权。动物卫生行政处罚是动物卫生行政执法主体基于行政管理权的单方面意思表示，不能调解或协商。动物卫生行政执法主体在行政处罚中依法享有自由裁量权，根据管理相对人的违法行为和情节，对处罚幅度的确定、处罚的变更和处罚的撤销等依照法定程序给予裁量。

二、动物卫生行政处罚的原则

行政处罚的原则，是指对行政处罚设定和实施具有普遍指导意义的行为准则。依据《行政处罚法》及相关动物卫生法律法规的规定，动物卫生行政处罚主要包括处罚法定，处罚公正、公开，处罚与教育相结合，保障相对人权利原则，一事不再罚和职能分离等原则。

（一）处罚法定原则

处罚法定原则是指动物卫生行政处罚必须严格依据动物卫生行政相关法律、法规和规章进行，是动物卫生行政管理合法性原则在行政处罚中的具体体现和要求。该原则的基本含义是：

（1）动物卫生行政处罚的依据法定。按照法治的“法无明文规定不为过”原则，没有动物卫生法律、法规和规章的明确规定，不能对管理相对人追究法律责任。

（2）实施动物卫生行政处罚的主体及其职权法定。除动物卫生法律、法规和规章明确规定，或法律法规授权或行政机关委托外，其他任何个人或组织均不得作出动物卫生行政处罚行为。

（3）动物卫生行政处罚的种类、内容和程序法定。处罚法定原则不仅要求实体合法，也要求程序合法。因此，不遵守法定程序的行政处罚无效。

（二）处罚公正、公开原则

处罚公正原则亦称合理处罚原则，是处罚法定原则的必要补充。这一原则要求动物卫生行政处罚的设定与实施必须公平、公正，没有偏私。

所谓公开就是动物卫生行政处罚的设定、实施的过程要向社会公开，要有动物卫生行政管理相对人的参与和了解，是公正原则的保障。公开原则有以下两项基本要求：

（1）对违法行为给予处罚的规定要公开，未经公布的动物卫生法律规范不能作为行政处罚的依据。

（2）对违法行为实施处罚的程序要公开，应当告知动物卫生行政管理相对人作出处罚决定的事实、理由和法律依据以及其依法享有的权利，要充分听取动物卫生行政相对人的意见，不能拒绝其陈述与申辩。

（三）处罚与教育相结合

动物卫生行政主体在实施行政处罚时，不应以追究行政法律责任为目的，而应以制止并预防违法为目的，通过广泛的宣传教育，使动物卫生行政管理相对人自觉履行义务。教育要以处罚为后盾，但不能代替处罚，动物卫生行政主体在制裁违法人的同时还应当对其进行教育，教育公民、法人或者其他组织自觉守法。

（四）保障相对人权利原则

这一原则又称“处罚救济”原则或“无救济便无处罚”原则，是为了保障管理相对人在动物卫生行政处罚中的合法权益而设立的，主要是指管理相对人对动物卫生行政主体给予的行政处罚享有获得法律救济的权利，包括陈述权、申辩权、行政复议权、提起行政诉讼权和获得行政赔偿权等。

该原则是保证动物卫生行政处罚合法、公正行使的事后补救措施，主要包括两层含义：

（1）在立法阶段，无救济途径的规定，便不设立行政处罚。

（2）在执行阶段，无救济途径，便不实施行政处罚，并且实施行政处罚之前或者实施行政处罚时必须告知管理相对人有关权利的救济途径。

（五）一事不再罚原则

一事不再罚原则指同一动物卫生行政主体对违法行为人的同一个违法行为不得给予两次以上的同类处罚，如罚款；不同动物卫生行政主体对违法行为人的同一违法行为不得给予多头处罚与重复处罚。

（六）职能分离原则

职能分离原则主要包括动物卫生行政处罚的设定机关和实施机关相分离；动物卫生行政处罚的调查、检查人员和决定人员相分离；作出罚款决定的机关和收缴罚款的机构相分离；听证主持人与本案执法人员相分离等原则。

三、动物卫生行政处罚的实施机关

行政处罚的实施机关是指依法具体实施行政处罚活动的机关，包括有行政处罚权的主体和没有行政处罚权但受委托行使行政处罚权的主体。《行政处罚法》规定，我国动物卫生行政处罚的实施机关包括动物卫生行政机关、法律法规授权的组织和受动物卫生行政机关委托实施行政处罚的组织。

（一）动物卫生行政机关

动物卫生行政机关行使行政处罚权应当符合法律、法规和规章的要求：

（1）只有法律规定享有动物卫生处罚权的行政机关才有动物卫生行政处罚权。

（2）具有动物卫生行政处罚权的行政机关只能在法定的职权范围内实施动物卫生行政处罚。动物卫生行政机关只能对自己主管业务范围内违反动物卫生行政管理秩序的行为给予行政处罚。

国务院动物卫生行政部门，省（自治区、直辖市）、市（自治州）、县（区）各级动物卫生行政部门的执法主体可以行使本部门的行政处罚权，但限制人身自由的行政处罚权只能由公安机关行使。

（二）法律、法规授权的组织机构

《行政处罚法》规定，法律、法规授权的组织实施动物卫生行政处罚的条件是：①该组织须具有管理公共事务的职能；②该组织须具有法律、法规的明文授权；③授权组织只能在法定授权范围内行使行政处罚权；④授权组织以自己的名义实施行政处罚，并承担相应的法律后果。

根据有关法律规定，各级动物卫生监督机构是行使动物卫生行政处罚权的执法机关。例如，《动物防疫法》第 58 条规定：“动物卫生监督机构依照本法规定，对动物饲养、屠宰、经营、隔离、运输以及动物产品生产、经营、加工、储藏、运输等活动中的动物防疫实施监督管理。”

（三）动物卫生行政机关委托的组织

《行政处罚法》规定，动物卫生行政机关可以委托符合规定条件的组织实施动物卫生行政处罚活动，委托机关与受委托的组织实施行政处罚应具备以下条件：

1. 动物卫生行政机关委托组织实施行政处罚的条件

（1）委托必须有法律、法规或者规章的依据。

（2）委托的行政处罚权必须在该动物卫生行政机关的法定权限内。

（3）对被委托组织实施动物卫生行政处罚进行监督。

（4）对被委托组织实施动物卫生行政处罚的行为后果承担法律责任。

2. 受委托的组织实施行政处罚的条件

（1）该组织是依法成立的管理动物卫生公共事务的相关组织。

（2）该组织有熟悉动物卫生相关法律、法规、规章和业务的工作人员。

（3）对违法行为需要进行技术检查或者技术鉴定的，应当有条件组织进行相应技术检查或者技术鉴定。

（4）受委托实施动物卫生行政处罚的组织以委托动物卫生行政机关的名义实施行政处罚；实施动物卫生行政处罚不得超出委托范围；不得再委托其他任何组织或者个人实施动物卫生行政处罚。

四、动物卫生行政处罚的管辖与适用

（一）动物卫生行政处罚的管辖

动物卫生行政处罚的管辖是关于动物卫生行政主体处理行政处罚案件权限划分的制度。它对于及时处理行政处罚案件，防止和解决动物卫生行政主体之间的权限冲突具有重要作用。依据《行政处罚法》、动物卫生行政相关法律法规，动物卫生行政处罚的管辖主要包括职能管辖 、级别管辖、地域管辖、指定管辖和移送管辖等。

（1）职能管辖。职能管辖是指动物卫生行政处罚权在不同的职能行政主体之间的权限分工。《行政处罚法》对此未作出具体规定，实践中，动物卫生行政处罚职能往往由动物卫生行政相关法律、法规和规章规定。

（2）级别管辖。级别管辖是指行政处罚权在上下级动物卫生行政主体之间的权限划分。根据《行政处罚法》的有关规定，动物卫生行政处罚案件由县级以上具有动物卫生行政处罚权的行政机关管辖，这是具有动物卫生行政处罚权的最低级别管辖机关；县级地方人民政府及其职能部门以上动物卫生行政机关之间的行政处罚权由动物卫生相关法律法规规定。

(3) 地域管辖。动物卫生行政处罚案件一般由违法行为发生地的动物卫生行政机关管辖。如果法律法规规定可以由违法行为发现地、行为人居住地的动物卫生行政机关管辖，应当遵从法律、法规的规定。

(4) 指定管辖。《行政处罚法》第 21 条规定：“对管辖发生争议的，报请共同的上一级行政机关指定管辖。”动物卫生行政机关就管辖事项发生争议的，须报请它们的共同上级行政机关进行指定管辖。

(5) 移送管辖。移送管辖是指无动物卫生行政处罚权的行政机关将案件移至有动物卫生行政处罚权的行政机关。受移送管辖的动物卫生行政机关如果认为自己也没有管辖权的，不能再自行移送，应当报送上一级行政机关进行指定管辖。

（二）动物卫生行政处罚的适用

动物卫生行政处罚的适用是关于动物卫生行政处罚实施机关对行政管理相对人，根据违法情节裁量决定给予行政处罚的制度，它一般涉及以下几个方面的内容：是否给予行政处罚，给予何种处罚，给予何种程度处罚等。

(1) 不予动物卫生行政处罚。不予处罚的几种情形为：不满 14 周岁的人、精神病人在不能辨认或者不能控制自己行为时有违反动物卫生法律规范的；动物卫生违法行为轻微并及时纠正，没有造成危害后果的；违法行为在两年内未被发现的和其他依法不予行政处罚的等。

(2) 从轻、减轻动物卫生行政处罚。具备以下情形的，应当从轻、减轻动物卫生行政处罚：已满 14 周岁不满 18 周岁的人有违反动物卫生法律规范的；主动消除或者减轻违法行为危害后果的；受他人胁迫有违法行为的和配合行政机关查处违法行为有立功表现的等。

(3) 依法从重的动物卫生行政处罚。动物卫生行政违法行为情节恶劣、危害后果较重的；不听劝阻、继续实施违法行为的；在共同实施违法行为中起主要作用的；多次实施违法行为、屡教不改的；采取的行为足以妨碍动物卫生行政执法人员查处违法案件的和隐匿、销毁违法证据的等。

(4) 依法定量罚幅度适用最高限的动物卫生行政处罚。动物卫生行政违法行为给公共安全、人身健康和生命财产安全、生态环境保护造成严重危害的；扰乱社会管理秩序、市场经济秩序造成严重危害后果的；胁迫、诱骗他人实施违法行为情节严重的；打击报复报案人、控告人、举报人、证人、鉴定人有危害后果的和在发生自然灾害、重大动物疫情等突发公共事件情况下实施违法行为的等。

(5) 处罚时效。动物卫生行政处罚时效是指动物卫生行政机关追究管理相对人违法责任给予行政处罚的有效期限。《行政处罚法》第 29 条规定：“违法行为在二年内未被发现的，不再给予行政处罚。”此期限从违法行为发生之日起计算；违法行为有连续或者继续状态的，从行为终了之日起计算。

五、动物卫生行政处罚的种类

根据《行政处罚法》规定行政处罚的种类，结合《动物防疫法》及相关动物卫生行政法律法规的规定，动物卫生行政处罚种类有：警告，罚款，没收违法所得、没收非法财物，责令停产停业，暂扣或者吊销许可证、暂扣或者吊销执照，法律法规规定的其他行政处罚。

（一）警　　告

警告属于申诫罚，是指动物卫生行政机关对违反动物卫生行政法律规范的管理相对人的谴责和告诫，既具有教育性质又具有制裁性质，是一种最轻的行政处罚，也是动物卫生行政机关经常采用的一种处罚形式。警告可独立使用，也可作为其他行政处罚的先行程序。在程序上，警告可适用简易程序当场作出，但也与其他行政处罚一样必须制作书面行政处罚决定书。任何口头警告均不产生行政处罚所具有的法律效力。

（二）罚　　款

罚款属于财产罚，是动物卫生行政机关对违反动物卫生行政法律规范、不履行法定义务的管理相对人所作的一种经济上的处罚，是适用范围很广的一种行政处罚。

由于违法情况各不相同，行政法规对罚款的数额常规定有明确的限额和幅度，罚款数额的大小可参照以下原则裁量：①以法量罚，不徇私情，手续完备，依法交公；②罚款一般大于非法所得；③根据初犯、偶犯、累犯，知法违法，不同违法情节、手段、性质以及认错态度等情况决定；④视危害程度及社会影响：直接的、潜在的、严重的或轻微的，恶劣与一般、面大与面小等；⑤衡量经济价值、损失情况、非法所得、经营规模等；⑥了解受罚者的实际承受能力等情况。

（三）没收违法所得、没收非法财物

没收违法所得、没收非法财物属于财产罚。没收违法所得是指动物卫生行政机关依法将管理相对人通过违法行为获取的财产收归国有的处罚形式。违法所得是管理相对人通过违法手段获取的财产，不受国家法律的保护。没收违法所得与罚款的最大区别是：罚款指向的是合法财产，而没收指向的是非法财产。没收非法财物是指动物卫生行政机关依法将违禁物品或者用以实施违法行为的工具收归国有的处罚形式。非法财物是指管理相对人非法占有的违禁物品及参与违法行为的工具和物品。非法占有的违禁物品是指应按规定进行处理而不处理，却予以转移、收购、加工或准备出售的违禁动物、动物产品和兽药等；参与违法行为的物品和工具一般指无证生产、经营和加工的动物、动物产品及有关的工具等。

（四）责令停产停业

责令停产停业属于能力罚，是动物卫生行政机关依法强制违法生产、经营企业，单位或个人不得继续生产、经营的处罚形式，是一种比较严厉的处罚。其中的停产是指停止生产、加工活动；停业一般指停止经营活动。例如，《动物防疫法》第 81 条规定：“未取得动物诊疗许可证从事动物诊疗活动的，由动物卫生监督机构责令停止诊疗活动。”《兽药管理条例》第 56 条规定：“兽药经营企业经营人用药品的，责令其停止经营。”

（五）暂扣、吊销许可证或执照

暂扣、吊销许可证或执照属于能力罚，是动物卫生行政机关依法对持有某种许可证，但其活动或行为违反证照的内容和范围的个人或组织的处罚，以限制或者剥夺违法行为人从事动物卫生活动的权利和资格的处罚形式。许可证照是动物卫生行政机关准许管理相对人从事相关活动的法律凭据。吊销证照，意味着行政机关取消了这种法律上的承认，从而剥夺了个人、组织从事该种行为的权利，是一种较为严厉的行政处罚形式，而且常并处没收和罚款。吊销动物卫生许可证照，一般适用于以下几种情况：①违法情节恶劣或后果严重的；②环境水源污染、社会公害等非管理相对人所能解决，但管理相对人不愿采取措施或离开这种环境，继续开业的；③经停业整顿，改进无效或确定无法改进的；④违法严重，屡教不改的。

（六）法律法规规定的其他行政处罚

除了《行政处罚法》规定的处罚种类外，动物卫生相关法律法规还规定了其他行政处罚。例如，《动物防疫法》第 75 条规定："不按照国务院兽医主管部门规定处置染疫动物及其排泄物的，由动物卫生监督机构责令无害化处理。"《兽药管理条例》第 56 条规定："生产、经营假、劣兽药，情节严重的，生产、经营企业的主要负责人和直接负责的主管人员终身不得从事兽药的生产、经营活动。"

六、动物卫生行政处罚的程序

动物卫生行政处罚的程序是指动物卫生行政执法主体对违反动物卫生行政法律规范的当事人进行行政处罚时所遵循的方式和步骤，分为简易程序和一般程序。

（一）简易程序

1. 简易程序的概念　　简易程序又称当场处罚程序，是指在具备某些条件的情况下，由动物卫生行政执法人员当场作出行政处罚决定（有些处罚决定甚至当场执行）的步骤、方式、时限和形式等程序过程。

2. 简易程序的条件

（1）违法事实清楚，证据充分确凿。

（2）处罚有法定依据：处罚必须是法律、法规和规章明文规定的。

（3）较小数额罚款或者警告的行政处罚：所谓较小数额的罚款，按照《农业行政处罚程序规定》，是指对公民处以 50 元以下、对法人或者其他组织等管理相对人处以 1000 元以下罚款。

动物卫生行政执法人员在执法过程中发现管理相对人实施违法行为后，如认定相应行为符合上述法定条件，即不必适用调查取证程序，也不必更换时间和地点，可以当场予以处罚。

3. 简易程序的原则

（1）法定原则：动物卫生行政机关执法人员作出当场处罚决定时，必须符合动物卫生行政法律规范规定的必经程序和权限。

（2）不影响原则：作出当场处罚决定时，不得使违法行为人的正当权利受到影响。具体要求是实施当场处罚的动物卫生行政执法人员应当告知被处罚人违法的事实、处罚的依据和理由，同时给被处罚人以陈述和申辩的权利。

（3）效率原则：当场处罚是发生违法行为后当即给予的行政处罚，体现了当场处罚的高效性，有利于提高动物卫生行政处罚的效率。

（4）轻微原则：简易程序适用于对公民处以50元以下、对法人或者其他组织等管理相对人处以1000元以下罚款或者警告的行政处罚，这充分体现了处罚轻微的原则。

4. 简易程序的内容

（1）表明身份：动物卫生行政执法人员应向当事人出示执法证件或委托书。这是表明执法者身份是动物卫生行政当场处罚的第一个步骤，这一行为的目的主要是表明动物卫生行政主体实施行政处罚的资格合法。执法人员不出示执法证件或委托书的，被处罚人有权拒绝其执法。

（2）说明理由、告知权利：即动物卫生行政执法人员应口头告知当事人作出行政处罚决定的事实、理由及依据和当事人依法享有的权利。这样既可使当事人接受行政处罚，又达到了教育当事人的目的。

（3）听取当事人的陈述和申辩：当事人有权进行陈述和申辩。动物卫生行政机关执法人员应当充分听取当事人的意见，对当事人提出的事实、理由和证据，应当进行复核；当事人提出的事实、理由或者证据成立的，行政机关应当采纳。

（4）填写处罚决定书：动物卫生行政执法人员应当填写预定格式、编有号码的行政处罚决定书。行政处罚决定书应载明当事人的违法行为、行政处罚依据、罚款数额、时间、地点以及行政机关名称，并由执法人员签名或者盖章。

（5）交付处罚决定书：处罚决定书填写完毕，应当当场交付当事人。如果当事人拒绝接收，执法人员应当注明情况。

（6）处罚决定书备案：动物卫生行政执法人员当场作出的行政处罚决定，必须报所属行政机关备案。

当事人对当场作出的行政处罚决定不服的，可以依法申请行政复议或者提起行政诉讼。

（二）一 般 程 序

1. 一般程序的概念　一般程序又叫普通程序，是指除法律特别规定应当适用简易程序的以外，动物卫生行政处罚所应适用的程序。需要指出的是，可以适用简易程序的违法案件并不等于必须适用简易程序，其中部分案件或者部分程序也可适用一般程序。

2. 一般程序的特征

（1）适用范围广：动物卫生行政处罚适用一般程序的范围非常广泛，具体包括：①对公民处以50元以上，对法人或者其他组织处以1000元以上罚款；②对公民处以50元以下，对法人或者其他组织处以1000元以下罚款，案情比较复杂或者动物卫生行政机关认为应当适用一般程序的；③责令停产停业；④暂扣、吊销许可证或者执照；⑤没收违法所得、没收非法财物等。

（2）较简易程序严格、复杂：为了防止动物卫生行政执法人员的主观武断或者滥用职权，必须建立健全公正、民主、科学的处罚程序。而公正、民主、科学的处罚程序要求在时间顺序、证据取舍、当事人参与权利以及对公众公开等方面更为严格。

（3）同时作为听证程序的前提程序：听证程序适用于案情复杂、争议较大、可能导致较重处罚的案件，但适用听证程序的案件在举行听证前，必须首先经过一般程序的有关步骤，如调查取证、向当事人说明处理理由等。所以，动物卫生行政处罚的一般程序可以认为是听证程序的前提程序，听证程序可以认为是一般程序的特别程序。

3. 一般程序的步骤 一般程序包括立案、调查取证、审理、作出处罚决定、送达、执行、结案等阶段。

1）立案阶段 立案即动物卫生行政主体对某一案件决定受理并对其进行调查处理的活动。立案的目的是对违法行为进行追究，通过调查取证证明违法嫌疑人是否实施了动物卫生行政违法行为，对违法者实施处罚。

立案是动物卫生行政处罚的启动程序，应通过一定的法律形式表现出来。一般来说，立案的条件是：①经过对有关材料的审查，初步认为有违法行为发生；②违法行为是应当受到行政处罚的行为；③属于动物卫生行政部门职权范围且归本机关管辖；④不属于适用简易程序的案件。

对于符合这些立案条件的，动物卫生行政主体应指派两名以上执法人员受理案件，填写立案审批表。立案审批表的内容包括案由、案件来源、受案时间和地点、当事人情况、案情摘要、受案人意见和负责人审批。符合立案条件的，应在 7 日内予以立案。动物卫生行政机关认为不符合立案条件的，或者主管负责人对立案报告不予批准的，应当制作不予立案决定书送达行政管理相对人。行政管理相对人不服此决定的，可依法申请行政复议或提起行政诉讼。

2）调查取证阶段 调查取证是指为查明行政案件真相，由动物卫生行政主体和执法人员依法进行的查明违法行为人和获取违法事实证据的调查活动。调查取证是一般程序的一个必经步骤，其目的是为动物卫生行政机关作出行政处罚决定提供事实依据。因此，调查取证的质量直接影响动物卫生行政处罚的结果。

调查取证主要由调查和取证两个阶段构成。调查是动物卫生行政执法人员依照法定程序向案件当事人、证人了解案件情况的活动。取证是指动物卫生行政执法人员除对当事人、证人进行调查外，还必须进行搜集证据的活动。证据包括书证、物证、视听资料、证人证言、当事人陈述、鉴定结论、勘验笔录和现场笔录等。

动物卫生行政处罚机关需要调查的事项主要有：①管理相对人的基本情况；②违法行为是否存在；③违法行为是否为管理相对人实施；④实施违法行为的时间、地点、手段、后果以及其他情节；⑤管理相对人有无法定从重、从轻、减轻以及不予处理的情形；⑥与案件有关的其他事实。

调查取证应当符合下列规定：①动物卫生行政机关全面、客观、公正地调查、收集有关证据。处罚机关在搜集证据时，应当全面，不能仅收集不利于被处罚人的证据，也应收集有利于被处罚人的证据；②根据案件的性质和难易程度组成调查组进行调查取证，调查组由两人以上组成，调查人员在调查、搜集证据时应向被调查人员出示动物卫生行政执法证件；③调查人员与案件有利害关系的应当回避，所谓有直接利害关系是指可能影响公正、客观调查取证的人际关系，如当事人与执法人员有亲属关系、有冤仇、有某些利益相关关系等；④动物卫生行政处罚机关在调查取证时，有关单位和个人都有作证以及协助的义务，有关公民、法人或者其他组织不得拒绝提供有关证据，被调查人应如实回答提问，并应协助调查或检查，不得阻挠。

为了保证调查取证工作顺利进行，动物卫生行政处罚机关可以依法采取一些强制措施及其他法定措施。根据《农业行政处罚程序规定》，这些措施主要有：检查、查封、扣押、抽样取证或先行登记封存等。

动物卫生行政处罚机关对先行登记保存的证据，应当在 7 日内作出下列处理决定并告知当事人：①需要进行技术检验或者鉴定的，送交有关部门检验或者鉴定；②对依法应予没收的物品，依照法定程序处理；③对依法应当由有关部门处理的，移交有关部门；④为防止损害公共利益，需要销毁或者无害化处理的，依法进行处理；⑤不需要继续登记保存的，解除登记保存。

3）审理　审理是指动物卫生行政主体在作出处罚决定之前，对违法行为和已收集的证据材料进行审查、核实，并向相对人提供陈述意见和要求或为其行为提供申辩的机会。

承办人员对收集到的各种证据，必须经过认真、细致的审查判断，以确认其客观性和真实性。只有经审查属实的证据，才能作为认定案情的依据。承办案件的执法人员取得有关证据后，必须进行审查判断，以辨真伪。对证人证言的审查主要从以下几个方面进行：①审查证人是否如实提供证言，排除虚假的可能，如证人与案件有无利害关系，提供证言时证人受到某种压力等；②审查证人证言的来源，核对其真实性，如是直接耳闻目睹的还是间接听说的；③审查证人证言的形成情况，查明反映是否准确，如调查笔录的制作是否符合要求，调查是否依法进行等；④综合审查，以确定其可靠性，如与其他证据对证是否相互印证等。

审查时，可采用以下方法进行：首先，与其他证据联系起来进行对照分析，如若不实，必然发生矛盾，这就需要进一步查证；其次，是把证据交给当事人和有关人员进行辨认；最后，是进行专门的鉴定或者通过有关人员找出新的证据。

在作出行政处罚决定之前，动物卫生行政处罚机关应当制作行政处罚事先告知书，送达当事人，告知拟给予的行政处罚内容及其事实、理由和依据，并告知当事人可以在收到告知书之日起 3 日内进行陈述、申辩。当事人无正当理由逾期未提出陈述、申辩的，视为放弃上述权利。

其中，在处以责令停产停业、吊销许可证或执照以及较大数额罚款等行政处罚决定前，应举行听证。对管理相对人的陈述、申辩，动物卫生行政主体应认真听取，仔细审查，正确认定；对口头陈述、申辩，应制作笔录，并允许管理相对人查阅、修正和补充。

4）作出处罚决定　动物卫生行政处罚机关对当事人的陈述、申辩或者听证情况进行审查后，认为违法事实清楚、证据确凿，应根据不同情况，分别作出如下决定：①确有应受行政处罚的违法行为的，根据情节轻重及具体情况，作出行政处罚决定；②违法行为轻微，依法可以不予行政处罚的，不予行政处罚；③违法事实不能成立的，不得给予行政处罚；④违法行为已构成犯罪的，移送司法机关。

动物卫生行政机关依法给予行政处罚，应制作书面的行政处罚决定书。行政处罚决定书应当载明下列事项：①当事人的姓名或者名称、地址；②违反法律、法规或者规章的事实和证据；③行政处罚的种类和依据；④行政处罚的履行方式和期限；⑤不服行政处罚决定，申请行政复议或者提起行政诉讼的途径和期限；⑥作出行政处罚决定的行政机关名称和作出决定的日期。

行政处罚决定书必须盖有作出动物卫生行政处罚决定机关的印章。

动物卫生行政处罚决定，应在立案受理后 1 个月内作出。因特殊原因需延长办理时间的，应报请同级行政主体负责人批准，但一般不超过 3 个月，特殊情况的可延至 1 年。《行政处罚法》第 29 条规定："违法行为在二年内未被发现的，不再给予行政处罚。"追诉期限从行为发生之日起计算，该行为有连续或继续状态的，从行为终了之日起计算。

5）送达阶段　送达是动物卫生行政机关依照法律法规规定的程序和方式，将处罚决定送交管理相对人的行政行为。送达只有按法定的程序和方法进行，才能产生预期的法律后果，保证案件正确、及时地解决。

行政处罚决定书应在宣告处罚决定后当场交付当事人。当事人不在场的，动物卫生行政机关应当在 7 日内将行政处罚决定书送达当事人。动物卫生行政机关在将行政处罚决定书送达当事人时，应遵循以下规定：①送达行政处罚决定书必须有送达回证。②送达行政处罚决定书，应当直接送交受送达人。受送达人是公民的，本人不在则交他的同住成年家属签收；受送达人是法人或者其他组织的，应当由法人的法定代表人，其他组织的主要负责人或者该法人、组织负责收件的人签收。③受送达人或者他的同住成年家属拒绝接收行政处罚决定书的，送达人应当邀请有关基层组织或者所在单位的代表到场，说明情况，在送达回证上记明拒收事由和日期，由送达人、见证人签名或者盖章，把行政处罚决定书留在受送达人的住所，即视为送达。④直接送达行政处罚决定书有困难的，可以邮寄送达。邮寄送达的，以回执上注明的收件日期为送达日期。⑤受送达人下落不明，或者用其他方式无法送达的，公告送达。自发出公告之日起，经过 60 日，即视为送达公告送达，应当在案卷中记明原因和经过。

6）执行阶段　动物卫生行政处罚决定书送达当事人后即标志执行开始。当事人应在行政处罚决定规定的期限内，完成处罚决定规定的事项，并接受动物卫生行政主体的监督和指导；当事人逾期不申请复议，也不履行处罚决定，或既不履行复议决定，又不起诉的，由作出决定的行政机关申请人民法院强制执行。

7）结案阶段　属下列情况之一的动物卫生行政案件，经动物卫生行政机关负责人核准，方可结案：①处罚决定已经执行的；②行政复议决定已经执行的；③对人民法院的一审判决或裁定在上诉期间无异议的，或已经人民法院终审判决或裁定的；④由于管理相对人死亡或不可抗力等原因造成无法追究行政法律责任的。

案件终结后，承办人员要认真整理案卷材料，填写行政处罚结案报告。结案报告内容除应载明案由、当事人、案件来源和立案日期外，在处理结果栏中应注明行政处罚决定书文号、执行方式、执行日期和执行结果；对于不给予行政处罚的，应注明不作行政处罚的理由。结案报告经行政机关负责人审批同意后，涉案材料应全部归档。

（三）听证程序

1. 听证程序的概念 所谓听证程序，即动物卫生行政机关为了查明案件事实、公正合理地实施行政处罚，在作出责令停产停业、吊销许可证或者执照、较大额罚款等行政处罚决定之前，应当事人要求，通过公开举行由有关各方人员参加的听证会，广泛听取意见的方式、方法和制度。

听证程序不是行政处罚程序中的一个单独的程序，而是一般程序中的一个环节；也不是行政处罚的必经程序，它只适用于部分种类的行政处罚，而且只有当事人要求听证时，行政机关才有义务组织听证。

2. 听证程序的范围 动物卫生行政处罚听证一般适用于三种行政处罚决定：责令停产停业、吊销许可证或者执照、较大数额罚款。《农业行政处罚程序规定》较大数额罚款是指对公民罚款超过3000元、对法人或其他组织罚款超过3万元。地方性法规、地方政府规章和部门规章对较大数额罚款作出具体规定。

3. 听证程序的特征

（1）听证是由动物卫生行政机关主持的并由有关人员参加的程序。

（2）听证公开进行。但涉及国家机密、商业秘密和个人隐私的除外。

（3）听证程序只适用于动物卫生行政处罚领域的特定案件。

（4）听证程序的适用以当事人申请为前提。当然，动物卫生行政机关认为有必要举行听证的，也可以主动组织听证，但一般须征得当事人同意。

4. 听证程序的组织

（1）听证书记员宣布听证会场纪律、当事人的权利和义务。听证主持人宣布案由，核实听证参加人名单，宣布听证开始。

（2）案件调查人员提出当事人的违法事实、出示证据，说明拟作出的动物卫生行政处罚的内容及法律依据。

（3）当事人或其委托代理人对案件的事实、证据、适用的法律等进行陈述、申辩和质证，可以向听证会提交新的证据。

（4）听证主持人就案件的有关问题向当事人、案件调查人员和证人询问。

（5）案件调查人员、当事人或其委托代理人相互辩论。

（6）当事人或其委托代理人作最后陈述。

（7）听证主持人宣布听证结束。听证笔录交当事人和案件调查人员审核无误后签字或者盖章。

听证结束后，听证主持人应当依据听证情况，制作行政处罚听证会报告书，连同听证笔录，报动物卫生行政处罚机关负责人审查。

七、动物卫生行政处罚的执行

（一）动物卫生行政处罚执行的概念

动物卫生行政处罚的执行，是指动物卫生行政主体保证行政处罚决定所确定的当事人的义务得以履行的行为。没有行政处罚的执行，行政处罚决定就没有任何意义，只有确保动物卫生行政处罚决定的内容得以实现，才能够确保整个国家的动物卫生管理工作有序开展。

（二）动物卫生行政处罚执行的原则

（1）自觉履行原则。动物卫生行政处罚决定依法作出后，当事人应当在行政处罚决定的期限内予以履行。如果不自觉履行，将被强制执行。

（2）申诉不停止执行原则。动物卫生行政处罚决定依法作出后，当事人应当在行政处罚决定的期限内予以履行。当事人对行政处罚决定不服申请行政复议或者提起行政诉讼的，除法律另有规定外，行政处罚不停止执行。

（3）罚缴分离原则。指作出处罚决定的动物卫生行政机关与收缴罚款的机构相分离。《行政处罚法》作如此规定的目的在于限制滥设处罚、乱施处罚的现象发生，保护行政相对人的合法权益。除依法当场收缴的罚款外，作出处罚决定的行政机关及其执法人员不得自行收缴罚款；当事人到指定银行缴纳罚款，银行应将收受的罚款直接上缴国库。

（三）动物卫生行政处罚执行的内容

1. 专门机构收缴罚款 除符合当场收缴罚款外，均由动物卫生行政主体指定机构收缴罚款。此外，当事人逾期不履行行政处罚决定的，作出行政处罚决定的动物卫生行政机关可以根据法律规定，将查封、扣押的财物拍卖抵缴罚款。除依法应当予以销毁的物品外，依法没收的非法财物必须按照国家规定公开拍卖或者按照国家有关规定处理。罚款、没收违法所得或者没收非法财物拍卖的款项，必须全部上缴国库。

2. 当场收缴罚款

（1）当场收缴罚款的适用范围：依法给予 20 元以下罚款的；不当场收缴事后难以执行的；边远、水上、交通不便地区，当事人向指定银行缴纳罚款确有困难，经当事人提出的。

（2）当场收缴罚款的程序：第一，出具罚款收据。动物卫生行政机关及其执法人员当场收缴罚款的，必须向当事人出具省、自治区、直辖市财政部门统一制发的罚款收据；不出具财政部门统一制发的罚款收据的，当事人有权拒绝缴纳罚款。第二，罚款的缴付。动物卫生行政执法人员当场收缴的罚款，应当自收缴罚款之日起 2 日内，交至行政机关；在水上当场收缴的罚款，应当自抵岸之日起 2 日内交至行政机关；行政机关应当在 2 日内将罚款缴付指定的银行。

3. 强制执行

（1）执行措施：是指动物卫生行政机关为达到迫使当事人履行行政处罚决定的目的而采取的包含国家强制力的手段或方法。《行政处罚法》第 51 条规定了三种执行措施：①到期不缴纳罚款的，每日按罚款数额的 3%加处罚款。②根据法律规定，将查封、扣押的财物拍卖或者将冻结的存款划拨抵缴罚款。③申请人民法院强制执行。动物卫生行政机关如在处罚决定的执行上有难处，可以申请人民法院强制执行。

（2）强制执行的例外。如果当事人并非故意不履行，而是客观上不能履行，应当依法不予强制执行。当事人确有经济困难，需要延期或者分期缴纳罚款的，经当事人申请和行政机关批准，可以暂缓或者分期缴纳。

第四节 动物卫生行政强制

一、动物卫生行政强制的概念和特征

1. 动物卫生行政强制的概念 动物卫生行政强制是指动物卫生行政主体或人民法院，在动物卫生行政管理活动中对不履行动物卫生行政法规定义务的管理相对人，采用法定的强制手段，强制管理相对人履行义务的行政行为。它是用国家强制力保证动物卫生行政法贯彻落实的重要手段之一。

2. 动物卫生行政强制的特点

(1) 对象特定。动物卫生行政强制执行的对象是不履行动物卫生行政法规定的义务，经说服教育仍不改正的管理相对人。

(2) 主体法定。动物卫生行政强制执行的主体是动物卫生监督机构或人民法院。

(3) 标的广泛。动物卫生行政强制执行的标的具有广泛性。它可以是物，也可以是行为，还可以是人。需要强调指出的是，行政强制执行必须严格依法进行，要防止滥用职权，以免侵犯管理相对人的合法权益。

(4) 强制与教育相结合。在动物卫生行政强制执行中，贯彻强制与说服教育相结合的原则。两者都是保证动物卫生行政管理秩序正常运转的重要手段。

二、动物卫生行政强制的种类

(1) 对非人身的强制：是指对物品和财产等的强制。动物卫生行政主体为维护社会安定和保障人民生命财产的安全，可依法对封锁区内的患病动物进行强行扑杀或无害化处理。动物卫生行政主体对进入流通环节的染疫动物产品，亦有权进行无害化处理，且费用由畜主承担。

(2) 对人的权利的强制：主要是指对管理相对人的权利和行为的强制执行。动物卫生行政主体对非法经营令其停业不听者，便可强制其停业，或持照兽医违反了动物防疫法之规定，就可扣留或吊销其动物诊疗许可证，或处以罚款，等等。

三、动物卫生行政强制的程序

动物卫生行政处理与处罚决定一经作出，就必须执行。当事人不履行法定义务时，动物卫生行政主体可采取强制措施。

1. 间接强制 间接强制是指对不履行法定义务的管理相对人，不是直接对其采取强制措施，而是通过其他方式强制其履行义务的强制措施。常采用代执行和执行罚。

1) 代执行 是指管理相对人不履行法定义务而该项义务可由他人代为履行时，动物卫生行政主体有权将该项义务交由他人履行，待义务履行完毕后，应由不履行义务的管理相对人承担一切费用。对饲养、经营的动物不按照动物疫病的强制免疫计划和国家有关规定及时进行免疫接种和消毒的；对动物、动物产品的运载工具、垫料、包装物不按照国家有关规定清洗消毒的；对不按照国家有关规定处置染疫动物及其排泄物、染疫动物产品、病死或者死因不明的动物尸体的。这些情形均可根据我国《动物防疫法》有关规定实施代执行。例如，在狂犬病疫区的养犬户不执行强行扑杀家养犬时，动物卫生行政主体有权代他进行扑杀、处理，处理后的一切费用由该养犬户承担。

代执行必须履行下列程序：

（1）通告。又称告诫。就是由动物卫生行政主体按法律规定，事前采用口头或书面等形式通知管理相对人限期履行义务，有时也以警告的形式进行通告。

（2）代执行。在当事人拒不改正或者仍不履行义务的情况下，动物卫生行政主体可以指派他人实施代执行。

（3）收费。代执行的一切费用由动物卫生行政主体依法确定，并向管理相对人征收。管理相对人如不交纳该项费用，则可申请人民法院强制执行。

此外，在紧急情况下也可不经此程序，立即采取代执行措施。

2）执行罚　是指管理相对人不及时履行他人所不能代替履行的义务时，动物卫生行政主体对其采取财产上新的给付义务的措施，也就是进行一定数量的罚款，促进其履行义务。如果管理相对人还不履行，则可再罚款，直至履行为止。

执行罚的程序是先告诫管理相对人，如不按期履行义务，将被处以一定数量的罚款。如在期限内未履行义务，则可依法令期交纳罚款。拒交者，也可按金钱给付义务的强制执行办法，强制征收。

2. 直接强制　直接强制是指动物卫生行政主体对管理相对人不履行义务，实行间接强制后仍未履行义务时，对管理相对人的财产加以直接的强制措施，以促使管理相对人履行义务。直接强制的程序：告诫、执行、收费。

3. 申请人民法院强制执行　当出现下列情形时，即可申请人民法院强制执行：

（1）采取其他措施未能执行的。动物卫生行政主体采取了其他行政措施，但仍未执行，可申请人民法院强制执行。

（2）既不起诉也不履行。管理相对人对动物卫生行政主体的生效裁决既不起诉也不履行的，动物卫生行政主体可申请人民法院强制执行。

（3）拒不执行生效的判决和裁定。管理相对人拒不履行人民法院生效的判决或裁定的，动物卫生行政主体也可申请人民法院强制执行。

思　考　题

1. 动物卫生行政处罚和其他行政处罚的区别？
2. 动物卫生行政处罚的原则有哪些？
3. 动物卫生行政处罚的实施机关有哪些？
4. 动物卫生行政处罚的管辖有哪几类、适用有哪些？
5. 动物卫生行政处罚的种类有哪些？
6. 动物卫生行政处罚的一般程序有哪些步骤？
7. 动物卫生行政处罚执行的原则有哪些？

第十二章　动物卫生行政救济

提高国家机关及其工作人员的行政执法水平，坚持依法行政，从严治政，是建设社会主义法治国家的关键。而行政救济则是凸显社会主义制度优越性和以人为本、建设社会主义和谐社会的重要法制保障。为切实保障行政相对人的合法权益，监督行政机关及其工作人员依法行政，经过多年的发展，我国已经建立起一套较为完善的行政救济制度。本章结合我国行政救济法制建设的最新成果，系统阐述行政救济的基本概念、原则和意义，重点分析了行政复议、行政诉讼和行政赔偿这三种最重要的行政救济途径的概念、基本原则和实施程序。

第一节　动物卫生行政救济概述

一、动物卫生行政救济的概念和分类

（一）动物卫生行政救济的概念

行政救济是行政法当中经常使用的概念，英文表述为 legal remedy。随着我国法制建设的日趋完善，我国已经逐步建立起一整套适合我国国情的行政救济法律制度，我国学者通常将行政救济的概念表述为："行政救济是指公民、法人或其他组织认为国家行政机关的具体行政行为侵害了其合法权益，请求有权的国家机关依法对行政违法或行政不当行为实施纠正，并追究其行政责任，以保护行政管理相对人的合法权益。"

动物卫生行政救济是行政救济的重要组成部分，它是指公民、法人或其他组织认为动物卫生行政主体的具体行政行为侵害了其合法权益，请求有权的国家机关依法对该行政违法或行政不当行为实施纠正，并追究其行政责任，以保护自身的合法权益。

（二）动物卫生行政救济的分类

我国行政救济制度虽然起步较晚，但已初具规模，并且不断发展和完善。目前我国行政救济制度的组成体系主要包括行政复议、行政诉讼、行政赔偿、行政补偿和信访等，其中行政复议、行政诉讼和行政赔偿是最主要的三种形式。

二、动物卫生行政救济的意义

（一）解决行政纠纷，实施权利救济

行政权力侵犯公民权利是由于法律、政策、资源甚至人性在内的多种原因所导致的一种无法回避的社会现象。国家行政机关在负责组织、领导和管理国家行政事务，行使国家行政管理职权的过程中，根据宪法、法律、行政法规、地方性法规以及行政规章的

规定，可以采取行政措施，依职权作出各种具体的行政行为。这些大量的行政行为，不论正确、合法，还是不当、违法，都难免发生行政争议；而且虽然行政机关的行政行为必须依据法律或者在法律规定的范围内作出，但由于各个行政工作人员的品德、知识、能力不同，在作出行政行为时，未必都能尽善尽美，因而也难免有违法或者不当的行政行为发生，从而侵犯相对人的合法权益并进而引起争议。这些争议需要通过一定的程序加以解决，这就需要建立行政救济制度，通过行政救济程序，使争议最终获得解决，使当事人的权益得到保护。

行政救济制度的建立也是落实我国宪法关于公民申诉、控告权利的需要。我国《宪法》第 4 条规定："中华人民共和国公民对于任何国家机关和国家工作人员的违法失职行为，有向有关国家机关提出申诉、控告或者检举的权利。"对于公民的申诉、控告或者检举，有关国家机关必须查清事实，负责处理；由于国家机关和国家工作人员侵犯公民权利而受到损失的人，有依照法律规定取得赔偿的权利。

（二）监督行政机关依法行使其职权

行政救济是国家有权机关根据宪法和法律的授权，通过审理个别具体行政案件的形式，监督行政机关依法行使行政职权的重要方式。国家行政机关要对社会实施有效的管理，必须拥有一定范围的处理权和一定范围的自由裁量权。但是，如果没有相应的监督力量与之伴随，便难以纠正它在处理具体事务时可能发生的错误，特别是当某些滥用职权行为发生导致损害公民、法人或者其他组织合法权益时，难以及时处理。而行政救济正是通过某种相对人经投诉的个案处理制度，调动起广大群众的积极性，参与到对行政机关的监督活动中来，并进而达到促使行政机关依法行政的目的。

监督行政机关依法行使行政职权，也是为了提高行政机关依法行政的质量和水平，促使行政机关健全制度，改善管理。近年来，我国广大行政机关依法行政的意识和服务意识大大增强，行政管理的质量和水平明显提高，这一切都与我国行政救济制度的建立和实施所起到的促进和推动作用不无关系。

第二节　动物卫生行政复议

一、动物卫生行政复议的概念和特征

动物卫生行政复议是指公民、法人或者其他组织认为动物卫生行政主体的具体行政行为侵犯其合法权益，依法向特定行政机关提出申请，由受理该申请的行政机关对原具体行政行为依法进行审查并作出行政复议决定的活动，是动物卫生行政主体内部进行救济的一种途径。

行政复议作为行政机关内部自我纠错的一种监督制度，在性质上具有两个鲜明的特征：①行政复议是行政机关内部的层级监督。所谓层级监督是指行政机关依据领导和被领导、指导和被指导的关系所形成的监督形式，行政复议的基本制度、原则、原理和程序也都是以此为基础的。②行政复议是一种事后救济途径。对行政相对人来说，如果其合法权益已经受到行政机关的违法或不当具体行政行为的侵害，可以通过行政复议对其

予以补救；对行政机关来说，这种补救的过程也是挽回自身影响的过程。总之，行政复议在性质上是行政的、监督的和补救性的。

二、动物卫生行政复议的原则

行政复议原则是行政复议机关履行行政复议职责必须遵循的准则，它贯穿于行政复议的全过程，对行政机关受理行政复议申请、作出行政复议决定提出了总体和普遍性要求，是具有约束力的法律规范，行政复议机关不得违反。坚持这些原则的目的，就是有错必纠，保障法律、法规的正确实施。在《中华人民共和国行政复议法》（以下简称《行政复议法》）当中规定了五条基本原则。

（1）合法原则：行政复议机关履行行政复议职责应遵循合法原则，是指行政复议机关必须严格按照宪法和法律规定的职责权限，依照法定程序受理行政复议申请，对申请行政复议的具体行政行为进行审查并作出行政复议决定。具体来说，这一原则包括以下内容：①履行行政复议职责的主体及其职权应当合法；②行政复议的依据应当合法；③受理行政复议申请、作出行政复议决定的程序应当合法。

（2）公正原则：所谓公正，就其词义来说，是指公平正直、没有偏私。公正原则是合法原则的必要补充。行政复议机关履行行政复议职责遵循公正原则，要把握三点：①要对申请人和被申请人公正对待，一视同仁，尤其不能“官官相护”；②对不同的申请人应一样相待，不能厚此薄彼，更不能以情代法；③对原具体行政行为的适当性进行审查，要严格以法律的目的和社会公认的公正标准为尺度。

（3）公开原则：公开原则是合法原则、公正原则的外在表现形式，具体是指行政复议的条件、依据和过程是公开的。按照这一原则，行政复议的程序、行政复议决定及行政复议的依据都必须公开。行政复议中的公开原则，是我国行政过程公开化的重要方面，对提高行政效率，保护公民、法人和其他组织的合法权益，都具有重要意义。

（4）及时原则：在现代社会，效率已成为行政权最重要的价值取向，行政机关在行使行政权时如果不讲究效率，就将失去获得权威的基础。行政复议作为一项重要的行政权力也必须讲究效率。及时原则就是保证行政复议提高效率的重要准则，其主要内容是：①在接到行政复议申请后，应当及时予以审查并及时将有关情况告诉申请人；②受理行政复议申请后，应对申请行政复议的具体行政行为及时进行审查，需要调查取证、听取有关单位和人员意见的，要抓紧进行，不能拖延；③作出行政复议决定要及时；④对申请人、被申请人履行行政复议决定的情况要及时了解，对不及时履行行政复议决定的，要依法及时采取措施保证行政复议决定的履行。

（5）便民原则：作为行政机关内部的自我监督制度，行政复议要想在诸多监督制度中扮演重要角色，必须充分体现并发挥自己的优势，便民就是行政复议与其他监督制度相比所具有的最大优势。所谓便民，简单地说就是要使公民、法人和其他组织在行使申请行政复议权时便利，使他们节省费用、时间、精力。按照便民原则，行政复议机关履行行政复议职责时，应当做到：①在法律规定申请人应承担的义务之内，要尽可能为申请人提供方便；②在法律规定申请人应承担的义务之外，不得增加申请人的负担，不论是受理行政复议申请，还是调查取证、听取意见，除非法律有明确规定，否则不得随意向申请人提出要求；③凡是行政复议机关自己能办到的事，就不要麻烦申请人。总之，要处处、事事、时时为老百姓、为申请人着想，这才符合便民原则，符合行政机关及其工作人员的本分。

三、动物卫生行政复议的程序

（一）行政复议的申请与受理

1. 复议申请　复议申请是指行政相对人不服行政主体的具体行政行为而向复议机关提出要求撤销或变更该具体行政行为的请求。由于行政复议是一种依申请的行政行为，因此，没有行政相对人的申请，不能启动行政复议机关受理、审查的程序。

（1）申请复议的条件。对具体行政行为不服申请行政复议，应当具备如下条件：①申请人合格。申请人必须是认为具体行政行为侵犯其合法权益的行政相对人。在特殊情况下申请人资格也会发生转移，即有权申请复议的公民死亡的，其近亲属可以申请复议，有权申请复议的法人或者其他组织终止的，承受其权利的法人或其他组织可以申请复议。②有明确的被申请人。相对人申请行政复议必须指明被申请人，即作出具体行政行为侵犯其合法权益的行政主体。没有明确的被申请人，复议机关可以拒绝受理。如果复议机关受理后认为被申请人不合格，则可依法要求其更换。③有具体的复议请求和事实根据。复议请求是申请人申请复议所要达到的目的，它主要有四种情况：一是请求撤销违法的具体行政行为决定；二是请求变更不适当的具体行政行为决定；三是请求责成被申请人限期履行法定职责；四是请求确认具体行政行为违法或责令被申请人赔偿损失。任何一种复议请求都必须以一定的事实根据为基础，否则，不可能得到复议机关的支持。④属于受理复议机关管辖。复议管辖范围是法定的，因此，申请人必须向有法定管辖权的复议机关提出复议申请。⑤法律、法规规定的其他条件。

（2）申请复议的期限。申请人必须在法定期限内提出复议申请，否则，申请人的申请权不受法律保护，申请不会产生预期的法律效果。根据《行政复议法》的规定，行政相对人应当在知道相应具体行政行为之日起60天内提出复议申请，法律另有规定的除外。因不可抗力或者其他正当理由耽误法定申请期限的，申请期限自障碍消除之日起继续计算。

（3）复议申请书。申请人提出复议申请一般应采用书面形式，即向复议机关递交复议申请书，申请书应当载明如下内容：①申请人的姓名、性别、年龄、职业和住所，法人或者其他组织的名称、住所和法定代表人或者主要负责人的姓名、职务；②被申请人的名称、地址；③申请复议的理由；④申请的年、月、日。

申请复议也可以口头申请。口头申请的，行政复议机关应当当场记录申请人的基本情况、行政复议请求、申请复议的主要事实、理由和时间。

2. 复议申请的受理　复议机关在收到复议申请后，依法应当在收到之日起5日内对申请书进行审查并作出如下处理：①对于符合申请复议条件没有向人民法院提起诉讼的，依法应当决定受理，复议机关负责法制工作的机构收到复议申请之日即为受理日期。②对于不符合申请复议条件的，如超过复议期限或者人民法院已经受理的，依法决定不予受理，并告知申请人不予受理的理由。③对于复议申请请求的内容有欠缺的复议申请，依法决定发还申请人并限期补正。如果申请人在限期内不补正，则依法决定不予受理。④对于复议申请符合《行政复议法》规定，但不属于该机关管辖的，应当告知申请人向有管辖权的复议机关提出或转送有关复议机关。

3. 行政复议受理的法律后果

（1）申请人与被申请人之间的行政争议正式进入复议程序，其他任何国家机关、组织都没有对本案的管辖权。申请人申请行政复议，行政复议机关已经依法受理的，或者法律、法规规定应当先向行政复议机关申请行政复议、对行政复议决定不服再向人民法院提起行政诉讼的，在法定行政复议期限内不得向人民法院提起行政诉讼。

（2）行政复议不停止被申请具体行政行为的执行。根据《行政复议法》的规定，申请人申请行政复议，原则上不停止被申请的具体行政行为的执行。但在下列情况下，被诉的具体行政行为可以停止执行：①被申请人认为需要停止执行的；②行政复议机关认为需要停止执行的；③经申请人申请，行政复议机关认为其要求合理的；④法律、法规规定停止执行的。

（3）行政复议程序正式开始，行政复议机关如没有法定事由，必须完成行政复议的全部程序并对行政争议作出决定。如果行政复议机关不在法定期限内作出决定，则构成行政复议不作为。

（二）行政复议审理

审理是复议机关对复议案件的事实、证据、法律适用及争论的焦点等进行审查的过程。它是行政复议程序的关键阶段。

（1）审理方式：复议采取以书面审理为主、其他方式为辅的审理方式。所谓“书面审理”，是指复议机关仅就双方所提供的书面材料进行审查、作出决定的一种审理方式。这种审理方式较为简便，具有较高的效率，因而符合行政效率的要求。所谓“其他方式”，是指复议机构认为必要时，向有关组织和人员调查情况，听取申请人、被申请人和第三人的意见，或者采取听证方式，通过双方对争议的事实、法律依据进行质证、辩论，最后由复议机关作出决定的审查方式。这种审查方式适用于较为复杂、影响较大的行政复议案件。

（2）审理依据：行政复议机关审理复议案件，以法律、行政法规、地方性法规、规章以及上级行政机关依法制定和发布的具有普遍约束力的决定、命令为依据。

行政复议机关在申请人申请或者在对被申请的具体行政行为进行审查时发现其依据不合法，本机关有权处理的，应当在 30 日内依法处理；如果本机关无权处理，应当在 7 日内依法定程序转送有权处理的国家机关依法处理。处理期间，中止对具体行政行为的审查。

（3）举证责任：行政复议机关受理行政复议案件后，行政复议机关负责法制工作的机构就要本着以事实为依据、以法律为准绳的原则，对被申请人的具体行政行为是否合法、适当进行全面审查。为了弄清楚案件的事实，就需要了解被申请人当初作出具体行政行为时所采信的证据材料，并对其运用的法律依据进行分析研究。

《行政复议法》要求被申请人“应当自收到申请书副本或者申请笔录复印件之日起十日内，提出书面答复，提交当初作出具体行政行为的证据、依据和其他有关材料”。并分别在第28条、第36条中明确规定了不举证的法律后果。《行政复议法》为什么规定被申请人承担举证责任呢？因为行政复议要解决的中心问题是被诉具体行政行为的合法性和适当性问题，而被诉具体行政行为又是被诉行政机关单方面的意志作出的。从整个行政法律关系来看，占支配地位的是被诉行政机关；从行政程序全过程来看，行政机关在以职权开始的行政行为中事实上处于“主张者”的地位。在行政法律关系中，申请人和被申请人处于不平等的地位，他们之间是一种管理与被管理的关系，行政法律关系的产生基于行政机关的单方面的行为，行政机关作出某种具体行政行为，一要有事实根据，二要有法律、法规等规范性文件作依据。因此，在行政复议中，审查的客体是行政机关作出的具体行政行为，理所当然地应由行政机关对其作出的具体行政行为负举证责任，提供为什么作出该项具体行政行为的证据。

（三）行政复议的决定

行政复议机关通过对复议案件进行审理，根据不同情况，应当在受理行政复议申请之日起60日内分别作出不同决定，法律另有规定的除外。

(1) 维持决定：对被申请的具体行政行为，复议机关认为事实清楚，证据确凿，适用法律、法规、规章和具有普遍约束力的决定、命令正确，符合法定程序和内容适当的，应当依法作出维持该具体行政行为的复议决定。

(2) 履行决定：是指行政复议机关责令被申请的行政主体在一定期限内履行法定职责的决定，它主要适用于以下两种情况：①被申请的行政主体拒不履行法定职责；②被申请人拖延履行法定职责。

(3) 撤销、变更和确认违法决定：是指行政复议机关经对被申请复议的具体行政行为的审查，认为该行为具有如下情形之一的，依法作出撤销、变更或者确认该行为违法的决定，必要时，可以附带责令被申请人在一定期限内重新作出具体行政行为：①主要事实不清、证据不足的；②适用依据错误的；③违反法定程序的；④超越职权或者滥用职权的；⑤具体行政行为明显不当的。

申请人在申请行政复议时一并提出行政赔偿请求的，行政复议机关经审查，如认为符合《国家赔偿法》的有关规定应予赔偿的，应在作出撤销、变更具体行政行为或者确认具体行政行为违法的决定时，同时作出责令被申请人依法给予申请人赔偿的决定。申请人在申请行政复议时如果没有提出行政赔偿请求。行政复议机关在依法决定撤销或者变更罚款、撤销违法集资、没收财物、征收财物、摊派费用以及对财产的查封、扣押、冻结等具体行政行为时，应当同时作出责令被申请人返还申请人财产，解除对申请人财产的查封、扣押、冻结措施，或者赔偿相应价款的决定。

行政复议机关作出复议决定后，应当依法送达当事人。申请人如果不服行政复议决定，可依法提起行政诉讼。法律规定复议为终局决定的，行政复议决定一经送达即发生法律效力。法律规定可以起诉的行政复议决定，当事人在法定期间内既不提起行政诉讼又不履行复议决定，超过法定期间的，复议决定即具有强制执行的法律效力。

第三节　动物卫生行政诉讼

一、动物卫生行政诉讼的概念和特征

动物卫生行政诉讼是一种外部救济途径，即由人民法院根据动物卫生行政管理相对人的请求，依据行政诉讼法的规定和动物卫生行政法的规定，对动物卫生行政争议实行审理、裁判的一种司法审判活动。

动物卫生行政诉讼具有以下三个特征：①当事人特定。原告只能是动物卫生行政活动中的管理相对人，动物卫生行政主体恒定为被告。②标的是法定的。即原告对动物卫生行政主体或其工作人员的具体行政行为不服，而请求法院予以裁决的行政权利义务关系。③是一种多方的动物卫生行政诉讼法律关系。动物卫生行政诉讼和其他诉讼一样，是在人民法院的主持下并同当事人及其他诉讼参与人的参加下进行的活动。在诉讼中产生了以人民法院为裁判方、以动物卫生行政主体为一方、以管理相对人为另一方的诉讼法律关系。

二、动物卫生行政诉讼的原则

行政诉讼基本原则，是指反映行政诉讼基本特点和一般规律，贯穿于行政诉讼活动整个过程或主要过程，指导行政诉讼法律关系主体诉讼行为的重要准则。

（一）与民事、刑事诉讼共有的原则

（1）人民法院独立行使审判权原则：人民法院独立行使审判权，是我国民事、刑事和行政诉讼共有的一项极为重要的原则。这项原则的贯彻实施不仅关系国家权力的相互制约和监督功能的发挥，而且关系国家审判机关是否真正具有权威。特别是行政诉讼的被告是行政机关，如果法院和法官的独立性差，就不可能真正公正地审理和裁判案件。但如何使法院能够真正独立地行使审判权，是我国诉讼制度改革与其他制度改革过程中应进一步加以解决的问题。

（2）以事实为根据，以法律为准绳原则：人民法院审理各类案件均应以事实为根据，以法律为准绳。这一原则的基本要求是，人民法院审理行政案件，应当依照法定程序，在查清案件事实真相的基础上，正确适用法律，作出符合案件事实和法律的裁判。

（3）合议、回避、公开审判和两审终审原则：行政诉讼实行合议原则，不同于民事诉讼有独任审判的例外。合议可由审判员三人以上单数组成合议庭，也可由审判员和人民陪审员组成合议庭。合议庭应是审判的主体，以少数服从多数的方式决定案件的裁判结果。

为保证案件审理公正，行政诉讼同民事、刑事诉讼一样，应当坚持回避原则。当事人认为审判人员、书记员、翻译人员、鉴定人或勘验人与本案有利害关系或有其他关系可能影响公正审判时，有权要求其回避。审判人员认为自己与本案有利害关系或其他关系，应主动申请回避。

人民法院审理行政案件，除涉及国家秘密、个人隐私和法律另有规定者外，一律公

开进行。公开审判原则适用于法庭调查、法庭辩论和宣判等诉讼的各个阶段。

人民法院审理行政案件实行两审终审制。

（4）当事人诉讼法律地位平等原则：当事人在行政诉讼中的法律地位是平等的，当事人有平等的诉讼权利和诉讼义务。但这不意味着原、被告诉讼权利和义务完全对应。

（5）使用本民族语言文字进行诉讼原则：各民族公民都有使用本民族语言、文字进行行政诉讼的权利。在少数民族聚居或者多民族共同居住的地区，人民法院应当用当地民族通用的语言、文字进行审理和发布法律文书。人民法院应当为不通晓当地民族通用语言、文字的诉讼参与人提供翻译。

（6）辩论原则：在行政诉讼中，当事人有权针对案件事实的有无，证据的真伪，适用法律、法规的正确与否诸方面相互进行辩论。

（7）人民检察院对行政诉讼进行法律监督的原则：我国《宪法》和《中华人民共和国行政诉讼法》（以下简称《行政诉讼法》）规定，人民检察院有权对行政诉讼实行法律监督。人民检察院对法院已经发生法律效力的判决、裁定，发现违反法律、法规规定的，有权按照审判监督程序提出抗诉。

（二）行政诉讼特有的原则

这是指人民法院在审理行政案件时才适用的基本准则，包括：

（1）特定主管原则：是指人民法院只主管法律规定由其管辖的那一部分行政案件，根据这一原则，人民法院主管的行政案件的范围是：①只主管因具体行政行为引起争议的案件，不管辖因抽象行政行为发生争议的案件；②只主管行政机关在管理国家事务时与公民、法人或其他组织发生争议的案件，不管辖行政机关在管理内部事务时发生争议的案件；③按照国际惯例，政府所为的国家行为，如外交、国防事务等都不属于行政诉讼范围，人民法院不能管辖。

（2）对具体行政行为合法性进行审查原则：是指行政诉讼中人民法院原则上只审查具体行政行为，而不审查抽象行政行为和内部行政行为以及国家行为；原则上只审查具体行政行为的合法性，而不审查具体行政行为的合理性。

（3）起诉不停止执行原则：是指在行政诉讼中，原行政机关的具体行政行为不因原告的起诉和人民法院的审理而停止执行的制度。也就是说，行政机关的具体行政行为一旦作出，就假设符合法律的规定，是合法的行政行为，对行政机关本身和行政管理相对人具有约束力，必须遵守执行。一般认为，行政诉讼实行起诉不停止执行制度，主要有以下几个方面的原因：①行政行为的权威性。行政机关的具体行政行为是依据行政权作出的，而行政权属于国家权力的一种，因此，行政机关作出的具体行政行为应该具有权威性，具有一定的法律效力。只有作出行政行为的机关自己，或者比它更有权威的机关依一定的程序才能将其撤销或变更。②行政管理的客观需要。国家的行政管理工作是一刻也不能中断的，为保证国家行政管理工作的连续性和稳定性，行政诉讼的提起不能影响具体行政行为的执行，否则就可能妨碍国家行政机关的正常活动，不利于国家行政管理工作顺利进行。③有些具体行政行为针对的对象具有社会危害性，不及时处理，将会给社会造成非常不利的后果。

行政诉讼法规定，有下列情形之一的，停止具体行政行为的执行：①被告认为需要停止执行的；②原告申请停止执行，人民法院认为该具体行政行为的执行会造成难以弥补的损失，并且停止执行不损害社会公共利益，裁定停止执行的；③法律、法规规定停止执行的。

(4) 被告承担举证责任的原则：在民事诉讼中通常是“谁主张，谁举证”。也就是说，原告起诉，就要由原告为其主张举证，如果举证不力，则原告败诉。行政诉讼举证责任的分配则不然。《行政诉讼法》第 32 条规定：“被告对作出的具体行政行为负有举证责任，应当提供作出该具体行政行为的证据和所依据的规范性文件。”也就是说，虽然是原告对具体行政行为不服而启动了行政诉讼，但是原告没有义务证明具体行政行为的违法性。被告如果不想败诉，就要证明被诉具体行政行为是合法的，即被告必须承担证明被诉具体行政行为合法的义务。如果被告对此证明不了或者证明不力，则由被告承担败诉的责任。其主要原因有二：第一，被告负举证责任是依法行政原则的应有内涵。行政主体作出行政行为，不仅要依据实体法，而且要依据程序法，行政行为必须符合法定程序。而行政行为符合法定程序的一个最基本规则是“先取证，后裁决”，即行政主体在作出裁决之前，应当充分搜集证据，然后根据事实、对照法律作出裁决，而不能在毫无证据或者证据不足的情况下，对行政相对人作出行政行为。因此，当行政主体作出的行政行为被诉至法院时，应当能够有充分的证据证明其合法性。这是被告承担行政诉讼举证责任的基础。第二，作为被告的行政主体与原告相比具有举证优势。在行政程序中，行政主体处于主动地位，而行政相对人处于被动地位。由于行政法律关系中双方当事人地位的不同，原告无法或者很难收集到证据，即使收集到，也可能难以保全。在一些特定情况下，原告甚至没有举证能力。而具备专业知识和技术条件的行政主体具有更优越、更现实、更充分的举证能力。因此，从举证难易方面来考虑，由被告负举证责任是公允而且合理的。

(5) 不适用调解原则：行政诉讼中，除行政赔偿诉讼外，既不能把调解作为一个必经阶段，也不能把调解作为结案的一种方式。这是因为法院审理行政案件是针对具体行政行为的合法性进行的。或者合法，或者违法，没有第三种可能。并且行政权是国家权力之一，是不可让予、不可处分的一种权力。而调解的前提是双方让步，即双方权力（权利）的妥协与放弃。可见，行政权先天的不可处分性与调解的基础严重背离，因此行政诉讼禁止调解。

(6) 司法变更权有限原则：司法变更权是指人民法院对被诉具体行政行为经过审理后，改变该具体行政行为的权力，其涉及司法权与行政权的关系问题。考虑到法院的性质和司法权与行政权的关系，行政机关在法律法规授予的行政自由裁量权范围内作出的具体行政行为是否合理、适当，原则上通过行政复议由行政机关自行判断和处理。人民法院行使的是司法权，它必须尊重权力与权力之间的界限，不能代行行政权，否则权力的分工与制衡就会被打破。行政诉讼法正是基于上述考虑，为了最大限度地保护当事人的合法权益以及司法权行使的有效性，同时兼顾法定的权力分配关系，因此规定“行政处罚显失公正的，可以判决变更”。

三、动物卫生行政诉讼的程序

（一）起诉和受理

1. 起诉

行政诉讼的起诉是指公民、法人或其他组织，认为行政机关的具体行政行为侵犯其合法权益，向法院提起诉讼，请求法院行使国家审判权、审查具体行政行为的合法性并向其提供法律救济的行为，以保护其合法权益的诉讼行为。起诉是人民法院对相应案件行使审判权的前提。根据《行政诉讼法》第 41 条的规定，公民、法人或其他组织向人民法院提起行政诉讼，必须具备以下条件：①必须是认为具体行政行为侵犯其合法权益的公民、法人或其他组织；②必须有明确的被告；③必须有具体的诉讼请求和事实依据；④起诉的案件属于人民法院受案范围和受诉人民法院管辖。

起诉除必须符合上述法定条件外，还必须符合法定的方式和形式。原告向人民法院提起行政诉讼，只能以提交起诉状的书面方式，不得以口头形式起诉。这是因为，行政诉讼针对的是行政机关作出的具体行政行为，往往涉及社会公共利益，案情通常比较复杂。采用书面方式起诉不仅体现起诉行为的严肃性和慎重态度，减少起诉的随意性，有利于原告全面详尽地表述自己的诉讼请求，而且有利于被告人的答辩，使人民法院易于搞清双方争议的争议点，正确及时地审查案件。起诉状是原告向人民法院提出诉讼请求的书面依据，也是人民法院对案件进行初步审理的书面依据。参照《中华人民共和国民事诉讼法》关于起诉状的要求，起诉状应当列明下列事项：①原告和被告的基本情况；②诉讼请求和所根据的事实和理由；③证据和证据来源，证人姓名和住所。

2. 受理

行政诉讼的受理，是指人民法院对原告的起诉行为进行审查后，认为起诉符合法律规定的要件，在法定期限内予以立案；或者认为起诉不符合法律规定，决定不予受理的行为。

根据《行政诉讼法》及其司法解释的规定，人民法院应当组成合议庭对原告的起诉进行审查。符合起诉条件的，应予立案。发现以下情形的不予受理，已经受理的，裁定驳回起诉：①请求事项不属于行政审判权限范围的；②起诉人无原告诉讼主体资格的；③起诉人错列被告且拒绝变更的；④法律规定必须由法定或者指定代理人、代表人为诉讼行为，未由法定或者指定代理人、代表人为诉讼行为的；⑤由诉讼代理人代为起诉，其代理不符合法定要求的；⑥起诉超过法定期限且无正当理由的；⑦法律、法规规定行政复议为提起诉讼必经程序而未申请复议的；⑧起诉人重复起诉的；⑨已撤回起诉，无正当理由再行起诉的；⑩诉讼标的为生效判决的效力所羁束的；⑪起诉不具备其他法定要件的。

（二）行政诉讼一审程序

1. 审理前的准备

（1）立案后向被告送达起诉副本，并告知被告在法定期限内提出答辩状。法院应当在立案之日起 5 日内将起诉状的副本发送被告。被告应在收到起诉状的副本之日起 10 日内向法院提交作出具体行政行为的有关材料，并提出答辩状。法院收到答辩状后 5 日内将答辩状副本发送原告。被告不提出答辩状不影响法院审理。

（2）审判组织。审判组织是指具体行使国家行政审判职能的组织。我国行政审判的组织包括行政审判庭、合议庭和审判委员会。合议庭是行政审判的基本组织。依少数服从多数原则对案件进行审理和裁判。合议庭中由一名审判员担任审判长。审判长由法院院长或行政审判庭庭长指定，院长、庭长参加合议庭时由院长或庭长担任审判长。合议庭依照法律规定由 3 人以上的单数审判员或审判员和人民陪审员组成。法院审理行政案件应组成合议庭，合议庭成员应始终参加对案件的审理活动。

（3）审查诉讼材料。审查诉讼材料时应作阅卷笔录，阅卷笔录中应载明案由，双方当事人及其他诉讼参与人的基本情况，行政机关具体行政行为表现形式的处罚决定、处理决定的文号、时间及主要内容，原告人的诉讼请求、事实证据、理由及答辩人答辩的事实和理由，证据的来源，作出具体行政行为所适用的法律、行政法规、规章的名称及条款等。

（4）调查搜集证据。在审查诉讼材料的基础上。法院可根据需要决定进行调查和搜集证据，对案件存疑的地方进行进一步调查，决定是否要求当事人补充证据，是否需要对专门性问题进行鉴定，是否采取证据保全措施等。

（5）确认、更换和追加当事人。法院在此阶段还需确认原告、被告、第三人的资格，发现不具备当事人资格应更换或追加新的当事人。另外，如果有共同诉讼人或第三人需参加诉讼，应通知其参加。

（6）确定开庭的地点、时间并通知当事人和其他诉讼参与人。法院在开庭审理 3 日前，应以传票或通知书通知当事人和其他诉讼参与人，对公开审理的案件，还应公告开庭的时间、地点和案由。

2. 开庭审理　行政诉讼的庭审活动依《行政诉讼法》的要求，一般应公开审理，涉及国家机密、个人隐私和法律另有规定者，则可不公开审理。公开审理除诉讼当事人和参与人之外，应允许公众旁听，允许记者采访、报道；不公开审理则除当事人和法院通知的其他诉讼参与人外，不允许其他人参加。开庭审理的程序包括：

1）*庭审准备*　庭审准备是开庭审理的预备程序，包括下述步骤：①在正式开庭 3 日前用传票传唤当事人出庭参加庭审，并以通知书通知诉讼代理人、证人、鉴定人、翻译人员等到庭参加诉讼活动；② 对于公开审理行政案件，应在开庭 3 日前发布公告，内容包括：案由、当事人姓名或机关名称、开庭时间和地点。

2）*庭审*　开庭审理，是所有诉讼参与人在法院合议庭主持下，依法定程序对当事人之间的行政争议案件进行审理，查明案件事实，适用相应的法律、法规，并最终作出裁判的活动。开庭审理一般须经过五个阶段：

（1）预备阶段。此阶段先由书记员查明当事人和其他诉讼参与人到庭情况、宣布法庭纪律，然后由审判长宣布开庭，核对当事人，宣布案由和审判人员、书记员名单，告知当事人诉讼权利和义务。在此阶段，当事人可申请回避。当事人申请回避，应当说明理由，在案件开始审理时提出；回避事由在案件开始审理后知道的，应当在法庭辩论终结前提出。被申请回避的人员，在人民法院作出是否回避的决定前，应当暂停参与本案的工作，但案件需要采取紧急措施的除外。对当事人提出的回避申请，人民法院应当在3日内以口头或者书面形式作出决定。申请人对驳回回避申请决定不服的，可以向作出决定的人民法院申请复议一次。复议期间，被申请回避的人员不停止参与本案的工作。对申请人的复议申请，人民法院应当在3日内作出复议决定，并通知复议申请人。

（2）法庭调查阶段。法庭调查是法院在诉讼当事人和诉讼参与人的参加下，核实和审查证据，查明案件真相的诉讼阶段。

（3）法庭辩论。法庭辩论阶段是在审判人员的主持下，当事人及其代理人对法庭调查的事实、证据，提出和陈述自己的观点和意见。法庭辩论中当事人、第三人及其诉讼代理人可以运用证据和法律规范，就案件争议事实的真伪和如何正确适用法律阐明自己的观点和诉讼请求，反驳他方的观点和论据。法庭辩论在法庭调查的基础上进行。合议庭通过法庭调查，由当事人对各种证据进行质证，在此基础上，法庭对于证据是否采用表明态度。

（4）评议阶段。法庭辩论结束后，审判长宣布休庭，由合议庭组成人员进行合议。合议庭根据经过法庭审查认定的证据，确认案件事实，适用法律、法规和参照规章，最终形成法院对案件的判决。合议阶段是合议庭组成人员依各自的判断形成多数一致意见的过程，合议结论坚持少数服从多数的原则。但少数人的意见应当记入合议笔录，每一位合议庭组成人员均应在合议笔录上签名。

（5）宣判阶段。宣判阶段是开庭审理的最后步骤，由合议庭代表法院宣告对被诉具体行政行为是否合法的认定，法院对相应具体行政行为的处置（撤销、维持或变更等）。法院宣告判决一律公开进行。判决宣告时，须告知诉讼当事人的上诉权利、上诉期限和上诉法院。

法院在审理行政诉讼案件过程中如遇有下述情形，可视情况作出延期审理的决定：①必须到庭的当事人和其他诉讼参与人有正当理由没有到庭的；②当事人在诉讼当中提出回避申请的；③需要传唤新的证人到庭作证或需要重新取证或补充调查的。

3. 共同诉讼、撤诉与缺席判决

1）共同诉讼　共同诉讼是指当事人一方或各方为二人以上的诉讼。法律设立共同诉讼制度的意义在于：①简化诉讼程序；②避免法院对同一类案件作出不同的或互相抵触的裁判。

共同诉讼的条件有二：①主体条件。当事人（原告、被告或第三人）一方或各方为两人以上，两个以上原告针对行政机关同一具体行政行为提起诉讼。这种情况为共同原告，由于各原告具有共同的利害关系，认为行政机关的同一具体行政行为侵犯了他们的合法权益，故有着共同的诉讼请求。在另外一种情况下，则是两个以上行政机关作出同一个具体行政行为而引发行政诉讼，原告以共同作出行为的所有行政机关为被告，此种情形构成共同被告。还有一种情形是原告和被告同为两人以上。即该共同诉讼既由共同原告又由共同被告构成。此外，与行政诉讼判决结果有法律上的利害关系的第三人为两人以上的，亦构成共同诉讼。以上情形是由于诉讼主体相同而由法院决定合并审理的共同诉讼。②客体条件。共同诉讼的诉讼客体为同一具体行政行为或同样的具体行政行为。这里的“同样”，是指两个或两个以上的具体行政行为性质相同，或作出具体行政行为的事实和理由、法律根据相同，当事人一方或各方为两人以上，认为同样的具体行政行为侵犯他们各人的合法权益，向法院起诉，法院从而决定合并审理。

在司法实践中，共同诉讼的主要情形有：①两个以上行政机关分别依据不同的法律、法规对同一事实作出同一具体行政行为，公民、法人或者其他组织不服向同一人民法院起诉的。此种诉讼出现后，依共同诉讼的原则，法院可以决定合并审理。②行政机关就同一事实，对若干相对人分别作出具体行政行为，相对人分别向法院起诉，是否合并审理由法院决定。③在诉讼过程中，被告以新的事实和理由对原告作出新的具体行政行为，原告认为新的具体行政行为侵犯其合法权益，向法院提起新的诉讼，是否合并审理由法院决定。

2）撤诉　撤诉是原告表示或依其行为推定其将已经成立的起诉行为撤销，法院审查后予以同意的诉讼行为。依法律规定，行政诉讼撤诉分为三种类型：①原告申请撤诉。在行政诉讼过程中，当法院受理案件以后，裁判宣告以前，原告请求法院撤回业已成立的诉讼，法院审查同意后，可准许其撤诉。这种撤诉的条件是：原告申请；申请在一审裁判宣告之前提出；申请应为原告的真实意思表示；申请得到法院的准许。②被告改变自己的具体行政行为并且得到原告的同意，原告同意撤诉，这种撤诉亦要经法院审查准许。原告申请撤诉，经法院准许而终结诉讼，原告不得再行起诉，法院也不再受理。准予撤诉的裁定确有错误，原告申请再审的，人民法院应当通过审判监督程序撤销原准予撤诉的裁定，重新对案件进行审理。若原告申请撤诉，法院不予准许，原告仍应参加诉讼。第三人在原告撤诉行为成立后，认为被撤销的诉讼所针对的行政机关的具体行政行为侵犯其合法权益时，可以另行起诉。③视为申请撤诉。在行政诉讼中，原告并没有明确表示撤诉的意思，但由于其在诉讼中消极的诉讼行为，法院可推定其意图撤销诉讼，此种撤诉是“视为申请撤诉”。视为申请撤诉的条件为：原告经人民法院两次合法传唤无正当理由拒不到庭，或者虽到庭但未经法庭同意而中途退庭。人民法院裁定准许原告撤诉后，原告以同一事实和理由重新起诉的，人民法院不予受理。原告或者上诉人未按规定的期限预交案件受理费，又不提出缓交、减交、免交申请，或者提出申请未获批准的，按自动撤诉处理。在按撤诉处理后，原告或者上诉人在法定期限内再次起诉或者上诉，并依法解决诉讼费预交问题的，人民法院应予受理。

3）缺席判决　缺席判决是在法院开庭审理时，当事人一方经法院合法传唤无正当理由拒不到庭，法院继续审理并经合议庭合议后作出裁判的诉讼活动。主要适用于下列情况：①被告经合法传唤无正当理由拒不到庭或到庭后未经法庭准许中途退庭的；②原告虽申请撤诉但法院不准许，原告拒不到庭，或者原告虽未申请撤诉，但经法院两次合法传唤，仍拒不到庭的。缺席判决的效力同于对席判决的效力，原告、被告、第三人均可提起上诉。

（三）行政诉讼二审程序

行政诉讼的二审程序，又称上诉审程序，是指一审法院作出裁判后。诉讼当事人不服，在法定期限内提请一审法院的上一级法院重新进行审理并作出裁判的程序。

1. 上诉的提起与对上诉的受理 一审当事人提起上诉，经二审法院审查，认为符合法定条件而决定受理，即导致二审诉讼程序开始。

（1）提起上诉。诉讼当事人对一审法院的判决或裁定不服，可以在法定期限内提起上诉。一审的原告、被告和第三人均有权提起上诉。一审裁判后当事人均提起上诉的，上诉各方均为上诉人。一方当事人提起上诉的，该当事人为上诉人，未提起上诉的对方当事人为被上诉人。共同诉讼中的一人或一部分人提出上诉，提出上诉的人为上诉人，与上诉请求相对立的各方均为被上诉人；与上诉请求利害关系一致，未提起上诉的其他当事人仍处于原审诉讼地位，其他当事人依原审诉讼地位列明。当事人提出上诉，应当按照其他当事人或者诉讼代表人的人数提出上诉状副本。

原审人民法院收到上诉状，应当在5日内将上诉状副本送达其他当事人，对方当事人应当在收到上诉状副本之日起10日内提出答辩状。原审人民法院应当在收到答辩状之日起5日内将副本送达当事人。原审人民法院收到上诉状、答辩状，应当在5日内连同全部案卷和证据，报送第二审人民法院。已经预收诉讼费用的，一并报送。

提起上诉的当事人应当采用书面的上诉状方式。上诉状应载明上诉人、被上诉人的基本情况、上诉的事实和理由以及上诉的诉讼请求，并依当事人的人数向法院提交上诉状副本。上诉可向一审法院的上一级法院提起，但实践中较为多见的是通过一审法院提起，一审法院在收到上诉状后应连同诉讼卷宗材料一并送交二审法院。

（2）上诉的受理。二审法院收到上诉状后，经审查认为，诉讼主体合格，未超过法定的上诉期限，应当予以受理，并在5日内将上诉状副本送达被上诉人，被上诉人收到上诉状副本后应当在10日内提出答辩状。

2. 二审的审理 二审法院审理上诉案件亦应首先组成合议庭。合议庭应当全面审查一审法院的判决或裁定认定的事实是否清楚，适用法律是否正确，诉讼程序是否合法。审查不受上诉人在上诉状中上诉范围和上诉内容的限制。

（1）审理方式。二审审理方式有两种：①书面审理。书面审理适用于一审裁判认定事实清楚的上诉案件。二审法院对一审法院报送的案卷材料、上诉状、答辩状、证据材料等，经审查认为事实清楚的，可以不再传唤当事人、证人和其他诉讼参与人到庭调查核实，只通过书面审查后即可作出裁判。②开庭审理。二审法院开庭审理的程序与一审相同，主要适用于当事人对一审法院认定的事实有争议，或认为一审法院认定的事实不清、证据不足等情形。

（2）上诉的撤回。上诉的撤回，是指二审法院受理上诉后至宣告二审裁判前，由于上诉人撤回上诉，经法院审查准许其撤回上诉，从而终结二审审理的诉讼制度。法院审查撤回上诉请求主要审查以下几个方面：①有无规避法律；②有无损害国家、集体、他人和社会公共利益；③是否符合其他撤诉条件。经审查，法院认为上诉人撤回上诉没有规避法律和损害国家、社会、集体和他人利益，符合撤诉条件的，应当准许撤诉。

（四）行政诉讼审判监督程序

行政诉讼审判监督程序，是指法院根据当事人的申请、检察机关的抗诉或法院自己发现已经发生法律效力的判决、裁定确有错误，依法对案件进行再审的程序。再审是法院依法为纠正已发生法律效力的判决、裁定的错误，对案件再次审理的活动。再审分为上级法院的指令再审和本院审判委员会决定的自行再审。另外，在法院系统内，上级法院对下级法院已发生法律效力的判决、裁定认为确有错误的，可以“提审”，即由上级法院直接进行审理。

审判监督程序的设置，对保证案件正确裁判、保护当事人的合法权益、维护法律尊严，具有重要意义。它体现了我国审判活动的实事求是、有错必纠的原则。

1. 审判监督程序的提起　能够提起审判监督程序的主体有：原审法院、原审人民法院的上级人民法院、最高人民检察院和地方人民检察院。当事人的再审申请可能但不必然引发再审程序。

（1）原审人民法院或其上级人民法院发现发生法律效力的判决、裁定确有错误的，可以提起再审，进入审判监督程序。原审人民法院提起再审者，应由院长提起，由本院审判委员会讨论决定。

（2）人民检察院认为已发生法律效力的裁判违反法律、法规规定，向人民法院抗诉，从而提起审判监督程序。最高人民检察院对各级人民法院、上级人民检察院对下级人民法院已发生法律效力的判决、裁定，发现违反法律、法规规定的，有权向作出生效裁判的人民法院的上一级人民法院提出抗诉，人民法院应当再审。对人民检察院按照审判监督程序提出抗诉的案件，人民法院应当再审。人民法院开庭审理抗诉案件时，应当通知人民检察院派员出庭。

（3）当事人对已发生法律效力的裁判、调解书认为确有错误的，可在裁判、调解书生效 2 年内向人民法院申请再审。对人民法院驳回再审申请的，申请人不服，可向上级人民法院提出申诉。人民法院审查当事人的再审申请后，认为符合条件的，作出再审决定。法院作出再审决定后，应通知当事人各方，并立案审查，进入审判监督程序。

2. 再审程序

（1）裁定中止原裁判的执行。依照审判监督程序再审的案件，应当裁定中止原判决的执行。上级人民法院决定提审或者指令下级人民法院再审，应当作出裁定，情况紧急的，可以口头通知负责执行的法院或原审法院中止执行，并在口头通知后 10 日内发送裁定书。

（2）再审审判程序。人民法院按照审判监督程序再审的案件，发生法律效力的判决、裁定是由第一审人民法院作出的，按照第一审程序审理，所作的判决、裁定，当事人可以上诉；发生法律效力的判决、裁定是由第二审人民法院作出的，按照第二审程序审理，所作的判决、裁定是发生法律效力的判决、裁定；上级人民法院按照审判监督程序提审的，按照第二审程序审理，所作的判决、裁定是发生法律效力的判决、裁定。但二审是错误维持一审不予受理的裁定的，再审法院应撤销一、二审不予受理的裁定，指令一审法院立案受理。依一审程序的再审案件，当事人对再审裁判不服，可以上诉；依二审程序作出的再审裁判为终审裁判，当事人不可上诉。

原审是二审或上级法院提审的，或由上级法院指令再审的，均依二审程序进行。原审法院审理再审行政案件，无论是自行再审还是指令再审，均应另行组成合议庭。原合议庭人员不应参加新的合议庭审理案件。

按照审判监督程序决定再审的案件，应当裁定中止原判决的执行；裁定由院长署名，加盖人民法院印章。

上级人民法院决定提审或者指令下级人民法院再审的，应当作出裁定，裁定应当写明中止原判决的执行；情况紧急的，可以将中止执行的裁定口头通知负责执行的人民法院或者作出生效判决、裁定的人民法院，但应当在口头通知后10日内发出裁定书。

（五）行政诉讼的诉讼中止、诉讼终结与期间、送达

1. 诉讼中止　行政诉讼中止是指在行政诉讼过程中，因出现需要中断诉讼进行的情形，诉讼暂时停止，待引起诉讼中止的原因消失后诉讼继续进行的制度。在行政诉讼中，以下情形出现后，法院应决定中止诉讼：①原告死亡，须等待其近亲属表明是否参加诉讼；②原告丧失诉讼行为能力，尚未确定法定代理人；③作为一方当事人的行政机关、法人或其他组织终止，尚未确定权利义务承受人；④一方当事人因不可抗力事由不能参加诉讼；⑤案件涉及法律适用问题，需要送请有权机关作出解释或确认；⑥案件的审判须以相关民事、刑事或者其他行政案件的审理结果为依据，而相关案件尚未审结；⑦其他应当中止诉讼的情形。中止诉讼的原因消除后，恢复诉讼。

2. 诉讼终结　行政诉讼终结是指行政诉讼开始后，出现了使诉讼不可能进行或没有必要继续进行的情形，法院决定结束行政诉讼案件审理的制度。行政诉讼过程中，有下列情形之一的，终结诉讼：①原告死亡，没有近亲属或者近亲属放弃诉讼权利；②作为原告的法人或者其他组织终止后，其权利义务的承受人放弃诉讼权利；③诉讼中止的前三项情形致使诉讼中止期满90日仍无人继续诉讼。

3. 期间与期日

（1）期间。行政诉讼的期间是指人民法院、诉讼当事人及其他诉讼参与人进行诉讼行为的期限和日期，是法律或法院对进行或完成某种诉讼行为在时间上提出的要求。

期间可分为法定期间和指定期间。法定期间是指法律规定的期间。例如，公民、法人或者其他组织直接向人民法院提起诉讼的，应当在知道作出具体行政行为之日起3个月内提出；经过复议的，申请人不服复议决定的，可以在收到复议决定书之日起15日内向人民法院提起诉讼；一审案件法院应在3个月内审结。二审案件应在2个月内审结，起诉后法院应在7日内决定是否受理，法院决定受理后5日内送达起诉书给被告，被告应在10日内提交答辩状；不服一审判决应在15日内提起上诉，不服一审裁定应在10日内提起上诉，等等。指定期间是指在诉讼中当某些情形出现后法院为当事人或诉讼参与人指定的期间。例如，法院确认行政机关具有不作为情形，判决其限期履行法定职责等。

期间以时、日、月、年计算，依法律规定，期间开始的时和日应计算在内。期间届满最后一日是节假日的，以节假日后的第一日为期间届满的日期。期间不包括在途时间，如邮寄时间等。

诉讼当事人因不可抗力原因而耽误了法定期间的，应依法在障碍消除后10日内申请法院顺延期限，是否顺延由法院决定。

（2）期日。行政诉讼的期日是指法院、当事人和其他诉讼参与人进行行政诉讼的日

期和时间。行政诉讼期日可分为准备程序的期日、调查证据的期日、开庭审理的期日、宣告判决的期日等。期日开始前，改变原来的日期称期日变更。法院变更期日应根据具体情况决定，应慎重而为，以保证行政诉讼活动顺利进行。期日变更后，法院应及时通知当事人或其他诉讼参与人依变更后的期日为诉讼行为。

第四节　动物卫生行政赔偿

一、动物卫生行政赔偿的概念和特征

（一）动物卫生行政赔偿的概念

动物卫生行政赔偿是指国家动物卫生行政机关及其工作人员违法行使职权，侵犯公民、法人或其他组织的合法权益并造成损害，由国家承担赔偿责任的制度，是国家赔偿中最常见的一种形式。

（二）动物卫生行政赔偿的特征

（1）行政赔偿中的侵权行为主体是国家行政机关及其工作人员。这种侵权行为主体的特定性是行政赔偿区别于其他赔偿的主要根据。

（2）行政赔偿是对行政过程中的国家侵权行为造成的损害所给予的赔偿，也就是说，行政赔偿是行政机关及其工作人员违法行使行政职权的行为引起的。行政过程中的国家侵权行为形式多种多样，既包括违法行使职权所实施的法律行为、事实行为，也包括因执行行政职务提供机会而实施的侵权行为，还包括仅在表面上与执行行政职务有关的侵权行为，这些侵权行为都可能引起行政赔偿。但是，发生在行政过程以外的侵权行为引起的赔偿不属于行政赔偿的范畴。

（3）行政赔偿的请求人是合法权益受到侵权行为损害的公民、法人和其他组织。这里应当注意的是：首先，行政赔偿请求人是作为行政相对人的公民、法人和其他组织，但不局限于具体行政行为所指向的对象。凡是合法权益受行政机关及其工作人员违法行使职权行为侵害的人都可请求赔偿。其次，行政赔偿请求人必须是受到损害的人，无损害就谈不上赔偿。最后，请求人受到损害的权益应是合法权益，非法权益不受法律保护。非法权益受到损害的公民、法人或其组织不能获得国家赔偿。

（4）行政赔偿的责任主体为国家，但行政赔偿义务机关为致害的行政机关。国家作为行政赔偿的责任主体是由国家与行政机关及其工作人员的关系所决定的。行政机关及其工作人员是代表国家，以国家的名义实施行政管理的，因而无论是合法的行为还是违法的行为，其法律后果都归属于国家，违法侵权造成的损害要由国家承担赔偿责任。行政赔偿是一种国家赔偿责任，主要表现在：赔偿费用由国库支出，列入各级政府财政。至于具体的赔偿事务，如搜集证据、确定是否赔偿和赔偿数额、出庭应诉、决定是否与受害人和解以及最后支付赔偿金等，都是由行政赔偿义务机关来完成的。

二、动物卫生行政赔偿的条件

国家赔偿责任的构成要件，是指国家承担赔偿责任所应具备的前提条件。国家赔偿责任的构成要件包括侵权行为主体、执行职务的行为违法、损害事实和因果关系四个方面。

（1）侵权行为主体：侵权行为主体是构成国家赔偿责任的必要条件之一。在国家赔偿中，国家侵权行为的主体是有严格限制的，只有国家机关和国家机关工作人员以及其他组织、个人在法律授权或接受国家机关委托的情况下，才能成为侵权行为的主体，一般公民、法人不能成为国家侵权行为的主体。

按照我国《国家赔偿法》第 2 条和第 3 条的规定，这里的“国家机关”实际上限定为行使行政职能以及司法职能的国家行政机关与司法机关，不包括立法机关；“国家机关工作人员”的范围包括国家行政机关、国家司法机关的工作人员，以及法律、法规授权的组织、受行政机关委托的组织的工作人员。

（2）执行职务的行为违法：这一构成要件实际上包含两项内容：一是致害行为必须是执行职务的行为；二是该执行职务的行为违法。

（3）损害事实：确定国家赔偿责任的最主要目的在于对受害人进行赔偿，因此损害事实的发生是国家承担侵权赔偿责任的首要条件，没有损害的存在就根本谈不上国家赔偿。无论何种损害，一般应具备如下特征：现实性与确定性、特定性与异常性、非法性与可估量性等。

（4）因果关系：国家赔偿责任的另一个重要构成要件，是可引起赔偿的损害必须为侵权行为主体的违法执行职务行为造成，即国家侵权行为与损害事实之间存在因果关系，其中违法行为是原因，损害事实是结果。

三、动物卫生行政赔偿的程序

行政赔偿程序，是指行政赔偿请求人向行政赔偿义务机关请求行政赔偿，行政赔偿义务机关处理行政赔偿申请，以及人民法院解决行政赔偿纠纷的步骤、方式、顺序、时限的总和。从广义上讲，行政赔偿程序还包括行政赔偿义务机关对有故意或者重大过失的国家行政机关工作人员行使追偿权的程序。我国《行政诉讼法》第 67 条、《国家赔偿法》第 9 条规定，我国的行政赔偿程序实行的是“单独提起”与“一并提起”（或称附带提起）两种请求程序并存的办法，前者又分为行政程序和司法程序两个阶段，这是我国行政赔偿程序的突出特点。

（一）行政赔偿请求的提出

1. 提出行政赔偿请求的要件　行政赔偿请求的提出必须符合一定要件，只有具备了这些要件，行政赔偿请求人方可以一定的请求方式单独提出行政赔偿请求，或在行政复议、行政诉讼中一并提出行政赔偿请求。主要包括四个要件：①请求人必须具有行政赔偿请求权；②必须有明确的行政赔偿义务机关；③必须在法定期限内提出行政赔偿请求；④所提出的行政赔偿请求必须在法律规定的应该赔偿的范围之内。

2. 行政赔偿的请求方式

（1）行政赔偿请求人向赔偿义务机关提出赔偿请求，一般应当以书面形式进行。如果赔偿请求人书写申请书确有困难，可以委托他人代书，最后由本人签名或盖章，以示申请书的有关内容是本人的真实意思表示。如果行政赔偿请求人委托他人代书亦有不便，也可以口头申请，由赔偿义务机关将其口头申请记入笔录，经赔偿请求人确认无误后，由请求人签字或盖章。该笔录与正式申请书的法律效力相同。

（2）申请书的内容。请求人向行政赔偿义务机关递交的申请书必须能反映受害人的基本情况和要求行政赔偿的案由，以便赔偿义务机关尽快处理并履行行政赔偿义务。因此，申请书应当记载下列事项：①受害人的姓名、性别、年龄、工作单位和住所，如行政赔偿请求人为法人或其他组织时，申请书应载明它们的名称、住所、法定代表人或主要负责人的姓名和职务；②具体的行政赔偿要求；③要求行政赔偿的理由和事实根据；④赔偿义务机关；⑤申请的年、月、日。

3. 单独提出行政赔偿请求及先行程序　《国家赔偿法》规定，受害人单独提出行政赔偿请求的，应当首先向行政赔偿义务机关提出，在赔偿义务机关不予赔偿或赔偿请求人对赔偿数额有异议时，赔偿请求人才可以依法向行政复议机关申请行政复议或直接向法院提起诉讼。这通常适用于：争议双方对侵权行为的违法性没有争议，但对赔偿问题达不成协议；侵权行为已被确认为违法或已被撤销、变更或者被法院判决确认违法而撤销；该行为为终局裁决；该行为属事实行为等情形。

4. 一并（附带）提出行政赔偿请求　一并（附带）提出行政赔偿请求，是指赔偿请求人在申请行政复议或提起行政诉讼时一并提出赔偿请求。《国家赔偿法》第 9 条第 2 款规定：赔偿请求人要求赔偿应当先向赔偿义务机关提出，也可以在申请行政复议和提起行政诉讼时一并提出。《行政复议法》第 29 条第 1 款规定：申请人在申请行政复议时可以一并提出行政赔偿请求，行政复议机关对符合《国家赔偿法》的有关规定应当给予赔偿的，在决定撤销、变更具体行政行为或者确认具体行政行为违法时，应当同时决定被申请人依法给予赔偿。这种一并（附带）提出行政赔偿请求的特点为：将确认行政侵权行为违法与要求行政赔偿两项请求一并提出，要求并案处理。行政复议机关或人民法院通常先对行政侵权行为的违法性进行确认，再决定是否应予行政赔偿。

（二）行政赔偿义务机关的受案与处理

1. 行政赔偿义务机关的受案　行政赔偿义务机关收到行政赔偿申请书后，要进行受案前的初步审查，审查主要内容包括下列几个方面：①申请是否符合行政赔偿的要件；②申请书的内容和形式是否符合要求；③申请人要求赔偿的损害是否确由本行政机关及其工作人员或受本机关委托的组织或个人的违法侵权行为造成；④赔偿请求人要求的行政赔偿是否属于《国家赔偿法》规定的赔偿范围。

如经初步审查，所有这些要求均已达到，则应决定立案处理，并通知赔偿请求人。如果发现以下情况，则应另行处理：①申请书的内容、形式有缺漏，应告知申请人予以补充；②如果申请人不具有行政赔偿请求人资格，应告知由具有行政赔偿请求人资格的人申请；③行使赔偿请求权已超过法定期限的，该请求权依法灭失，应告知赔偿请求人不予受理的原因。

2. 行政赔偿义务机关的处理　《国家赔偿法》规定，行政赔偿义务机关应当自收到赔偿申请之日起 2 个月内作出赔偿或不赔偿的决定。

赔偿义务机关应当依照《国家赔偿法》提出赔偿方案。赔偿方案应包括下述内容：赔偿方式、赔偿数额、计算数额的依据和理由、履行期限等。

行政赔偿义务机关在法定期限内如出现下列情形，视为处理不成：①赔偿义务机关对赔偿申请置若罔闻，不予理睬，或对自己提出的方案不予实施的；②赔偿请求人对赔偿义务机关的方案有异议的，包括对赔偿数额、方式、履行期限有不同意见。

赔偿的行政处理不成，赔偿请求人可自期间届满之日起 3 个月内，向人民法院提起行政赔偿诉讼。

（三）行政赔偿诉讼

行政赔偿诉讼是一种独立的特殊诉讼形式，它是人民法院根据赔偿请求人的诉讼请求，依照行政诉讼程序和国家赔偿的原则、基本制度裁判赔偿争议的活动。在起诉条件、审理形式、证据规则及适用程序诸方面都有其自身特点。

首先，从起诉条件看，在单独提起赔偿诉讼时，要以行政赔偿义务机关先行处理为前提条件。在一并提起行政赔偿请求时，通常以行政复议或行政诉讼形式确认行政职权行为违法为赔偿先决条件。

其次，从诉讼当事人看，行政赔偿诉讼以行政赔偿义务机关为诉讼被告，实行“国家责任，机关赔偿”制度。致害的公务员或行政机关的工作人员不作为诉讼被告。

再次，从审理形式看，行政赔偿诉讼不同于一般的行政诉讼，在行政赔偿诉讼审理过程中，可以适用调解作为结案方式。

最后，从证据规则看，行政赔偿诉讼不完全采取“被告负举证责任”的原则，而是参照民事诉讼规则，要求行政赔偿请求人对其诉讼请求和主张进行举证。行政赔偿诉讼原则上适用《行政诉讼法》规定的程序。

（四）行政追偿程序

1. 行政追偿概述　行政追偿是指行政赔偿义务机关代表国家向行政赔偿请求人支付赔偿费用以后，依法责令有故意或重大过失的公务员、受委托的组织和个人承担部分或全部赔偿费用的法律制度。

《国家赔偿法》第 16 条规定：“赔偿义务机关赔偿损失后，应当责令有故意或者重大过失的工作人员或者受委托的组织或者个人承担部分或者全部赔偿费用。对有故意或者重大过失的责任人员，有关机关应当依法给予处分；构成犯罪的，应当依法追究刑事责任。”《行政诉讼法》第 68 条第 2 款规定：“行政机关赔偿损失后，应当责令有故意或者重大过失的行政机关工作人员承担部分或者全部赔偿费用。”这就是我国行政追偿制度的有关法律规定。行政机关的工作人员或者受委托的组织和个人在行使行政职权时，以国家和行政机关代表的身份出现。因此，其职权行为违法侵犯公民、法人或其他组织的合法权益时，受损害者无法向行使职权的个人要求赔偿，故此法律明确规定由国家承担赔偿责任、机关负责赔偿的制度。但是，如果致害人在行使行政职权时，有故意或重大过失导致损害事实发生，国家对致害人可以行使追偿权。追偿制度既可以保证受害人及时得到赔偿，避免因行政机关工作人员资金薄弱难以向受害人支付足额赔偿费用的情形，又可监督行政机关工作人员依法行使行政职权，增强其责任感，使行政机关工作人员竭智尽忠，尽职尽责，还可以减轻国家财政负担。追偿是国家基于行政机关与其工作人员之间的内部权利义务关系而对违法失职的行政机关工作人员追究其内部行政责任的制度。

2. 行政追偿的性质和形式

（1）追偿制度的性质：追偿制度的实质是指行政机关代表国家对有故意或重大过失的行政机关工作人员及受委托的组织和个人行使行政追偿权。追偿权产生的基础是国家与被追偿者之间的特别权力关系。追偿责任依赖于国家赔偿责任而存在，是国家追究违法行使行政职权且主观上有故意或重大过失的行政机关工作人员或者受委托的组织、个人的内部行政责任形式，在法律上不具备民事责任的性质，也不是行政处分，而是一种独立的责任。我国的《国家赔偿法》未对追偿数额规定明确的标准，追偿责任不具有惩罚性，但暗含警诫性质。

（2）追偿的形式：行政追偿的形式一般是国家先向受害人赔偿，然后根据法定条件和情况责令致害的行政机关工作人员支付赔偿费用，即"国家先赔偿，然后向公务员追偿"的方式。这种方式的优点在于受害人能得到及时的行政赔偿，避免了因行政机关工作人员个人财力薄弱使受害人难以取得赔偿的问题，有利于保护受害人的合法权益。同时，建立对有故意或重大过失的行政机关工作人员行使追偿权的制度，可以监督其依法行政，增强责任心。鼓励行政工作人员合法、合理地行使行政权，履行职责，使其既不滥用行政权力，又不遇事畏缩，而能竭智尽忠地依法行政。

3. 行政追偿条件　国家行政机关行使行政追偿权必须具备两个条件：①赔偿义务机关已经向赔偿请求人，即受到损害的公民、法人或其他组织支付了赔偿金；②行政机关工作人员或者受行政机关委托的组织或个人违法行使行政职权造成了受害人合法权益的损失，且其在主观上有故意或者重大过失。只有完全具备上述两个条件，赔偿义务机关才能真实享有并行使行政追偿权。

4. 行政追偿的范围和标准　赔偿义务机关有权依法责令有故意或重大过失的工作人员或受委托的组织、个人承担部分或全部赔偿费用。但在什么条件下部分追偿？在何种情况下全部追偿？法律未作明确规定。根据行政法关于行政追偿的理论和行政赔偿案件的审判经验和实践，赔偿义务机关在行使追偿权、确定追偿金额时，一般遵循下列原则：①追偿的范围，以赔偿义务机关支付的损害赔偿金额（包括赔偿金及恢复原状、返还财产所需费用）为限；②如果赔偿义务机关因自己的过错而支付了过多的赔偿金时超额部分无权追偿；③追偿数额的大小要与过错程度相适应，同时考虑被追偿者的薪金收入；④追偿数额的确定通常应与被追偿者进行一定的协商，协商不成的，行政机关有权作出处理决定。

5. 行政追偿人与被追偿人

（1）行政追偿人：按照法律规定，追偿人应当是赔偿义务机关，包括以下几种情形：①因行政机关的工作人员违法行使职权，侵犯公民、法人和其他组织的合法权益造成损害、引起赔偿的，该工作人员所在的行政机关为追偿人；②法律、法规授权的组织的工作人员行使职权导致侵权赔偿的，该组织是追偿人；③受行政机关委托的组织或个人违法行使所委托之行政职权造成侵权损害赔偿的。委托的行政机关是追偿人。

（2）被追偿人：是指实施造成受害人合法权益受到侵权损害的职权行为的行政机关工作人员或受委托的组织和个人。包括以下几种情形：①两个或两个以上行政机关工作人员共同实施加害行为导致国家赔偿时，相应行为人均为被追偿人；②经合议的事项造成损害赔偿的，所有参加合议的人均为被追偿人，但对最终形成的决议表示反对的人除外；③法律、法规直接授权组织的工作人员实施加害行为的，该行为人是被追偿人；直接受行政机关委托行使行政职权的组织的成员实施加害行为，造成侵权损害赔偿的，该受委托的组织为被追偿人，该组织在承担了追偿责任之后，可以根据其内部的规章再追究直接责任人员的责任。

《国家赔偿法》规定，对于有故意或者重大过失的责任人员，有关机关应当依法给予处分，构成犯罪的，应当依法追究刑事责任。如果公务员或受委托的个人因故意或重大过失造成公民、法人和其他组织的合法权益受损，即违反行政法律规范的要求，违法行使行政职权，应受到法律制裁；如果触犯了刑律，还应追究其刑事责任，这是“法律面前人人平等”原则的要求。公务员是国家法律的执行者，如果因其公务员身份而网开一面，不追究其违法失职的责任，将会使国家的整个法律制度受到破坏，这也是与现代法治原则严重背离的。

思 考 题

1. 什么是行政救济？行政救济制度有何现实意义？
2. 什么是行政复议？申请行政复议的条件有哪些？
3. 行政复议机关如何审理行政复议案件？为什么规定被申请人承担举证责任？
4. 什么是行政诉讼？行政诉讼应坚持哪些基本原则？
5. 什么是行政诉讼的一审程序和二审程序？
6. 如何正确理解行政复议和行政诉讼这两种行政救济途径之间的关系？
7. 什么是行政赔偿？有何特征？
8. 行政赔偿责任的构成要件有哪些？
9. 行政相对人可以通过哪些方式提出行政赔偿请求？
10. 什么是行政追偿？为什么要进行行政追偿？

参考文献

曹康泰. 1999. 中华人民共和国行政复议法释义. 北京：中国法制出版社

曹康泰. 2005.《重大动物疫情应急条例》出台背景. 中国牧业通讯，(23)：5～6

陈向前. 1999. 动物防疫行政法学. 呼和浩特：远方出版社

陈向前，汪明. 2002. 动物卫生法学. 北京：中国农业大学出版社

陈向武. 2008. 动物卫生法规. 北京：中国农业出版社

崔言顺. 1995. 动物检疫学. 北京：中国林业出版社

崔言顺. 1997. 中国兽医卫生监督与检验. 成都：四川科学技术出版社

崔言顺，焦新安. 2008. 人畜共患病. 北京：中国农业出版社

方世荣，石佑启. 2005. 行政法与行政诉讼法. 北京：北京大学出版社

冯静兰. 1992. 兽医卫生行政及其诉讼. 北京：中国农业出版社

顾红娟，邢军. 2009. 畜牧兽医行政执法与管理. 北京：化学工业出版社

胡锦光，余凌云. 2008. 国家赔偿法. 北京：中国人民大学出版社

胡敏，唐耀平，曾志敏，等. 2008. 重大动物疫情应急处置管理和责任体系探讨. 中国猪业，(4)：28～29

姜明安. 2007. 行政法与行政诉讼法（第三版）. 北京：北京大学出版社

李复煌. 2007. 对《重大动物疫情应急条例》的理解和体会. 兽医导刊，(11)：11～12，32

李万有. 2006. 浅析《重大动物疫情应急条例》重大意义. 中国牧业通讯，(3)：18～20

李志荣. 2006. 对《重大动物疫情应急条例》的几点理解体会. 中国动物检疫，23（6）：9～11

林莉红. 2000. 中国行政救济理论与实务. 武汉：武汉大学出版社

刘娟，朱兆荣. 2005. 畜牧兽医行政法学. 北京：中国农业大学出版社

陆承平，陈杖榴. 2006. 兽医法规导论. 北京：中国农业出版社

罗豪才，湛中乐. 2006. 行政法学（第二版）. 北京：北京大学出版社

马怀德. 2007. 行政法学（第二版）. 北京：中国政法大学出版社

屠振宇. 2008. 行政诉讼法实务指导（修订版）. 北京：中国法制出版社

王晨，李亚兰，许桂敏，等. 2008. 行政救济新论. 哈尔滨：哈尔滨工业大学出版社

王道地. 2004. 畜牧兽医行政管理. 北京：中国农业出版社

王晓宾. 2006. 国家赔偿法实务指导. 北京：中国法制出版社

王喆，韩昌权. 2005. 畜牧业法规与行政执法. 北京：中国农业出版社

叶必丰. 2008. 行政法与行政诉讼法（第三版）. 武汉：武汉大学出版社

于康震. 2003. 兽医行政与执法. 长春：吉林科学技术出版社

张建华，陈连军，栾颖娜. 2009. 行政法与行政救济法研究. 哈尔滨：哈尔滨工程大学出版社

张穹，贾幼陵. 2005.《兽药管理条例》释义. 北京：中国农业出版社

张正钊，胡锦光. 2009. 行政法与行政诉讼法（第四版）. 北京：中国人民大学出版社

执业兽医师资格考试应试指南编写组. 2010. 执业兽医师资格考试应试指南（下）. 北京：中国农业出版社

朱兆荣. 2007. 畜牧兽医行政管理与执法司法. 重庆：重庆大学出版社

附录1　中华人民共和国动物防疫法

（1997年7月3日第八届全国人民代表大会常务委员会第二十六次会议通过 2007年8月30日第十届全国人民代表大会常务委员会第二十九次会议修订）

第一章　总　　则

第一条　为了加强对动物防疫活动的管理，预防、控制和扑灭动物疫病，促进养殖业发展，保护人体健康，维护公共卫生安全，制定本法。

第二条　本法适用于在中华人民共和国领域内的动物防疫及其监督管理活动。

进出境动物、动物产品的检疫，适用《中华人民共和国进出境动植物检疫法》。

第三条　本法所称动物，是指家畜家禽和人工饲养、合法捕获的其他动物。

本法所称动物产品，是指动物的肉、生皮、原毛、绒、脏器、脂、血液、精液、卵、胚胎、骨、蹄、头、角、筋以及可能传播动物疫病的奶、蛋等。

本法所称动物疫病，是指动物传染病、寄生虫病。

本法所称动物防疫，是指动物疫病的预防、控制、扑灭和动物、动物产品的检疫。

第四条　根据动物疫病对养殖业生产和人体健康的危害程度，本法规定管理的动物疫病分为下列三类：

（一）一类疫病，是指对人与动物危害严重，需要采取紧急、严厉的强制预防、控制、扑灭等措施的；

（二）二类疫病，是指可能造成重大经济损失，需要采取严格控制、扑灭等措施，防止扩散的；

（三）三类疫病，是指常见多发、可能造成重大经济损失，需要控制和净化的。

前款一、二、三类动物疫病具体病种名录由国务院兽医主管部门制定并公布。

第五条　国家对动物疫病实行预防为主的方针。

第六条　县级以上人民政府应当加强对动物防疫工作的统一领导，加强基层动物防疫队伍建设，建立健全动物防疫体系，制定并组织实施动物疫病防治规划。

乡级人民政府、城市街道办事处应当组织群众协助做好本管辖区域内的动物疫病预防与控制工作。

第七条　国务院兽医主管部门主管全国的动物防疫工作。

县级以上地方人民政府兽医主管部门主管本行政区域内的动物防疫工作。

县级以上人民政府其他部门在各自的职责范围内做好动物防疫工作。

军队和武装警察部队动物卫生监督职能部门分别负责军队和武装警察部队现役动物及饲养自用动物的防疫工作。

第八条　县级以上地方人民政府设立的动物卫生监督机构依照本法规定，负责动物、动物产品的检疫工作和其他有关动物防疫的监督管理执法工作。

第九条 县级以上人民政府按照国务院的规定，根据统筹规划、合理布局、综合设置的原则建立动物疫病预防控制机构，承担动物疫病的监测、检测、诊断、流行病学调查、疫情报告以及其他预防、控制等技术工作。

第十条 国家支持和鼓励开展动物疫病的科学研究以及国际合作与交流，推广先进适用的科学研究成果，普及动物防疫科学知识，提高动物疫病防治的科学技术水平。

第十一条 对在动物防疫工作、动物防疫科学研究中做出成绩和贡献的单位和个人，各级人民政府及有关部门给予奖励。

第二章 动物疫病的预防

第十二条 国务院兽医主管部门对动物疫病状况进行风险评估，根据评估结果制定相应的动物疫病预防、控制措施。

国务院兽医主管部门根据国内外动物疫情和保护养殖业生产及人体健康的需要，及时制定并公布动物疫病预防、控制技术规范。

第十三条 国家对严重危害养殖业生产和人体健康的动物疫病实施强制免疫。国务院兽医主管部门确定强制免疫的动物疫病病种和区域，并会同国务院有关部门制定国家动物疫病强制免疫计划。

省、自治区、直辖市人民政府兽医主管部门根据国家动物疫病强制免疫计划，制订本行政区域的强制免疫计划；并可以根据本行政区域内动物疫病流行情况增加实施强制免疫的动物疫病病种和区域，报本级人民政府批准后执行，并报国务院兽医主管部门备案。

第十四条 县级以上地方人民政府兽医主管部门组织实施动物疫病强制免疫计划。乡级人民政府、城市街道办事处应当组织本管辖区域内饲养动物的单位和个人做好强制免疫工作。

饲养动物的单位和个人应当依法履行动物疫病强制免疫义务，按照兽医主管部门的要求做好强制免疫工作。

经强制免疫的动物，应当按照国务院兽医主管部门的规定建立免疫档案，加施畜禽标识，实施可追溯管理。

第十五条 县级以上人民政府应当建立健全动物疫情监测网络，加强动物疫情监测。

国务院兽医主管部门应当制定国家动物疫病监测计划。省、自治区、直辖市人民政府兽医主管部门应当根据国家动物疫病监测计划，制定本行政区域的动物疫病监测计划。

动物疫病预防控制机构应当按照国务院兽医主管部门的规定，对动物疫病的发生、流行等情况进行监测；从事动物饲养、屠宰、经营、隔离、运输以及动物产品生产、经营、加工、贮藏等活动的单位和个人不得拒绝或者阻碍。

第十六条 国务院兽医主管部门和省、自治区、直辖市人民政府兽医主管部门应当根据对动物疫病发生、流行趋势的预测，及时发出动物疫情预警。地方各级人民政府接到动物疫情预警后，应当采取相应的预防、控制措施。

第十七条　从事动物饲养、屠宰、经营、隔离、运输以及动物产品生产、经营、加工、贮藏等活动的单位和个人，应当依照本法和国务院兽医主管部门的规定，做好免疫、消毒等动物疫病预防工作。

第十八条　种用、乳用动物和宠物应当符合国务院兽医主管部门规定的健康标准。

种用、乳用动物应当接受动物疫病预防控制机构的定期检测；检测不合格的，应当按照国务院兽医主管部门的规定予以处理。

第十九条　动物饲养场（养殖小区）和隔离场所，动物屠宰加工场所，以及动物和动物产品无害化处理场所，应当符合下列动物防疫条件：

（一）场所的位置与居民生活区、生活饮用水源地、学校、医院等公共场所的距离符合国务院兽医主管部门规定的标准；

（二）生产区封闭隔离，工程设计和工艺流程符合动物防疫要求；

（三）有相应的污水、污物、病死动物、染疫动物产品的无害化处理设施设备和清洗消毒设施设备；

（四）有为其服务的动物防疫技术人员；

（五）有完善的动物防疫制度；

（六）具备国务院兽医主管部门规定的其他动物防疫条件。

第二十条　兴办动物饲养场（养殖小区）和隔离场所，动物屠宰加工场所，以及动物和动物产品无害化处理场所，应当向县级以上地方人民政府兽医主管部门提出申请，并附具相关材料。受理申请的兽医主管部门应当依照本法和《中华人民共和国行政许可法》的规定进行审查。经审查合格的，发给动物防疫条件合格证；不合格的，应当通知申请人并说明理由。需要办理工商登记的，申请人凭动物防疫条件合格证向工商行政管理部门申请办理登记注册手续。

动物防疫条件合格证应当载明申请人的名称、场（厂）址等事项。

经营动物、动物产品的集贸市场应当具备国务院兽医主管部门规定的动物防疫条件，并接受动物卫生监督机构的监督检查。

第二十一条　动物、动物产品的运载工具、垫料、包装物、容器等应当符合国务院兽医主管部门规定的动物防疫要求。

染疫动物及其排泄物、染疫动物产品，病死或者死因不明的动物尸体，运载工具中的动物排泄物以及垫料、包装物、容器等污染物，应当按照国务院兽医主管部门的规定处理，不得随意处置。

第二十二条　采集、保存、运输动物病料或者病原微生物以及从事病原微生物研究、教学、检测、诊断等活动，应当遵守国家有关病原微生物实验室管理的规定。

第二十三条　患有人畜共患传染病的人员不得直接从事动物诊疗以及易感染动物的饲养、屠宰、经营、隔离、运输等活动。

人畜共患传染病名录由国务院兽医主管部门会同国务院卫生主管部门制定并公布。

第二十四条　国家对动物疫病实行区域化管理，逐步建立无规定动物疫病区。无规定动物疫病区应当符合国务院兽医主管部门规定的标准，经国务院兽医主管部门验收合格予以公布。

本法所称无规定动物疫病区，是指具有天然屏障或者采取人工措施，在一定期限内没有发生规定的一种或者几种动物疫病，并经验收合格的区域。

第二十五条 禁止屠宰、经营、运输下列动物和生产、经营、加工、贮藏、运输下列动物产品：

（一）封锁疫区内与所发生动物疫病有关的；

（二）疫区内易感染的；

（三）依法应当检疫而未经检疫或者检疫不合格的；

（四）染疫或者疑似染疫的；

（五）病死或者死因不明的；

（六）其他不符合国务院兽医主管部门有关动物防疫规定的。

第三章 动物疫情的报告、通报和公布

第二十六条 从事动物疫情监测、检验检疫、疫病研究与诊疗以及动物饲养、屠宰、经营、隔离、运输等活动的单位和个人，发现动物染疫或者疑似染疫的，应当立即向当地兽医主管部门、动物卫生监督机构或者动物疫病预防控制机构报告，并采取隔离等控制措施，防止动物疫情扩散。其他单位和个人发现动物染疫或者疑似染疫的，应当及时报告。

接到动物疫情报告的单位，应当及时采取必要的控制处理措施，并按照国家规定的程序上报。

第二十七条 动物疫情由县级以上人民政府兽医主管部门认定；其中重大动物疫情由省、自治区、直辖市人民政府兽医主管部门认定，必要时报国务院兽医主管部门认定。

第二十八条 国务院兽医主管部门应当及时向国务院有关部门和军队有关部门以及省、自治区、直辖市人民政府兽医主管部门通报重大动物疫情的发生和处理情况；发生人畜共患传染病的，县级以上人民政府兽医主管部门与同级卫生主管部门应当及时相互通报。

国务院兽医主管部门应当依照我国缔结或者参加的条约、协定，及时向有关国际组织或者贸易方通报重大动物疫情的发生和处理情况。

第二十九条 国务院兽医主管部门负责向社会及时公布全国动物疫情，也可以根据需要授权省、自治区、直辖市人民政府兽医主管部门公布本行政区域内的动物疫情。其他单位和个人不得发布动物疫情。

第三十条 任何单位和个人不得瞒报、谎报、迟报、漏报动物疫情，不得授意他人瞒报、谎报、迟报动物疫情，不得阻碍他人报告动物疫情。

第四章 动物疫病的控制和扑灭

第三十一条 发生一类动物疫病时，应当采取下列控制和扑灭措施：

（一）当地县级以上地方人民政府兽医主管部门应当立即派人到现场，划定疫点、疫区、受威胁区，调查疫源，及时报请本级人民政府对疫区实行封锁。疫区范围涉及两

个以上行政区域的，由有关行政区域共同的上一级人民政府对疫区实行封锁，或者由各有关行政区域的上一级人民政府共同对疫区实行封锁。必要时，上级人民政府可以责成下级人民政府对疫区实行封锁。

（二）县级以上地方人民政府应当立即组织有关部门和单位采取封锁、隔离、扑杀、销毁、消毒、无害化处理、紧急免疫接种等强制性措施，迅速扑灭疫病。

（三）在封锁期间，禁止染疫、疑似染疫和易感染的动物、动物产品流出疫区，禁止非疫区的易感染动物进入疫区，并根据扑灭动物疫病的需要对出入疫区的人员、运输工具及有关物品采取消毒和其他限制性措施。

第三十二条　发生二类动物疫病时，应当采取下列控制和扑灭措施：

（一）当地县级以上地方人民政府兽医主管部门应当划定疫点、疫区、受威胁区。

（二）县级以上地方人民政府根据需要组织有关部门和单位采取隔离、扑杀、销毁、消毒、无害化处理、紧急免疫接种、限制易感染的动物和动物产品及有关物品出入等控制、扑灭措施。

第三十三条　疫点、疫区、受威胁区的撤销和疫区封锁的解除，按照国务院兽医主管部门规定的标准和程序评估后，由原决定机关决定并宣布。

第三十四条　发生三类动物疫病时，当地县级、乡级人民政府应当按照国务院兽医主管部门的规定组织防治和净化。

第三十五条　二、三类动物疫病呈暴发性流行时，按照一类动物疫病处理。

第三十六条　为控制、扑灭动物疫病，动物卫生监督机构应当派人在当地依法设立的现有检查站执行监督检查任务；必要时，经省、自治区、直辖市人民政府批准，可以设立临时性的动物卫生监督检查站，执行监督检查任务。

第三十七条　发生人畜共患传染病时，卫生主管部门应当组织对疫区易感染的人群进行监测，并采取相应的预防、控制措施。

第三十八条　疫区内有关单位和个人，应当遵守县级以上人民政府及其兽医主管部门依法作出的有关控制、扑灭动物疫病的规定。

任何单位和个人不得藏匿、转移、盗掘已被依法隔离、封存、处理的动物和动物产品。

第三十九条　发生动物疫情时，航空、铁路、公路、水路等运输部门应当优先组织运送控制、扑灭疫病的人员和有关物资。

第四十条　一、二、三类动物疫病突然发生，迅速传播，给养殖业生产安全造成严重威胁、危害，以及可能对公众身体健康与生命安全造成危害，构成重大动物疫情的，依照法律和国务院的规定采取应急处理措施。

第五章　动物和动物产品的检疫

第四十一条　动物卫生监督机构依照本法和国务院兽医主管部门的规定对动物、动物产品实施检疫。

动物卫生监督机构的官方兽医具体实施动物、动物产品检疫。官方兽医应当具备规定的资格条件，取得国务院兽医主管部门颁发的资格证书，具体办法由国务院兽医主管部门会同国务院人事行政部门制定。

本法所称官方兽医，是指具备规定的资格条件并经兽医主管部门任命的，负责出具检疫等证明的国家兽医工作人员。

第四十二条　屠宰、出售或者运输动物以及出售或者运输动物产品前，货主应当按照国务院兽医主管部门的规定向当地动物卫生监督机构申报检疫。

动物卫生监督机构接到检疫申报后，应当及时指派官方兽医对动物、动物产品实施现场检疫；检疫合格的，出具检疫证明、加施检疫标志。实施现场检疫的官方兽医应当在检疫证明、检疫标志上签字或者盖章，并对检疫结论负责。

第四十三条　屠宰、经营、运输以及参加展览、演出和比赛的动物，应当附有检疫证明；经营和运输的动物产品，应当附有检疫证明、检疫标志。

对前款规定的动物、动物产品，动物卫生监督机构可以查验检疫证明、检疫标志，进行监督抽查，但不得重复检疫收费。

第四十四条　经铁路、公路、水路、航空运输动物和动物产品的，托运人托运时应当提供检疫证明；没有检疫证明的，承运人不得承运。

运载工具在装载前和卸载后应当及时清洗、消毒。

第四十五条　输入到无规定动物疫病区的动物、动物产品，货主应当按照国务院兽医主管部门的规定向无规定动物疫病区所在地动物卫生监督机构申报检疫，经检疫合格的，方可进入；检疫所需费用纳入无规定动物疫病区所在地地方人民政府财政预算。

第四十六条　跨省、自治区、直辖市引进乳用动物、种用动物及其精液、胚胎、种蛋的，应当向输入地省、自治区、直辖市动物卫生监督机构申请办理审批手续，并依照本法第四十二条的规定取得检疫证明。

跨省、自治区、直辖市引进的乳用动物、种用动物到达输入地后，货主应当按照国务院兽医主管部门的规定对引进的乳用动物、种用动物进行隔离观察。

第四十七条　人工捕获的可能传播动物疫病的野生动物，应当报经捕获地动物卫生监督机构检疫，经检疫合格的，方可饲养、经营和运输。

第四十八条　经检疫不合格的动物、动物产品，货主应当在动物卫生监督机构监督下按照国务院兽医主管部门的规定处理，处理费用由货主承担。

第四十九条　依法进行检疫需要收取费用的，其项目和标准由国务院财政部门、物价主管部门规定。

第六章　动 物 诊 疗

第五十条　从事动物诊疗活动的机构，应当具备下列条件：

（一）有与动物诊疗活动相适应并符合动物防疫条件的场所；

（二）有与动物诊疗活动相适应的执业兽医；

（三）有与动物诊疗活动相适应的兽医器械和设备；

（四）有完善的管理制度。

第五十一条　设立从事动物诊疗活动的机构，应当向县级以上地方人民政府兽医主管部门申请动物诊疗许可证。受理申请的兽医主管部门应当依照本法和《中华人民共和国行政许可法》的规定进行审查。经审查合格的，发给动物诊疗许可证；不合格的，应当通知申请人并说明理由。申请人凭动物诊疗许可证向工商行政管理部门申请办理登记注册手续，取得营业执照后，方可从事动物诊疗活动。

第五十二条　动物诊疗许可证应当载明诊疗机构名称、诊疗活动范围、从业地点和法定代表人（负责人）等事项。

动物诊疗许可证载明事项变更的，应当申请变更或者换发动物诊疗许可证，并依法办理工商变更登记手续。

第五十三条　动物诊疗机构应当按照国务院兽医主管部门的规定，做好诊疗活动中的卫生安全防护、消毒、隔离和诊疗废弃物处置等工作。

第五十四条　国家实行执业兽医资格考试制度。具有兽医相关专业大学专科以上学历的，可以申请参加执业兽医资格考试；考试合格的，由国务院兽医主管部门颁发执业兽医资格证书；从事动物诊疗的，还应当向当地县级人民政府兽医主管部门申请注册。执业兽医资格考试和注册办法由国务院兽医主管部门商国务院人事行政部门制定。

本法所称执业兽医，是指从事动物诊疗和动物保健等经营活动的兽医。

第五十五条　经注册的执业兽医，方可从事动物诊疗、开具兽药处方等活动。但是，本法第五十七条对乡村兽医服务人员另有规定的，从其规定。

执业兽医、乡村兽医服务人员应当按照当地人民政府或者兽医主管部门的要求，参加预防、控制和扑灭动物疫病的活动。

第五十六条　从事动物诊疗活动，应当遵守有关动物诊疗的操作技术规范，使用符合国家规定的兽药和兽医器械。

第五十七条　乡村兽医服务人员可以在乡村从事动物诊疗服务活动，具体管理办法由国务院兽医主管部门制定。

第七章　监 督 管 理

第五十八条　动物卫生监督机构依照本法规定，对动物饲养、屠宰、经营、隔离、运输以及动物产品生产、经营、加工、贮藏、运输等活动中的动物防疫实施监督管理。

第五十九条　动物卫生监督机构执行监督检查任务，可以采取下列措施，有关单位和个人不得拒绝或者阻碍：

（一）对动物、动物产品按照规定采样、留验、抽检；

（二）对染疫或者疑似染疫的动物、动物产品及相关物品进行隔离、查封、扣押和处理；

（三）对依法应当检疫而未经检疫的动物实施补检；

（四）对依法应当检疫而未经检疫的动物产品，具备补检条件的实施补检，不具备补检条件的予以没收销毁；

（五）查验检疫证明、检疫标志和畜禽标识；

（六）进入有关场所调查取证，查阅、复制与动物防疫有关的资料。

动物卫生监督机构根据动物疫病预防、控制需要，经当地县级以上地方人民政府批准，可以在车站、港口、机场等相关场所派驻官方兽医。

第六十条　官方兽医执行动物防疫监督检查任务，应当出示行政执法证件，佩戴统一标志。

动物卫生监督机构及其工作人员不得从事与动物防疫有关的经营性活动，进行监督检查不得收取任何费用。

第六十一条　禁止转让、伪造或者变造检疫证明、检疫标志或者畜禽标识。

检疫证明、检疫标志的管理办法，由国务院兽医主管部门制定。

第八章　保障措施

第六十二条　县级以上人民政府应当将动物防疫纳入本级国民经济和社会发展规划及年度计划。

第六十三条　县级人民政府和乡级人民政府应当采取有效措施，加强村级防疫员队伍建设。

县级人民政府兽医主管部门可以根据动物防疫工作需要，向乡、镇或者特定区域派驻兽医机构。

第六十四条　县级以上人民政府按照本级政府职责，将动物疫病预防、控制、扑灭、检疫和监督管理所需经费纳入本级财政预算。

第六十五条　县级以上人民政府应当储备动物疫情应急处理工作所需的防疫物资。

第六十六条　对在动物疫病预防和控制、扑灭过程中强制扑杀的动物、销毁的动物产品和相关物品，县级以上人民政府应当给予补偿。具体补偿标准和办法由国务院财政部门会同有关部门制定。

因依法实施强制免疫造成动物应激死亡的，给予补偿。具体补偿标准和办法由国务院财政部门会同有关部门制定。

第六十七条　对从事动物疫病预防、检疫、监督检查、现场处理疫情以及在工作中接触动物疫病病原体的人员，有关单位应当按照国家规定采取有效的卫生防护措施和医疗保健措施。

第九章　法律责任

第六十八条　地方各级人民政府及其工作人员未依照本法规定履行职责的，对直接负责的主管人员和其他直接责任人员依法给予处分。

第六十九条　县级以上人民政府兽医主管部门及其工作人员违反本法规定，有下列行为之一的，由本级人民政府责令改正，通报批评；对直接负责的主管人员和其他直接责任人员依法给予处分：

（一）未及时采取预防、控制、扑灭等措施的；

（二）对不符合条件的颁发动物防疫条件合格证、动物诊疗许可证，或者对符合条件的拒不颁发动物防疫条件合格证、动物诊疗许可证的；

（三）其他未依照本法规定履行职责的行为。

第七十条　动物卫生监督机构及其工作人员违反本法规定，有下列行为之一的，由本级人民政府或者兽医主管部门责令改正，通报批评；对直接负责的主管人员和其他直接责任人员依法给予处分：

（一）对未经现场检疫或者检疫不合格的动物、动物产品出具检疫证明、加施检疫标志，或者对检疫合格的动物、动物产品拒不出具检疫证明、加施检疫标志的；

（二）对附有检疫证明、检疫标志的动物、动物产品重复检疫的；

（三）从事与动物防疫有关的经营性活动，或者在国务院财政部门、物价主管部门规定外加收费用、重复收费的；

（四）其他未依照本法规定履行职责的行为。

第七十一条　动物疫病预防控制机构及其工作人员违反本法规定，有下列行为之一的，由本级人民政府或者兽医主管部门责令改正，通报批评；对直接负责的主管人员和其他直接责任人员依法给予处分：

（一）未履行动物疫病监测、检测职责或者伪造监测、检测结果的；

（二）发生动物疫情时未及时进行诊断、调查的；

（三）其他未依照本法规定履行职责的行为。

第七十二条　地方各级人民政府、有关部门及其工作人员瞒报、谎报、迟报、漏报或者授意他人瞒报、谎报、迟报动物疫情，或者阻碍他人报告动物疫情的，由上级人民政府或者有关部门责令改正，通报批评；对直接负责的主管人员和其他直接责任人员依法给予处分。

第七十三条　违反本法规定，有下列行为之一的，由动物卫生监督机构责令改正，给予警告；拒不改正的，由动物卫生监督机构代作处理，所需处理费用由违法行为人承担，可以处一千元以下罚款：

（一）对饲养的动物不按照动物疫病强制免疫计划进行免疫接种的；

（二）种用、乳用动物未经检测或者经检测不合格而不按照规定处理的；

（三）动物、动物产品的运载工具在装载前和卸载后没有及时清洗、消毒的。

第七十四条　违反本法规定，对经强制免疫的动物未按照国务院兽医主管部门规定建立免疫档案、加施畜禽标识的，依照《中华人民共和国畜牧法》的有关规定处罚。

第七十五条　违反本法规定，不按照国务院兽医主管部门规定处置染疫动物及其排泄物，染疫动物产品，病死或者死因不明的动物尸体，运载工具中的动物排泄物以及垫料、包装物、容器等污染物以及其他经检疫不合格的动物、动物产品的，由动物卫生监督机构责令无害化处理，所需处理费用由违法行为人承担，可以处三千元以下罚款。

第七十六条　违反本法第二十五条规定，屠宰、经营、运输动物或者生产、经营、加工、贮藏、运输动物产品的，由动物卫生监督机构责令改正、采取补救措施，没收违法所得和动物、动物产品，并处同类检疫合格动物、动物产品货值金额一倍以上五倍以下罚款；其中依法应当检疫而未检疫的，依照本法第七十八条的规定处罚。

第七十七条　违反本法规定，有下列行为之一的，由动物卫生监督机构责令改正，处一千元以上一万元以下罚款；情节严重的，处一万元以上十万元以下罚款：

（一）兴办动物饲养场（养殖小区）和隔离场所，动物屠宰加工场所，以及动物和动物产品无害化处理场所，未取得动物防疫条件合格证的；

（二）未办理审批手续，跨省、自治区、直辖市引进乳用动物、种用动物及其精液、胚胎、种蛋的；

（三）未经检疫，向无规定动物疫病区输入动物、动物产品的。

第七十八条 违反本法规定，屠宰、经营、运输的动物未附有检疫证明，经营和运输的动物产品未附有检疫证明、检疫标志的，由动物卫生监督机构责令改正，处同类检疫合格动物、动物产品货值金额百分之十以上百分之五十以下罚款；对货主以外的承运人处运输费用一倍以上三倍以下罚款。

违反本法规定，参加展览、演出和比赛的动物未附有检疫证明的，由动物卫生监督机构责令改正，处一千元以上三千元以下罚款。

第七十九条 违反本法规定，转让、伪造或者变造检疫证明、检疫标志或者畜禽标识的，由动物卫生监督机构没收违法所得，收缴检疫证明、检疫标志或者畜禽标识，并处三千元以上三万元以下罚款。

第八十条 违反本法规定，有下列行为之一的，由动物卫生监督机构责令改正，处一千元以上一万元以下罚款：

（一）不遵守县级以上人民政府及其兽医主管部门依法作出的有关控制、扑灭动物疫病规定的；

（二）藏匿、转移、盗掘已被依法隔离、封存、处理的动物和动物产品的；

（三）发布动物疫情的。

第八十一条 违反本法规定，未取得动物诊疗许可证从事动物诊疗活动的，由动物卫生监督机构责令停止诊疗活动，没收违法所得；违法所得在三万元以上的，并处违法所得一倍以上三倍以下罚款；没有违法所得或者违法所得不足三万元的，并处三千元以上三万元以下罚款。

动物诊疗机构违反本法规定，造成动物疫病扩散的，由动物卫生监督机构责令改正，处一万元以上五万元以下罚款；情节严重的，由发证机关吊销动物诊疗许可证。

第八十二条 违反本法规定，未经兽医执业注册从事动物诊疗活动的，由动物卫生监督机构责令停止动物诊疗活动，没收违法所得，并处一千元以上一万元以下罚款。

执业兽医有下列行为之一的，由动物卫生监督机构给予警告，责令暂停六个月以上一年以下动物诊疗活动；情节严重的，由发证机关吊销注册证书：

（一）违反有关动物诊疗的操作技术规范，造成或者可能造成动物疫病传播、流行的；

（二）使用不符合国家规定的兽药和兽医器械的；

（三）不按照当地人民政府或者兽医主管部门要求参加动物疫病预防、控制和扑灭活动的。

第八十三条 违反本法规定，从事动物疫病研究与诊疗和动物饲养、屠宰、经营、隔离、运输，以及动物产品生产、经营、加工、贮藏等活动的单位和个人，有下列行为之一的，由动物卫生监督机构责令改正；拒不改正的，对违法行为单位处一千元以上一万元以下罚款，对违法行为个人可以处五百元以下罚款：

（一）不履行动物疫情报告义务的；

（二）不如实提供与动物防疫活动有关资料的；

（三）拒绝动物卫生监督机构进行监督检查的；

（四）拒绝动物疫病预防控制机构进行动物疫病监测、检测的。

第八十四条　违反本法规定，构成犯罪的，依法追究刑事责任。

违反本法规定，导致动物疫病传播、流行等，给他人人身、财产造成损害的，依法承担民事责任。

第十章　附　　则

第八十五条　本法自2008年1月1日起施行。

附录2　动物诊疗机构管理办法

2008年11月4日农业部第8次常务会议审议通过，自2009年1月1日起施行。

第一章　总　　则

第一条　为了加强动物诊疗机构管理，规范动物诊疗行为，保障公共卫生安全，根据《中华人民共和国动物防疫法》，制定本办法。

第二条　在中华人民共和国境内从事动物诊疗活动的机构，应当遵守本办法。

本办法所称动物诊疗，是指动物疾病的预防、诊断、治疗和动物绝育手术等经营性活动。

第三条　农业部负责全国动物诊疗机构的监督管理。

县级以上地方人民政府兽医主管部门负责本行政区域内动物诊疗机构的管理。

县级以上地方人民政府设立的动物卫生监督机构负责本行政区域内动物诊疗机构的监督执法工作。

第二章　诊疗许可

第四条　国家实行动物诊疗许可制度。从事动物诊疗活动的机构，应当取得动物诊疗许可证，并在规定的诊疗活动范围内开展动物诊疗活动。

第五条　申请设立动物诊疗机构的，应当具备下列条件：

（一）有固定的动物诊疗场所，且动物诊疗场所使用面积符合省、自治区、直辖市人民政府兽医主管部门的规定；

（二）动物诊疗场所选址距离畜禽养殖场、屠宰加工厂、动物交易场所不少于200米；

（三）动物诊疗场所设有独立的出入口，出入口不得设在居民住宅楼内或者院内，不得与同一建筑物的其他用户共用通道；

（四）具有布局合理的诊疗室、手术室、药房等设施；

（五）具有诊断、手术、消毒、冷藏、常规化验、污水处理等器械设备；

（六）具有1名以上取得执业兽医师资格证书的人员；

（七）具有完善的诊疗服务、疫情报告、卫生消毒、兽药处方、药物和无害化处理等管理制度。

第六条　动物诊疗机构从事动物颅腔、胸腔和腹腔手术的，除具备本办法第五条规定的条件外，还应当具备以下条件：

（一）具有手术台、X光机或者B超等器械设备；

（二）具有3名以上取得执业兽医师资格证书的人员。

第七条　设立动物诊疗机构，应当向动物诊疗场所所在地的发证机关提出申请，并提交下列材料：

（一）动物诊疗许可证申请表；

（二）动物诊疗场所地理方位图、室内平面图和各功能区布局图；

（三）动物诊疗场所使用权证明；

（四）法定代表人（负责人）身份证明；

（五）执业兽医师资格证书原件及复印件；

（六）设施设备清单；

（七）管理制度文本；

（八）执业兽医和服务人员的健康证明材料。

申请材料不齐全或者不符合规定条件的，发证机关应当自收到申请材料之日起 5 个工作日内一次告知申请人需补正的内容。

第八条　动物诊疗机构应当使用规范的名称。不具备从事动物颅腔、胸腔和腹腔手术能力的，不得使用“动物医院”的名称。

动物诊疗机构名称应当经工商行政管理机关预先核准。

第九条　发证机关受理申请后，应当在 20 个工作日内完成对申请材料的审核和对动物诊疗场所的实地考查。符合规定条件的，发证机关应当向申请人颁发动物诊疗许可证；不符合条件的，书面通知申请人，并说明理由。

专门从事水生动物疫病诊疗的，发证机关在核发动物诊疗许可证时，应当征求同级渔业行政主管部门的意见。

第十条　动物诊疗许可证应当载明诊疗机构名称、诊疗活动范围、从业地点和法定代表人（负责人）等事项。

动物诊疗许可证格式由农业部统一规定。

第十一条　申请人凭动物诊疗许可证到动物诊疗场所所在地工商行政管理部门办理登记注册手续。

第十二条　动物诊疗机构设立分支机构的，应当按照本办法的规定另行办理动物诊疗许可证。

第十三条　动物诊疗机构变更名称或者法定代表人（负责人）的，应当在办理工商变更登记手续后 15 个工作日内，向原发证机关申请办理变更手续。

动物诊疗机构变更从业地点、诊疗活动范围的，应当按照本办法规定重新办理动物诊疗许可手续，申请换发动物诊疗许可证，并依法办理工商变更登记手续。

第十四条　动物诊疗许可证不得伪造、变造、转让、出租、出借。

动物诊疗许可证遗失的，应当及时向原发证机关申请补发。

第十五条　发证机关办理动物诊疗许可证，不得向申请人收取费用。

第三章　诊疗活动管理

第十六条　动物诊疗机构应当依法从事动物诊疗活动，建立健全内部管理制度，在诊疗场所的显著位置悬挂动物诊疗许可证和公示从业人员基本情况。

第十七条　动物诊疗机构应当按照国家兽药管理的规定使用兽药，不得使用假劣兽药和农业部规定禁止使用的药品及其他化合物。

第十八条 动物诊疗机构兼营宠物用品、宠物食品、宠物美容等项目的，兼营区域与动物诊疗区域应当分别独立设置。

第十九条 动物诊疗机构应当使用规范的病历、处方笺，病历、处方笺应当印有动物诊疗机构名称。病历档案应当保存3年以上。

第二十条 动物诊疗机构安装、使用具有放射性的诊疗设备的，应当依法经环境保护部门批准。

第二十一条 动物诊疗机构发现动物染疫或者疑似染疫的，应当按照国家规定立即向当地兽医主管部门、动物卫生监督机构或者动物疫病预防控制机构报告，并采取隔离等控制措施，防止动物疫情扩散。

动物诊疗机构发现动物患有或者疑似患有国家规定应当扑杀的疫病时，不得擅自进行治疗。

第二十二条 动物诊疗机构应当按照农业部规定处理病死动物和动物病理组织。

动物诊疗机构应当参照《医疗废弃物管理条例》的有关规定处理医疗废弃物。

第二十三条 动物诊疗机构的执业兽医应当按照当地人民政府或者兽医主管部门的要求，参加预防、控制和扑灭动物疫病活动。

第二十四条 动物诊疗机构应当配合兽医主管部门、动物卫生监督机构、动物疫病预防控制机构进行有关法律法规宣传、流行病学调查和监测工作。

第二十五条 动物诊疗机构不得随意抛弃病死动物、动物病理组织和医疗废弃物，不得排放未经无害化处理或者处理不达标的诊疗废水。

第二十六条 动物诊疗机构应当定期对本单位工作人员进行专业知识和相关政策、法规培训。

第二十七条 动物诊疗机构应当于每年3月底前将上年度动物诊疗活动情况向发证机关报告。

第二十八条 动物卫生监督机构应当建立健全日常监管制度，对辖区内动物诊疗机构和人员执行法律、法规、规章的情况进行监督检查。

兽医主管部门应当设立动物诊疗违法行为举报电话，并向社会公示。

第四章 罚 则

第二十九条 违反本办法规定，动物诊疗机构有下列情形之一的，由动物卫生监督机构按照《中华人民共和国动物防疫法》第八十一条第一款的规定予以处罚；情节严重的，并报原发证机关收回、注销其动物诊疗许可证：

（一）超出动物诊疗许可证核定的诊疗活动范围从事动物诊疗活动的；

（二）变更从业地点、诊疗活动范围未重新办理动物诊疗许可证的。

第三十条 使用伪造、变造、受让、租用、借用的动物诊疗许可证的，动物卫生监督机构应当依法收缴，并按照《中华人民共和国动物防疫法》第八十一条第一款的规定予以处罚。

出让、出租、出借动物诊疗许可证的，原发证机关应当收回、注销其动物诊疗许可证。

第三十一条　动物诊疗场所不再具备本办法第五条、第六条规定条件的，由动物卫生监督机构给予警告，责令限期改正；逾期仍达不到规定条件的，由原发证机关收回、注销其动物诊疗许可证。

第三十二条　动物诊疗机构连续停业两年以上的，或者连续两年未向发证机关报告动物诊疗活动情况，拒不改正的，由原发证机关收回、注销其动物诊疗许可证。

第三十三条　违反本办法规定，动物诊疗机构有下列情形之一的，由动物卫生监督机构给予警告，责令限期改正；拒不改正或者再次出现同类违法行为的，处以一千元以下罚款。

（一）变更机构名称或者法定代表人未办理变更手续的；

（二）未在诊疗场所悬挂动物诊疗许可证或者公示从业人员基本情况的；

（三）不使用病历，或者应当开具处方未开具处方的；

（四）使用不规范的病历、处方笺的。

第三十四条　动物诊疗机构在动物诊疗活动中，违法使用兽药的，或者违法处理医疗废弃物的，依照有关法律、行政法规的规定予以处罚。

第三十五条　动物诊疗机构违反本办法第二十五条规定的，由动物卫生监督机构按照《中华人民共和国动物防疫法》第七十五条的规定予以处罚。

第三十六条　兽医主管部门依法吊销、注销动物诊疗许可证的，应当及时通报工商行政管理部门。

第三十七条　发证机关及其动物卫生监督机构不依法履行审查和监督管理职责，玩忽职守、滥用职权或者徇私舞弊的，依照有关规定给予处分；构成犯罪的，依法追究刑事责任。

第五章　附　　则

第三十八条　乡村兽医在乡村从事动物诊疗活动的具体管理办法由农业部另行规定。

第三十九条　本办法所称发证机关，是指县（市辖区）级人民政府兽医主管部门；市辖区未设立兽医主管部门的，发证机关为上一级兽医主管部门。

第四十条　本办法自 2009 年 1 月 1 日起施行。

本办法施行前已开办的动物诊疗机构，应当自本办法施行之日起 12 个月内，依照本办法的规定，办理动物诊疗许可证。

附录3　动物疫情报告管理办法

为贯彻执行《中华人民共和国动物防疫法》，加强动物疫情管理，科学有效地预防、控制和扑灭动物疫病，农业部于 1999 年 10 月 19 日制定并发布了《动物疫情报告管理办法》。其内容如下：

第一条　根据《中华人民共和国动物防疫法》及有关规定，制定本办法。

第二条　本办法所称动物疫情是指动物疫病发生、发展的情况。

第三条　国务院畜牧兽医行政管理部门主管全国动物疫情报告工作，县级以上地方人民政府畜牧兽医行政管理部门主管本行政区内的动物疫报告工作。

国务院畜牧兽医行政管理部门统一公布动物疫情。未经授权，其他任何单位和个人不得以任何方式公布动物疫情。

第四条　各级动物防疫监督机构实施辖区内动物疫情报告工作。

第五条　动物疫情实行逐级报告制度。

县、地、省动物防疫监督机构、全国畜牧兽医总站建立四级疫情报告系统。

国务院畜牧兽医行政管理部门在全国布设的动物疫情测报点（简称“国家测报点”）直接向全国畜牧兽医总站报告。

第六条　动物疫情报告实行快报、月报和年报制度。

（一）快报

有下列情形之一的必须快报：

1. 发生一类或者疑似一类动物疫病；

2. 二类、三类或者其他动物疫病呈暴发性流行；

3. 新发现的动物疫情。

4. 已经消灭又发生的动物疫病。

县级动物防疫监督机构和国家测报点确认发现上述动物疫情后，应在 24 小时之内快报至全国畜牧兽医总站。全国畜牧兽医总站应在 12 小时内报国务院畜牧兽医行政管理部门。

（二）月报

县级动物防疫监督机构对辖区内当月发生的动物疫情，于下一个月 5 日前将疫情报告地级动物防疫监督机构；地级动物防疫监督机构每月 10 日前，报告省级动物防疫监督机构；省级动物防疫监督机构于每月 15 日前报全国畜牧兽医总站；全国畜牧兽医总站将汇总分析结果于每月 20 日前报国务院畜牧兽医行政管理部门。

（三）年报

县级动物防疫监督机构每年应将辖区内上一年的动物疫情在 1 月 10 日前报告地（市）级动物防疫监督机构；地（市）级动物防疫监督机构应当在 1 月 20 日前报省级动物防疫监督机构；省级动物防疫监督机构应当在 1 月 30 日前报全国畜牧兽医总站；全

国畜牧兽医总站将汇总分析结果于 2 月 10 日前报国务院畜牧兽医行政管理部门。

第七条　各级动物防疫监督机构和国家测报点在快报、月报、年报动物疫时，必须同时报告当地畜牧兽医行政管理部门。

省级动物防疫监督机构和国家测报点报告疫情时，须同时报告国务院畜牧兽医行政管理部门，并抄送农业部动物检疫所进行分析研究。

第八条　疫情报告以报表形式上报。需要文字说明的，要同时报告文字材料。全国畜牧兽医总站统一制定动物疫情快报、月报、年报报表。

第九条　从事动物饲养、经营及动物产品生产、经营和从事动物防疫科研、教学、诊疗及进出境动物检疫等单位和个人，应当建立本单位疫情统计、登记制度，并定期向当地动物防疫监督机构报告。

第十条　对在动物疫报告工作中作出显著成绩的单位或个人，由畜牧兽医行政管理部门给予表彰或奖励。

第十一条　违反本办法规定，瞒报、谎报或者阻碍他人报告动物疫情的，按《中华人民共和国防疫法》及有关规定给予处罚，对负有直接责任的主管人员和其他直接责任人员，依法给予行政处分。

第十二条　违反本办法规定，引起重大动物疫情，造成重大经济损失，构成犯罪的，移交司法机关处理。

第十三条　本办法由国务院畜牧兽医行政管理部门负责解释。

第十四条　本办法从公布之日起实施。

附录4　重大动物疫情应急条例

2005年11月16日国务院第113次常务会议通过并公布了《重大动物疫情应急条例》，自2005年11月18起施行。其内容如下：

第一章　总　　则

第一条　为了迅速控制、扑灭重大动物疫情，保障养殖业生产安全，保护公众身体健康与生命安全，维护正常的社会秩序，根据《中华人民共和国动物防疫法》，制定本条例。

第二条　本条例所称重大动物疫情，是指高致病性禽流感等发病率或者死亡率高的动物疫病突然发生，迅速传播，给养殖业生产安全造成严重威胁、危害，以及可能对公众身体健康与生命安全造成危害的情形，包括特别重大动物疫情。

第三条　重大动物疫情应急工作应当坚持加强领导、密切配合，依靠科学、依法防治，群防群控、果断处置的方针，及时发现，快速反应，严格处理，减少损失。

第四条　重大动物疫情应急工作按照属地管理的原则，实行政府统一领导、部门分工负责，逐级建立责任制。

县级以上人民政府兽医主管部门具体负责组织重大动物疫情的监测、调查、控制、扑灭等应急工作。

县级以上人民政府林业主管部门、兽医主管部门按照职责分工，加强对陆生野生动物疫源疫病的监测。

县级以上人民政府其他有关部门在各自的职责范围内，做好重大动物疫情的应急工作。

第五条　出入境检验检疫机关应当及时收集境外重大动物疫情信息，加强进出境动物及其产品的检验检疫工作，防止动物疫病传入和传出。兽医主管部门要及时向出入境检验检疫机关通报国内重大动物疫情。

第六条　国家鼓励、支持开展重大动物疫情监测、预防、应急处理等有关技术的科学研究和国际交流与合作。

第七条　县级以上人民政府应当对参加重大动物疫情应急处理的人员给予适当补助，对作出贡献的人员给予表彰和奖励。

第八条　对不履行或者不按照规定履行重大动物疫情应急处理职责的行为，任何单位和个人有权检举控告。

第二章　应急准备

第九条　国务院兽医主管部门应当制定全国重大动物疫情应急预案，报国务院批准，并按照不同动物疫病病种及其流行特点和危害程度，分别制订实施方案，报国务院备案。

县级以上地方人民政府根据本地区的实际情况，制定本行政区域的重大动物疫情应急预案，报上一级人民政府兽医主管部门备案。县级以上地方人民政府兽医主管部门，应当按照不同动物疫病病种及其流行特点和危害程度，分别制订实施方案。

重大动物疫情应急预案及其实施方案应当根据疫情的发展变化和实施情况，及时修改、完善。

第十条　重大动物疫情应急预案主要包括下列内容：

（一）应急指挥部的职责、组成以及成员单位的分工；

（二）重大动物疫情的监测、信息收集、报告和通报；

（三）动物疫病的确认、重大动物疫情的分级和相应的应急处理工作方案；

（四）重大动物疫情疫源的追踪和流行病学调查分析；

（五）预防、控制、扑灭重大动物疫情所需资金的来源、物资和技术的储备与调度；

（六）重大动物疫情应急处理设施和专业队伍建设。

第十一条　国务院有关部门和县级以上地方人民政府及其有关部门，应当根据重大动物疫情应急预案的要求，确保应急处理所需的疫苗、药品、设施设备和防护用品等物资的储备。

第十二条　县级以上人民政府应当建立和完善重大动物疫情监测网络和预防控制体系，加强动物防疫基础设施和乡镇动物防疫组织建设，并保证其正常运行，提高对重大动物疫情的应急处理能力。

第十三条　县级以上地方人民政府根据重大动物疫情应急需要，可以成立应急预备队，在重大动物疫情应急指挥部的指挥下，具体承担疫情的控制和扑灭任务。

应急预备队由当地兽医行政管理人员、动物防疫工作人员、有关专家、执业兽医等组成；必要时，可以组织动员社会上有一定专业知识的人员参加。公安机关、中国人民武装警察部队应当依法协助其执行任务。

应急预备队应当定期进行技术培训和应急演练。

第十四条　县级以上人民政府及其兽医主管部门应当加强对重大动物疫情应急知识和重大动物疫病科普知识的宣传，增强全社会的重大动物疫情防范意识。

第三章　监测、报告和公布

第十五条　动物防疫监督机构负责重大动物疫情的监测，饲养、经营动物和生产、经营动物产品的单位和个人应当配合，不得拒绝和阻碍。

第十六条　从事动物隔离、疫情监测、疫病研究与诊疗、检验检疫以及动物饲养、屠宰加工、运输、经营等活动的有关单位和个人，发现动物出现群体发病或者死亡的，应当立即向所在地的县（市）动物防疫监督机构报告。

第十七条　县（市）动物防疫监督机构接到报告后，应当立即赶赴现场调查核实。初步认为属于重大动物疫情的，应当在2小时内将情况逐级报省、自治区、直辖市动物防疫监督机构，并同时报所在地人民政府兽医主管部门；兽医主管部门应当及时通报同级卫生主管部门。

省、自治区、直辖市动物防疫监督机构应当在接到报告后1小时内，向省、自治区、直辖市人民政府兽医主管部门和国务院兽医主管部门所属的动物防疫监督机构报告。

省、自治区、直辖市人民政府兽医主管部门应当在接到报告后1小时内报本级人民政府和国务院兽医主管部门。

重大动物疫情发生后，省、自治区、直辖市人民政府和国务院兽医主管部门应当在4小时内向国务院报告。

第十八条　重大动物疫情报告包括下列内容：

（一）疫情发生的时间、地点；

（二）染疫、疑似染疫动物种类和数量、同群动物数量、免疫情况、死亡数量、临床症状、病理变化、诊断情况；

（三）流行病学和疫源追踪情况；

（四）已采取的控制措施；

（五）疫情报告的单位、负责人、报告人及联系方式。

第十九条　重大动物疫情由省、自治区、直辖市人民政府兽医主管部门认定；必要时，由国务院兽医主管部门认定。

第二十条　重大动物疫情由国务院兽医主管部门按照国家规定的程序，及时准确公布；其他任何单位和个人不得公布重大动物疫情。

第二十一条　重大动物疫病应当由动物防疫监督机构采集病料，未经国务院兽医主管部门或者省、自治区、直辖市人民政府兽医主管部门批准，其他单位和个人不得擅自采集病料。

从事重大动物疫病病原分离的，应当遵守国家有关生物安全管理规定，防止病原扩散。

第二十二条　国务院兽医主管部门应当及时向国务院有关部门和军队有关部门以及各省、自治区、直辖市人民政府兽医主管部门通报重大动物疫情的发生和处理情况。

第二十三条　发生重大动物疫情可能感染人群时，卫生主管部门应当对疫区内易受感染的人群进行监测，并采取相应的预防、控制措施。卫生主管部门和兽医主管部门应当及时相互通报情况。

第二十四条　有关单位和个人对重大动物疫情不得瞒报、谎报、迟报，不得授意他人瞒报、谎报、迟报，不得阻碍他人报告。

第二十五条　在重大动物疫情报告期间，有关动物防疫监督机构应当立即采取临时隔离控制措施；必要时，当地县级以上地方人民政府可以作出封锁决定并采取扑杀、销毁等措施。有关单位和个人应当执行。

第四章　应急处理

第二十六条　重大动物疫情发生后，国务院和有关地方人民政府设立的重大动物疫情应急指挥部统一领导、指挥重大动物疫情应急工作。

第二十七条　重大动物疫情发生后，县级以上地方人民政府兽医主管部门应当立即划定疫点、疫区和受威胁区，调查疫源，向本级人民政府提出启动重大动物疫情应急指挥系统、应急预案和对疫区实行封锁的建议，有关人民政府应当立即作出决定。

疫点、疫区和受威胁区的范围应当按照不同动物疫病病种及其流行特点和危害程度划定，具体划定标准由国务院兽医主管部门制定。

第二十八条　国家对重大动物疫情应急处理实行分级管理，按照应急预案确定的疫情等级，由有关人民政府采取相应的应急控制措施。

第二十九条　对疫点应当采取下列措施：

（一）扑杀并销毁染疫动物和易感染的动物及其产品；

（二）对病死的动物、动物排泄物、被污染饲料、垫料、污水进行无害化处理；

（三）对被污染的物品、用具、动物圈舍、场地进行严格消毒。

第三十条　对疫区应当采取下列措施：

（一）在疫区周围设置警示标志，在出入疫区的交通路口设置临时动物检疫消毒站，对出入的人员和车辆进行消毒；

（二）扑杀并销毁染疫和疑似染疫动物及其同群动物，销毁染疫和疑似染疫的动物产品，对其他易感染的动物实行圈养或者在指定地点放养，役用动物限制在疫区内使役；

（三）对易感染的动物进行监测，并按照国务院兽医主管部门的规定实施紧急免疫接种，必要时对易感染的动物进行扑杀；

（四）关闭动物及动物产品交易市场，禁止动物进出疫区和动物产品运出疫区；

（五）对动物圈舍、动物排泄物、垫料、污水和其他可能受污染的物品、场地，进行消毒或者无害化处理。

第三十一条　对受威胁区应当采取下列措施：

（一）对易感染的动物进行监测；

（二）对易感染的动物根据需要实施紧急免疫接种。

第三十二条　重大动物疫情应急处理中设置临时动物检疫消毒站以及采取隔离、扑杀、销毁、消毒、紧急免疫接种等控制、扑灭措施的，由有关重大动物疫情应急指挥部决定，有关单位和个人必须服从；拒不服从的，由公安机关协助执行。

第三十三条　国家对疫区、受威胁区内易感染的动物免费实施紧急免疫接种；对因采取扑杀、销毁等措施给当事人造成的已经证实的损失，给予合理补偿。紧急免疫接种和补偿所需费用，由中央财政和地方财政分担。

第三十四条　重大动物疫情应急指挥部根据应急处理需要，有权紧急调集人员、物资、运输工具以及相关设施、设备。

单位和个人的物资、运输工具以及相关设施、设备被征集使用的，有关人民政府应当及时归还并给予合理补偿。

第三十五条　重大动物疫情发生后，县级以上人民政府兽医主管部门应当及时提出疫点、疫区、受威胁区的处理方案，加强疫情监测、流行病学调查、疫源追踪工作，对染疫和疑似染疫动物及其同群动物和其他易感染动物的扑杀、销毁进行技术指导，并组织实施检验检疫、消毒、无害化处理和紧急免疫接种。

第三十六条　重大动物疫情应急处理中，县级以上人民政府有关部门应当在各自的职责范围内，做好重大动物疫情应急所需的物资紧急调度和运输、应急经费安排、疫区群众救济、人的疫病防治、肉食品供应、动物及其产品市场监管、出入境检验检疫和社会治安维护等工作。

中国人民解放军、中国人民武装警察部队应当支持配合驻地人民政府做好重大动物疫情的应急工作。

第三十七条　重大动物疫情应急处理中，乡镇人民政府、村民委员会、居民委员会应当组织力量，向村民、居民宣传动物疫病防治的相关知识，协助做好疫情信息的收集、报告和各项应急处理措施的落实工作。

第三十八条　重大动物疫情发生地的人民政府和毗邻地区的人民政府应当通力合作，相互配合，做好重大动物疫情的控制、扑灭工作。

第三十九条　有关人民政府及其有关部门对参加重大动物疫情应急处理的人员，应当采取必要的卫生防护和技术指导等措施。

第四十条　自疫区内最后一头（只）发病动物及其同群动物处理完毕起，经过一个潜伏期以上的监测，未出现新的病例的，彻底消毒后，经上一级动物防疫监督机构验收合格，由原发布封锁令的人民政府宣布解除封锁，撤销疫区；由原批准机关撤销在该疫区设立的临时动物检疫消毒站。

第四十一条　县级以上人民政府应当将重大动物疫情确认、疫区封锁、扑杀及其补偿、消毒、无害化处理、疫源追踪、疫情监测以及应急物资储备等应急经费列入本级财政预算。

第五章　法律责任

第四十二条　违反本条例规定，兽医主管部门及其所属的动物防疫监督机构有下列行为之一的，由本级人民政府或者上级人民政府有关部门责令立即改正、通报批评、给予警告；对主要负责人、负有责任的主管人员和其他责任人员，依法给予记大过、降级、撤职直至开除的行政处分；构成犯罪的，依法追究刑事责任：

（一）不履行疫情报告职责，瞒报、谎报、迟报或者授意他人瞒报、谎报、迟报，阻碍他人报告重大动物疫情的；

（二）在重大动物疫情报告期间，不采取临时隔离控制措施，导致动物疫情扩散的；

（三）不及时划定疫点、疫区和受威胁区，不及时向本级人民政府提出应急处理建议，或者不按照规定对疫点、疫区和受威胁区采取预防、控制、扑灭措施的；

（四）不向本级人民政府提出启动应急指挥系统、应急预案和对疫区的封锁建议的；

（五）对动物扑杀、销毁不进行技术指导或者指导不力，或者不组织实施检验检疫、消毒、无害化处理和紧急免疫接种的；

（六）其他不履行本条例规定的职责，导致动物疫病传播、流行，或者对养殖业生产安全和公众身体健康与生命安全造成严重危害的。

第四十三条　违反本条例规定，县级以上人民政府有关部门不履行应急处理职责，不执行对疫点、疫区和受威胁区采取的措施，或者对上级人民政府有关部门的疫情调查不予配合或者阻碍、拒绝的，由本级人民政府或者上级人民政府有关部门责令立即改正、通报批评、给予警告；对主要负责人、负有责任的主管人员和其他责任人员，依法给予记大过、降级、撤职直至开除的行政处分；构成犯罪的，依法追究刑事责任。

第四十四条　违反本条例规定，有关地方人民政府阻碍报告重大动物疫情，不履行应急处理职责，不按照规定对疫点、疫区和受威胁区采取预防、控制、扑灭措施，或者对上级人民政府有关部门的疫情调查不予配合或者阻碍、拒绝的，由上级人民政府责令立即改正、通报批评、给予警告；对政府主要领导人依法给予记大过、降级、撤职直至开除的行政处分；构成犯罪的，依法追究刑事责任。

第四十五条　截留、挪用重大动物疫情应急经费，或者侵占、挪用应急储备物资的，按照《财政违法行为处罚处分条例》的规定处理；构成犯罪的，依法追究刑事责任。

第四十六条　违反本条例规定，拒绝、阻碍动物防疫监督机构进行重大动物疫情监测，或者发现动物出现群体发病或者死亡，不向当地动物防疫监督机构报告的，由动物防疫监督机构给予警告，并处2000元以上5000元以下的罚款；构成犯罪的，依法追究刑事责任。

第四十七条　违反本条例规定，擅自采集重大动物疫病病料，或者在重大动物疫病病原分离时不遵守国家有关生物安全管理规定的，由动物防疫监督机构给予警告，并处5000元以下的罚款；构成犯罪的，依法追究刑事责任。

第四十八条　在重大动物疫情发生期间，哄抬物价、欺骗消费者，散布谣言、扰乱社会秩序和市场秩序的，由价格主管部门、工商行政管理部门或者公安机关依法给予行政处罚；构成犯罪的，依法追究刑事责任。

第六章　附　　则

第四十九条　本条例自公布之日起施行。